노자

오묘한 삶의 길 ①

왜 약한 것이 강한 것을 이기는가

老子 오묘한 삶의 길 ①

왜 약한 것이 강한 것을 이기는가

지은이 윤재근
펴낸이 양동현
펴낸곳 도서출판 나들목
　　　출판등록 제6-483호
　　　주소 02832, 서울 성북구 동소문로13가길 27
　　　전화 02) 927-2345 팩스 02) 927-3199

초판 1쇄 발행 2004년 1월 10일
초판 4쇄 발행 2018년 3월 20일

ISBN 978-89-90517-15-9 / 04150
　　　978-89-90517-11-7(전 3권)

www.iacademybook.com

노자

오묘한 삶의 길 ①

왜 약한 것이 강한 것을 이기는가

윤재근 지음

나들목

"《노자老子》라는 책이 왜 현대인에게 필요할까? 현대인이 자신을 돌이켜 보고 자신의 삶을 어긋나지 않게 하는 열쇠를 마련해 주는 까닭이다. 노자老子의 말을 들으면 막힌 것이 뚫리고 닫힌 것이 열리며 얽힌 것이 풀리는 생존의 지혜를 만날 수가 있다."

만 십 년 전에 《노자》를 펴내면서 붙였던 머리말의 앞부분이다. 그때 했던 말을 복간復刊 서문 앞머리에 그대로 옮겨 두고자 한다. 십년 전 초판 머리말에서 밝혔던 바람을 다시 반복해 두고 싶다. 오히려 《노자》를 더 권하고 싶은 생각이 강해졌을 뿐이다. 미래를 창조하라는 시대가 현실로 다가와 열렸기 때문이다.

21세기를 살아갈 사람들이 노자의 말씀을 귀 기울여 듣고 명지明智와 강력强力의 삶을 누릴 수 있는 열쇠를 누구나 나름대로 찾아 헤아릴 수 있다고 본다. 그리고 소사과욕少私寡欲하고 보원이덕報怨以德하라는 노자의 말씀만이라도 새겨들으면 삶이 밝아지기 시작한다. 이기심利己心만으로 삶을 묶어 가려는 현대인의 속셈을 한마디로 파헤쳐 매듭을 풀어 보게 한다.

명지가 잘 어우러져야 삶이 낙낙하고 너그럽다. 명明이란 '내가 나를 살펴 알아내는 마음'이다. 그런 마음을 밝다(明)고 한다. 지智는

'내가 남을 살펴 알아내는 마음'이다. 그런 마음을 일러 잘 안다[智]라고 한다. 그래서 명을 마음속이라 하고 지를 마음 밖이라고 한다. 현대인은 명은 내버려두고 지만을 밝히려고 덤빈다. 이런 까닭으로 현대인은 속은 어두운데 바깥만 훤하게 하려고 한다. 노자의 말씀을 들으면 그런 삶이 얼마나 무겁고 괴로운지 알게 된다.

강력이 잘 어우러져야 삶이 부드럽고 부럽다. 강强이란 '내가 나를 이겨내는 힘'이다. 말하자면 공자孔子가 바란 극기克己가 바로 강이다. 그런 힘을 굳세다[强]라고 한다. 역力이란 '내가 남을 이겨내는 힘'이다. 그런 힘을 세차다[力]라고 한다. 현대인은 강을 저버리고 역만을 치우쳐 쫓기 때문에 마치 삶을 싸움터처럼 여기고 하루하루를 살아가는 꼴이다. 이 얼마나 고달픈가. 세찬 사람은 사납다. 겉으로는 세련돼 보이지만 속내에는 밀림의 법칙이란 노림수를 숨겨두고 살기 쉽다. 노자의 말씀을 들으면 그런 사나움이 얼마나 부끄러운 속임수인지를 깨우치게 된다.

《노자》를 만나면 천지天地와 더불어 하나 되어 살아야 하는 이치를 터득할 수가 있다. 현대인이 천지를 어머니 품안처럼 여기고 만물이 다 같은 목숨을 누린다는 상덕上德을 되살려 주는 노자의 말씀을 귀담아 듣기만 하면 왜 생명이 물질보다 소중한지도 깨우칠 수 있다. 우리는 편히 살자고 발버둥치면서도 그 결과는 오히려 꽁꽁 묶여 사는 처지라는 것을 발견하고 뉘우치곤 한다. 이는 소사과욕을 멀리하고 보원이덕을 잊어버린 탓이다. 나를 적게 하면[少私] 욕심이 줄고[寡欲] 원한은[怨] 덕으로써[以德] 갚아라[報]. 그러면 삶이 소박하고 수수할지언정 마음은 하염없이 편하게 하는 것임을 노자가 일깨워 준다. 그래서 노자는 성인聖人이지 철인哲人이 아니란 생각이다.

사람이 왜 우주 삼라만상과 더불어 한 목숨을 서로 나누며 같이 살아가야 하는지를 깨우치게 하는 선생은 성인만 감당한다. 노자는 그런 성인으로서는 으뜸이란 생각이다. 그래서 십 년 전 초판 머리말 끝에 이런 말을 했었다.

"참으로 노자는 우리를 아주 작게 하면서도 아주 크게 해 준다. 그리고 노자는 우리들이 겪는 생존의 감방을 잠궈 둔 자물쇠를 열고 나올 수 있도록 열쇠를 우리 스스로 만들 수 있게 하는 비밀을 터 준다."

이 끝말을 다시금 되풀이해 두고 싶다. 이번 《노자》 3권의 복간에서 단지 2~3권의 제목만 바꾸고 내용은 그대로 두고자 한다. 이런 뜻을 성큼 받아들여 복간을 허락해 준 나들목 양동현 사장님이 고맙다.

2003년 11월

《노자老子》라는 책이 왜 현대인에게 필요할까? 현대인이 자신을 돌이켜 보고 자신의 삶을 어긋나지 않게 하는 열쇠를 마련해 주는 까닭이다. 노자의 말을 들으면 막힌 것이 뚫리고 닫힌 것이 열리며 얽힌 것이 풀리는 생존의 지혜를 만날 수가 있다.

《노자》는 깊고 깊은 철학서哲學書이다. 그러나 생활인이 만날 수 있는 생활의 철학이라고 보아도 된다. 인간은 모두 행복을 추구하지만 왜 불행의 늪을 헤어나지 못하는가? 이러한 문제를 푸는 데 《노자》는 아주 새로운 통로를 터 준다. 그 통로가 자연의 도道이다.

중국의 춘추 전국春秋戰國 시대는 인간이 전쟁의 동물임을 노골적으로 보여 주기 시작한 때이다. 그 후 이 지구 위에서 인간은 줄곧 전쟁의 동물로 전락해 왔을 뿐이다. 인간이 전쟁의 동물로 전락한 것은 비단 무력으로 싸움질하는 것만을 뜻하지 않는다. 욕망의 종속물이 되어 버린 인간도 결국 따지고 보면 전쟁의 동물에 속한다. 이러한 인간의 타락을 구제하려고 무위자연無爲自然을 노자는 제시했다.

현대인은 무위자연을 멀리 떠나서 생존을 치열하게 치르고 있다. 힘이 오로지 생존의 보장인 것처럼 현대인은 확신한다. 노자는 이러한 확신을 하나의 커다란 착각이며 오류라고 지적한다. 이러한 지적에서 현대인은 자기를 돌이켜 보며 충격을 받게 된다. 그리고 노자의 말을 들으면 심오함을 느끼기 이전에 충격에 휩싸인다. 왜냐하면 우리가 걷고 있는 길과 너무나 다른 길로 우리를 초대하기 때문이다. 그 길이 곧 자연의 도道이다.

자연의 도는 인간을 완전한 자유自由이게 한다. 자유는 스스로 있는 까닭을 깨우치게 한다. 이러한 깨우침으로 욕망의 덫에 걸려 신음하는 자기를 발견하게 된다. 그 순간 우리는 노자가 처방한 무위無爲라는 약으로 생존의 허다한 아픔을 치유할 수 있는 열쇠를 얻을 수가 있다. 그래서 《노자》라는 철학책은 학자의 손안에만 있어야 하는 고전古典이 아니라 생활인의 생활서로 우리 삶 가까이 있어야 한다.

평범한 소시민으로 노자의 말을 실생활에서 발견할 수 있고 그와 동시에 노자의 말이 우리들에게 행복을 누릴 수 있는 비밀을 열어 준다는 생각을 뿌리칠 수 없었다. 그래서 이 책을 마련하게 되었다.

필자에게는 《노자》를 탐구할 만한 능력이 없다. 다만 노자를 평범한 생활인으로서 만나는 것이다. 그러므로 이 책은 《노자》 서書의 연구서研究書가 아니다. 다만 평범한 생활인의 입장에서 노자의 말씀을 새겨들어 삶의 길잡이로 모시는 것뿐이다.

참으로 노자는 우리를 아주 작게 하면서도 아주 크게 해 준다. 그리고 노자는 우리들이 겪는 생존의 감방을 잠궈 둔 자물쇠를 열고 나올 수 있도록 열쇠를 우리 스스로 만들 수 있게 하는 비밀을 터 준다.

윤재근

■ 차례

《노자》를 읽기 전에

노자老子는 누구인가?

　노자老子가 언제 어디서 태어났는지는 아무도 정확하게 모른다. 그 시절은 지금처럼 사람이 태어나면 출생 신고를 해야 하고 주민 등록 번호를 받아야 했던 세상은 아니었다. 그러므로 노자의 출생과 그 배경을 모른다고 해서 탈이 될 것은 없다. 노자가 누구였던가를 밝히려고 많은 사람들이 애를 써 왔지만 확실한 것은 하나도 없다.

　노자에 관한 이력서는 사마천司馬遷의 《사기史記》에 맨 처음 나와 있다. 《사기》는 기원전 90년 무렵에 씌어진 역사책이다. 거기에 보면 노자에 관한 이야기가 그럴 듯하게 나온다.

　"노자는 초楚 나라 사람이다. 그의 고향은 고현苦縣의 여향厲鄕에 있는 곡인리曲仁里라고 한다. 성姓은 이李씨이며 이름은 이耳이고 자字는 백양伯陽이다. 사후에 받은 시호諡號는 담耼이라고 한다. 그는 주周 나라 종묘 안에 있었던 역사에 관한 기록들을 보관해 둔 곳에서 관리로 일했다고 한다." 이렇게 사마천은 노자의 신상명세서를 알려 주고 있다.

　"공자가 일찍이 노자를 찾아가 가르침을 청했다. 그러자 노자는 공자의 학문과 그 태도를 놓고 엄히 꾸짖었다. 공자는 돌아와 노자를 용에 비유해 찬양했다. 노자는 재능을 숨기고 이름이 세상에 알려지기를 싫어했다고 공자는 술회했다. 노자는 주 나라에 오래 살다가 나라에 덕德이 시드는 것을 보고 함곡관이란 변경에 이르게 되었다. 그 변경을 다스렸던 윤희尹喜의 청에 따라 도道와 덕德에 관한 책을 오천 마디의 글로 남기고 떠났다. 그 뒤로 그를 아는 사람은 아무도 없다." 이렇게 사마천은 노자의 됨됨이를 알려 주고 있다.

사마천의 이야기는 여기서 그치지 않는다. 노자가 백육십 년을 살았다는 말도 있고 이백 살까지 살았다고 말하는 사람도 있다면서 사마천은 이야기를 계속했다. "노자에게 아들이 있었는데 그 이름은 종宗이고 그는 위 나라의 장군이 되었으며 종의 아들은 주注, 주의 아들은 궁宮, 궁의 현손은 가假라고 하는데 한 나라 효문제孝文帝를 섬겼다고 한다." 이렇게 사마천도 노자에 관해 실증적으로 알고 있었던 것은 아니다. 왜냐하면 《사기》는 노자에 관해 다음처럼 끝내고 있기 때문이다.

"초 나라 사람으로 노자는 열다섯 권의 책을 지었고 도가道家의 쓰임새를 밝힌 노래자老萊子란 분이 있었는데 그 노래자는 공자와 같은 시대의 인물이라고 한다. 그 노래자가 곧 노자일는지 모른다는 일설도 있다. 그리고 공자가 죽은 다음 229년 한 사관史官의 다음과 같은 기록이 전한다. 주 나라의 태사太史라는 관직에 있던 담儋이란 자가 진 나라의 임금〔獻公〕을 뵈옵고 진 나라가 장차 패자霸者가 되리라고 예언했다. 사람에 따라서는 이 기록에 나오는 담이란 사람이 곧 노자일 것이라고 말하기도 한다. 그러나 어느 말이 사실인지는 아무도 모른다."

이처럼 한漢 나라 때에도 노자가 누구인지를 몰랐다. 수천 년이 지난 뒤에 노자가 누구라고 딱 잘라 말할 사람은 아무도 없다. 사마천

이후로 호적胡適 같은 이는 노자를 공자보다 나이가 스무 살이나 많은 실제 인물이라고 말하기도 한다. 노자가 실제 인물이었다는 것은 분명한 일이 아닌가! 지금까지 남아 인간의 마음에 무수한 말씀을 들려주는《도덕경道德經》이 그 사실을 증명하고 있다.

《도덕경》을《노자老子》라고도 부른다. 그 책은 분명 누군가가 만든 것이지 하늘에서 떨어졌거나 땅에서 솟은 것은 아니다. 천지에 만물이 있지만 책을 만들 줄 아는 생명은 인간밖에 없다. 노자에 관한 이력서履歷書의 시비는 학문에서나 할 일이지《노자》를 읽고 인생을 누려야 하는 사람에게는 손자를 품에 안고 이야기를 들려주는 할아버지로 노자를 생각한들 아무런 문제가 없다.

사마천이 남긴 기록에서 우리의 마음을 끄는 것은 노자의 고향에 붙은 이름들이다. 노자의 조국을 초楚 나라라고 했으니 참으로 어울린다. 천지를 사랑하며 수수하고 꾸밈없는 삶을 바라며 산천을 모시고 살았던 나라가 초 나라가 아닌가!

《노자》에서는 분명 초 나라의 맛이 풍긴다. 왜냐하면《노자》에 기록된 말씀의 핵은 "있는 그대로 그냥 있을 것이며 억지를 부리지 말라"는 데 있기 때문이다.

있는 그대로 그냥 있으라 함이 곧 자연自然 아닌가! 그리고 억지나 수작이나 술수를 부리지 말라 함이 곧 무위無爲가 아닌가! 이러한 무위자연無爲自然을 노자의 사상은 중심에 두고 있다. 오천 단어로 엮어진《노자》라는 책 속에 초 나라에 살았던 어떤 분이 인생의 아픔을 고칠 수 있는 진단을 숨겨 놓았다고 생각하면 된다. 자연을 사랑했던 초 나라가 노자의 조국이라고 생각하면 무위자연의 사상에 안성맞춤이다.

노자의 고향을 고현苦縣이라고 했으니 그 또한 참으로 묘하다. 인간이 다 싫어하는 고苦의 고을﹝縣﹞이란 이름과 노자의 한없이 깊은 사상이 어쩐지 겹쳐지는 까닭이다. 고苦란 무엇인가? 인간을 포함해 모든 생명을 아프게 하는 것이면 무엇이든 고인 것이다. 인생에는 고락苦樂이 있다고 한다. 말하자면 인간의 삶 속에는 색동저고리의 소매통처럼 불행과 행복이 모두 아롱다롱 걸쳐져 있다는 것이다. 목숨이라면 무엇이든 삶의 행복을 원하고 불행을 바라지 않는다.

그렇다면 무엇이 행복이고 무엇이 불행이란 말인가? 노자는 이러한 질문을 우리 모두에게 던져 보라고 타이르고 있다. 이것은 행복이고 저것은 불행이라는 인간의 시비가 곧 인간의 고苦를 낳는다고 노자는 밝혔고 인간 안에 불행과 행복이 맞물려 있을 뿐 인간 밖에는 그러한 맞물림이란 없다고 노자는 우리에게 타이른다.

인간들이 짓고 아파하는 고苦를 어떻게 하면 지울 수 있을까? 이에 대하여 노자는 인간 밖에 살라고 한다. 인간 밖이란 어디인가? 노자는 그곳을 자연自然이라고 했다. 인간의 고苦를 불가佛家의 여래如來는 마음﹝心法﹞으로 다스리라 했다면 노자는 인생을 자연이 되게 하라고 했다. 이렇게 말한 노자의 고향이 고현苦縣이라니 노자가 태어나야 할 고을 이름이 아닌가!

또한 노자가 태어난 마을이 곡인曲仁이라니 참으로 신통하고 묘하다. 공자는 인간에게 곧음﹝直﹞을 앞세웠고 노자는 휘어짐﹝曲﹞을 앞두었다. 인간의 심신心身을 닦으라고 설파했던 공자는 사랑하는 방법을 터득하려면 먼저 마음부터 곱게 지니라고 했다. 그러나 노자는 목숨을 소중히 간직하는 방법을 터득하려면 마음을 휘어지게 하라고 했다. 무쇠는 강해서 조각 나지만 수양버들은 늘어진 가지를 휠 줄 알아 강풍이 불어도 부러지지 않는다. 강풍을 맞는 수양버들 가지의 흔들림 같은 것이 노자가 말해 주는 곡曲이다. 수양버들의 이러한 흔들림은 곡인曲仁이나 같다.

곡인은 노자의 "휘어지면 온전하다〔曲則全〕"는 말을 생각나게 하고 "천지는 사람의 뜻에 따른 것이 아니다〔天地不仁〕"라는 말도 연상시킨다. 곡즉전曲則全의 속뜻은 강풍을 맞는 수양버들 가지를 떠올리면 드러나고 천지불인天地不仁의 깊은 뜻은 홍수가 나 범람한 강물을 떠올리면 드러나게 마련이다. 곡인이란 마을 이름은 자연이 만물을 사랑하는 방법을 밝힌 노자를 떠올리게 한다. 그러면서 곡인曲仁은 공자의 직인直仁은 인간이 인간을 사랑하는 것으로 좁혀져 있음을 되짚어 보게 한다.

사마천은 《사기》에다 그 당시 이야기로 전해져 오던 내용을 담았던 모양이다. 입에서 입으로 전해진 노자에 관한 이야기 속에 자연을 사랑했던 사람들이 살았던 초 나라가 나오고, 초 나라 고현에 있는 여향에 곡인이라는 마을이 있었다는 것은 우연치고는 참으로 묘하다. 그 지명地名들은 곰곰이 짚어 볼수록 《노자》에 담긴 사상과 맞아 떨어져 노자의 됨됨이를 여러 갈래로 떠올리게 하여 상상想像의 감칠맛을 돋운다.

기록에 담겨져 있는 것보다 구전口傳되는 내용들이 더 구수한 맛을 내는 법이고 《노자》를 지은 사람을 노자라고 여겨도 탈이 될 것은 하나도 없다. 노자는 누구일까? 이러한 문제를 두고 도가 사상道家思想을 연구하는 학자처럼 노자의 이력서를 사실로 확인하려고 땀흘릴 필요는 없다. 《노자》를 읽고 편안한 마음으로 그 속에 담겨져 있는 빛나는 말씀들을 옷깃을 여미는 심정으로 들으면 된다. 그저 노자는 초 나라 사람으로 태어난 곳은 고현의 곡인 마을이며, 오천 마디 속에 우주를 담고 있는 말씀을 남기고 신선神仙처럼 이백 년을 넘게 살았던 한 할아버지쯤으로 여기면 되는 것이다.

왜 노자는 살아 있는가?

호랑이는 죽어 가죽을 남기고 사람은 죽어 이름을 남긴다고 한다. 그러나 호랑이는 가죽 탓으로 목숨을 재촉하고 사람은 제 이름을 턱없이 내려다 험한 꼴을 사서 당하게 마련이다. 그러므로 사람이 제 이름을 제대로 남긴다는 것은 쉬운 일이 아니다.

한없는 우주 속에서 인간이란 존재의 가치는 얼마나 될까? 이러한 물음에 대하여 인간은 서슴없이 다음처럼 확신한다. 인간은 만물 중에서 으뜸〔靈長〕이다. 이러한 인간의 확신을 노자는 당돌하기 짝이 없는 오만에 불과하다고 질타한다. 이처럼 노자는 천지 앞에 겸허하라고 충고한다.

"나에게는 세 가지 보물이 있습니다. 그것을 간직하고 지킵니다. 첫째는 검소함이고 둘째는 따뜻한 마음가짐이며 셋째는 남보다 먼저 천하에 나서려 하지 않는 것입니다." 이렇게 노자는 자기 스스로를 고해告解한다. 이러한 고해를 들으면 누구나 고개를 숙일 것이다. 사람이 행하기 어려운 것을 노자는 솔선한 까닭이다. 그렇지 않았더라면 공자가 그를 용龍과 같다고 비유했겠는가!

현대인은 서슴없이 경쟁의 시대에 산다고 단언한다. 어떠한 경쟁이든 싸움질에 속한다. 싸움에서는 이겨야 살아남고 지면 죽는다는 막가는 생각을 품는다. 현대인은 마음속으로 이렇게 무장하고 생활의 전선戰線으로 진군하려고 한다. 이렇게 살고자 하니 현대인은 겸허할 줄 모르고 불손하며 따뜻할 줄 모르고 냉랭하며 상대를 밟더라도 제치고 앞서 나가야 한다는 욕심에 사로잡혀 있다. 이러한 현대인의 자화상 앞에 노자의 고해는 우리를 부끄럽게 하면서도 숙연하게 하고 초조한 우리의 속을 편하게 해 준다. 지친 몸은 빈 의자를 찾게 마련이다. 생활의 전선에 시달리는 현대인에게 노자는 이긴다는 것이 지는 것이요, 진다는 것이 곧 이기는 것이란 묘한 지혜를 가르쳐 마음속을 빈 의자처럼 만들어 준다.

도가 사상道家思想을 연구하는 학자들은 노자를 철인哲人으로 탐구하겠지만 생활인은 그를 슬기롭게 살도록 길을 터 주는 길잡이로 모시면 된다. 인생을 고해苦海라고 하지 않는가!

태풍이 몰아쳐 물이랑이 산더미 같은 바다에 심신心身을 던진 꼴이 인생과 같아 인생을 고해라고 한 셈이다. 자기를 실은 배가 아무리 강한들 일렁이는 바다에 비하면 인생이란 배는 마른 풀잎 조각에 불과할 뿐이다. 그러나 따지고 보면 인생이 그렇다 해서 절망할 것은 없다. 노자가 다음과 같은 지혜를 들려주는 까닭이다. "강한 것은 약한 것이고 약한 것은 강한 것이며 굳고 단단한 것은 약하고 부드러운 것은 강하다." 이처럼 노자는 약하므로 인간은 강할 수 있다는 것을 가르쳐 준다.

생존生存을 승전勝戰의 전리품戰利品처럼 착각하며 살아가는 현대인에게 위와 같은 말씀보다 더 귀한 지혜의 선물은 없다. 한 집안에 갓난아이가 태어나면 어른들은 갓난아이에게 온 신경을 쏟는다. 이처럼 약한 것이 강한 것이다. 얼음은 강해 햇살에 녹지만 물은 부드러워 햇살을 빨아들인다. 이처럼 굳고 단단한 것은 약하지만 부드러운 것은 강하다. 이러한 지혜를 터득한다면 생활은 병사들이 전쟁터에서 총칼을 들고 싸우는 전쟁과 같을 수 없음을 알게 된다. 참으로 노자는 인생의 지혜를 앉아 쉬게 하는 빈 의자처럼 마련해 준다.

인간이 만물萬物의 영장靈長이라고 우쭐대지 마라. 이것이 노자가 충고하는 대목이다. 이러한 충고를 노자는 "우주에 있는 것은 무엇이든 길가에 버려진 지푸라기(芻)에 불과하다"고 선언한다. 중국 사람들이 시성詩聖으로 모시는 두보杜甫가 "일월日月은 조롱 속에 든 새요, 천지는 물 위에 뜬 풀잎이다"라고 시詩로 읊은 것도 노자의 지푸라기를 떠올리게 할 뿐이다.

만물은 한 줄기 지푸라기와 같다. 이러한 말씀은 귀천貴賤이 따로 없고 부귀富貴가 따로 없음이며 행복과 불행이 갈라져 있음이 아님을 생각하게 한다. 아마도 노자의 이러한 평등 사상 탓으로 조선조의 양반들은 노자의 책을 불온 문서로 치부했던 것이리라. 모습을 지닌 것이면 모두 하나로 통한다(載形抱一)고 했으니 귀천과 상하上下를 따져 호령만 일삼던 양반들은 노자를 두려워했던 셈이다. 그러나 현대인은 평등하다고 확신한다. 법 앞에만 평등한 것이 아니라 운명 앞에서도 평등하고 숙명 앞에서도 평등함을 노자는 설파한다. 이 얼마나 노자의 말씀은 우리를 담담하게 하며 편안하게 하는가! ·

경쟁에 이겨 살아남아야 한다고 초조해하는 현대인에게 담담하게 하고 편안하게 하는 것보다 더 절실한 선물은 없다. 노자는 그러한 선물을 듬뿍 담아 지혜의 말씀을 들려주므로 그에게 귀를 기울이는 사람은 항상 곁에 있는 할아버지처럼 그를 모실 수가 있는 것이다. 그래서 《노자》를 읽는 사람은 누구든 손자가 되고 노자는 할아버지가 되는 것이다.

재형載形은 모습을 실었고 포일抱一은 하나를 안았다는 말이다. 모습을 실었다는 것은 존재하였음을 말함이고 하나를 안았다는 것은 도道에서 비롯되었음을 뜻한다. 필자가 태어난 산골 마을에 도당道堂이란 아호雅號를 지녔던 한 할머니가 있었다. 그 할머니를 그렇게 불렀던 것은 13남매를 줄줄이 낳았기 때문이다. 노자가 밝힌 도道를 그 할머니가 닮았다 해서 그런 아호를 붙였던 것이다. 왜냐하면 노자가 밝힌 도道는 우주 만물宇宙萬物을 낳는 어머니이기 때문이다.

어머니가 아이를 낳는다는 것은 생生만을 뜻하는 것은 아니다. 낳은 것이면 무엇이든 죽음〔死〕을 면할 수 없는 것이 모든 존재의 운명인 까닭이다. 그러므로 어머니는 생사生死를 함께 낳는다. 도道라는 어머니는 만물의 생사生死를 낳는다. 생生은 존재의 모습을 드러내는 것〔載形〕이고 그러한 재형을 생성生成이라고 한다. 그러나 한 번 드러난 모습은 다시 사라지게 마련이다. 존재의 사라짐을 죽음이라 하며 소멸消滅이라고 한다. 노자는 태어나 있게 된 생성을 유有라고 하고 죽어 사라지게 되는 소멸을 무無라고 한다.

그러므로 생활인은 유무有無를 어려운 철학哲學의 사고思考로 치부할 것은 없다. 그냥 쉽게 유무를 생사生死를 뜻하는 낱말쯤으로 여겨도 틀리지 않는다. 죽음이 존재의 끝남이라고 생각하면 공포를 느끼게 되고 절망스럽다. 그러나 노자의 말씀은 인간들이 안고 있는 궁극적인 공포와 절망을 푸는 길을 터 준다. 유有는 만물을 낳는 것이고 무無는 그 유有를 낳는 것이라고 밝혀 준다. 태어나는 것〔有〕은 죽는 것〔無〕으로 되돌아가는 것이 도道의 이치라고 노자가 풀어 주어 생사고락生死苦樂의 굴레를 벗겨 준다. 이 얼마나 무한한 자유인가!

하루라도 더 살겠다고 헬스클럽이나 갖은 보약을 다 마련해 먹는 다고 해서 생사의 틀을 부술 수는 없는 법이다. 유무가 서로 통한다 〔有無相通〕는 지혜를 살펴 두느니만 못한 것이다. 먼저 마음속이 편해야 몸도 덩달아 건강하게 되는 것이지 강건한 근육이 썩은 마음속을 건질 수는 없다. 노자는 무엇보다 마음속을 편하게 해 주어 건강하게 한다. 건강 신드롬에 걸린 현대인에게 이보다 더한 선물은 없다.

태어남은 죽음으로 이어지고 죽음은 태어남으로 이어진다. 우주 만물은 이 길을 벗어날 수 없다. 이러한 길을 만물로 하여금 왕복하게 하는 주인을 노자는 도道라고 말한 셈이다. 그래서 노자는 그 도의 움직임을 오고가는 것〔反者〕이라고 했다.

이러한 반자反者를 터득한다면 마음속은 텅 빈 골짜기처럼 되리라. 왜냐하면 헛된 욕심을 버리면 텅 빈 골짜기처럼 만물을 하염없이 안을 수 있기 때문이다. 좋은 것이 따로 있으며 싫은 것 또한 따로 있다는 전제 아래 좋은 것은 많을수록 좋고 싫은 것은 없을수록 좋다는 것이 인간의 욕심이다. 이러한 욕심에 빠져 있는 한 인간은 자유로울 수 없다는 것이 노자의 지혜이다.

노자는 우주를 관장하는 도道를 곡신谷神과 현빈玄牝에 비유해 우리로 하여금 그 도道를 쉽게 만나도록 한다. 곡신은 텅 빈 골짜기를 뜻하고 현빈은 암컷을 뜻한다. 이렇게 비유된 도道를 철학적哲學的으로 사유思惟하자면 무척 어려운 개념이지만 생활의 지혜로 만나면 그렇게 어렵지만은 않다.

목적지에 제대로 가자면 아는 길도 물어서 가라는 것이고 험한 꼴을 당하지 않으려면 길이 아니면 가지 말아야 한다는 선에서 노자의 도道를 들어도 노자는 항상 살아 있는 할아버지처럼 속삭여 준다.

《노자》 읽기

제1장~제27장

제1장 알래야 알 수 없는 도道

변하는 길, 변하는 이름

《노자》는 먼저 사람의 길을 밝히면서 시작된다. 인간이 짓는 길이 란 변덕스럽고 종잡을 수 없다고 노자는 말한다. 도라고 말할 수 있 는 도는 변함없는 도가 아니다〔道可道 非常道〕.

그리고 인간이 짓는 이름 역시 그렇다고 노자는 말한다. 이름으로 말할 수 있는 이름은 변함없는 이름이 아니다〔名可名 非常名〕.

도가도道可道는 도라고 말할 수 있는 것을 뜻한다. 누가 말한단 말 인가? 사람이 그렇게 한다는 것이다. 명가명名可名은 이름을 붙여 말 할 수 있는 이름을 뜻한다. 누가 이름을 붙여 부른단 말인가? 사람이 이름을 지어 주고 부른다. 그러므로 도가도道可道의 도와 명가명名可 名의 명은 사람들이 안다고 여기는 우주 만물의 묶음인 셈이다.

도道와 명名이라는 낱말을 철학적으로 생각하자면 점점 어려워지 고 생각이 미치지 못해 막막해질 수가 있다. 그러나 그 도道를 사람 들이 밟고 다니는 길 같은 것으로 여기고, 그 명名을 사물事物에 사람 들이 이렇게 저렇게 붙여 주고 이것은 무엇이고 저것은 무엇이다라 고 분별하는 이름으로 새겨 가면 그 속뜻을 어림잡을 수 있다.

인간은 살 곳을 정하면 먼저 다닐 수 있는 길을 낸다. 그 길을 통하여 인간은 갖가지 일을 하게 마련이다. 일 때문에 가기도 하고 오기도 한다. 그러면서 인간은 역사歷史를 짓고 문화文化를 이룬다. 따지고 보면 인간의 문화란 온갖 사물에 이름을 붙여 준 일의 결과라고 보아도 된다. 이러한 모든 것을 묶어서 인간의 길〔道可道〕이요, 인간의 이름〔名可名〕이라고 노자가 밝혀 놓은 셈이다. 그러므로 인간이 생각하고 안다고 하는 모든 것들을 인간의 길과 인간의 이름이 담아 둔 뜻으로 새겨도 된다. 그러한 인간의 길은 변한다는 것을 노자는 우리에게 알려 준다.

무엇이든 흥망성쇠興亡盛衰의 길을 밟지 않는 것이 없고 생성 소멸生成消滅의 길을 밟지 않는 것이란 없다. 이러한 지혜를 담고 있는 말씀이 곧 "도가도 비상도道可道 非常道요, 명가명 비상명名可名 非常名"일 것이다. 이처럼 인간이 알고 있는 길은 변덕스럽고 인간이 알고 있는 이름 또한 변덕스럽다.

변할 수밖에 없는 것을 두고 변하지 말라고 하면 할수록 한사코 변하는 것이 사람의 애간장만 태우고 졸일 뿐이다. 노자의 말씀을 들으면 그런 어리석음을 범하지 않을 수 있다. 인간만 변화의 순리順理를 거역하려고 할 뿐 인간이 아닌 만물은 그렇게 하는 법이 없다. 이러한 사실을 노자는 우리에게 깨우쳐 준다.

인간은 길을 트기도 하고 막기도 한다. 그러나 다른 생물들은 그렇게 하지 않는다. 물고기는 물길 따라 가고 오는 길을 알고 지키며 철새는 바람골을 따라 제 길을 벗어나지 않는다. 산짐승은 제 길이 아니면 함부로 다니질 않고 뱀마저도 밤이면 내려오고 낮이면 올라가는 제 길을 정해 놓고 기어다닌다.

물고기나 철새나 산짐승이나 뱀도 자연의 길을 밟는데 유독 인간만이 제멋대로 길을 내고 막는다. 길을 터놓고 좋아하는 것도 인간이며 길을 막아 놓고 울부짖는 것도 인간일 뿐이다. 그래서 노자는 인간들이 한사코 하는 짓(人爲)을 두려워했다. 왜냐하면 인간은 제 살을 제가 깎는 칼을 만들어 두고 별의별 이름을 앞세워 세상을 어지럽히기 때문이다.

위와 같은 이야기를 마음속으로 새겨 보면 노자의 도가도道可道의 도가 왜 변덕스럽고 명가명名可名의 명이 왜 변덕스러운지를 알 수 있다. 샛길이 지름길이 되기도 하고 골목길이 한길로 바뀌기도 하며 자갈길이 포장길로 변하지 않는가! 변하면 변한 대로 변하게 될 이름을 지니게 되는 것이 인간과 만물 사이에 지어지는 현상이다. 이러한 현상은 변함없는 것이 아니라 항상 변하게 마련임을 노자는 비상도非常道요, 비상명非常道이라고 우리들을 타이르고 있는 것이다.

변함없는 길

변하는 길만 있는 것이 아니라 절대로 변하지 않는 길도 하나 있다. 그 길을 노자는 자연의 도道라고 밝힌다. 자연의 길은 나타나 있으면서도 숨어 있다는 것이다. 그래서 자연의 길은 분명하지만 아득하고 은밀해 인간이 알 수 없다고 노자는 실토한다. 하지만 노자는 자연의 길을 다음처럼 풀어 주고 있다.

이름이 없을 때는 우주의 시작이며 이름이 있을 때는 만물의 어머니이다〔無名 天地之始 有名 萬物之母〕. 그러므로 항상 욕심 없음은 그 묘함을 보고 항상 욕심이 있음은 미세하게 움직이는 그 모습을 본다〔故常無欲 以觀其妙 常有欲 以觀其徼〕.

무명無名은 이름이 없음을 말한다. 이름이 없다는 것은 무엇을 뜻할까? 아마도 노자는 우주 만물宇宙萬物이 존재하기 전前을 말하는 듯하다. 우주가 생겨나기 전이라고 보아도 될 것이다. 우주가 없다면 만물은 어디에 있을 것인가? 만물은 있을 수 없다. 그러나 하나가 있었다. 그 하나가 우주 만물을 있게 했다. 그것을 노자는 도道라고 생각하자는 것이다. 그러므로 무명은 변하지 않는 도道 그 자체自體라고 여겨도 될 것이다.

천지의 시작은 우주의 시작이며 이는 곧 만물이 있게 되는 시작이다. 우주가 존재하므로 우주라는 이름이 있게 되고 만물이 있으므로 만물이 있게 된다. 도道가 우주 만물을 생겨나게 한 것을 유명有名이라고 한다. 그러므로 유명은 변하지 않는 도가 무슨 일을 하는지를 짚어 보게 한다. 유명은 도가 우주 만물을 낳는 것을 뜻한다. 그래서 노자는 유명을 만물의 어머니〔萬物之母〕라고 한 셈이다.

유명해지면 유명세를 치른다고 한다. 그러나 노자의 유명은 그러한 유명이 아니다. 우주 만물이 존재하게 된 것을 유명이라고 했다. 무명 시절에는 설움을 받는다고 한다. 그러나 노자의 무명은 그러한 무명이 아니다. 도道의 모습을 그렇게 말하고 있을 뿐이다.

억울하고 분하면 출세하라. 출세를 하면 유명해져 세상 사람들의 입에 오르내린다. 모두들 유명세를 치르더라도 유명해지려고 안절부절못한다. 이러한 생각에서 떠나 만물이 있음을 유명의 덕이라고 여긴다면 나 자신이 있다는 것 하나만으로도 유명한 존재가 아닌가!

무명은 무욕無欲으로 통하고 유명은 유욕有欲으로 통한다. 하고 싶은 것과 하기 싫은 것을 갈라놓는 것이 곧 욕欲이다. 인간의 욕欲은 하고 싶은 것만 탐하고 하기 싫은 것은 멀리하려고 용심用心을 부린다. 그러나 도道는 이러한 용심을 앞세워 우주 만물을 생겨나게 한 것이 아니라고 노자는 밝힌다. 도는 무명이고 무명은 무욕인 것이다. 하지만 도道가 생겨나게 한 유명은 저마다 욕欲을 지닌다.

결국 노자는 스스로의 욕망에 걸려들어 장님이 되지 말고 생명의 존재라면 지니게 마련인 욕欲에서 벗어나 도道의 오묘함을 생각해 볼 것이요, 저마다 자기 몫을 챙기려는 욕심이 아니라 도道가 생겨나게 한 만물을 통해서 그 도의 움직임〔徼〕을 살펴보라고 타이른다. 그러므로 노자의 무욕은 도의 무위를 살피는 것이고 유욕은 도의 작용을 살피는 것이다. 왜 노자는 이런 당부를 인간에게 할까? 인간의 욕망이 인간을 장님으로 만들고 인간이 인간을 못살게 하는 까닭이다.

여자가 아이를 배면 입덧을 한다. 별것을 다 먹고 싶어하고 조금만 더러운 것을 보아도 역겨워하고 메스꺼움을 느낀다. 새 생명이 자궁에 제 자리를 잡기까지 여러 가지로 애를 먹는다. 그러나 뱃속의 생명이 터를 잡으면 임산부는 식욕이 되살아나고 몸은 무거워지면서도 뱃속에서 꿈틀대는 생명을 손끝으로 느끼면서 어머니가 다 된 심정으로 해산을 기다린다. 그리고 온몸의 아픔을 통하여 새 생명은 자궁을 열고 세상으로 나온다. 이렇게 하여 하나의 존재가 탄생하지만 갓난아이를 핏덩이라고 부를 뿐 이름을 붙여서 부르지 않는다.

임산부는 도의 흉내를 내는 셈이다. 임산부가 태아胎兒의 시작이며 갓난아이를 핏덩이라 함은 도의 무명을 흉내내는 것이며 갓난아이에게 이름을 붙여 주는 것은 도道의 유명有名을 흉내내는 것이 아닌가!

하나의 고향

사람에게 가장 크고 가장 무모한 착각은 만물이 서로 다르다고 여기는 데 있다고 노자는 보았다. 만물의 고향은 하나일 뿐이므로 겉모습이 서로 다르다 하더라도 태어나게 한 고향은 하나라고 노자는 밝힌다. 그 하나의 고향을 이야기해 주려고 노자는 무명無名을 무욕無欲으로 살필 것이며 유명有名을 유욕有欲으로 살피라고 말하고 그렇게 해야 하는 연유를 다음처럼 말해 준다.

이 둘은 다 같은 데서 나왔고 이름만 서로 다를 뿐이며, 그 둘은 같아서 모두 현묘하다〔此兩者同出 而異名 同謂之玄〕.

아무리 알려 해도 알 수 없는 그것은 모든 사물의 현묘함이 들고 나는 문이다〔玄之又玄 衆妙之門〕.

무욕無欲이든 유욕有欲이든 한곳에서 비롯되었다. 무욕은 존재 이전이고 유욕은 존재 이후이다. 존재 이전은 그것이 태어나기 전이고 존재 이후는 그것이 태어난 다음이다. 욕欲이란 생명의 본래 성질을 말함이다. 그러한 본래 성질은 제 스스로 간직한 것이 아니라 타고난 것이라고 우리는 말하지 않는가! 그러므로 무욕이란 태어나기 전을 뜻함이요, 유욕이란 태어난 뒤를 말함이다.

인생에서 인간의 욕망은 탈을 내는 도굴범이나 같다. 옛무덤을 파서 그 무덤 속에 묻혀 있는 보물을 파내 장물아비에게 팔아 돈을 번다는 도굴범은 결국 감옥에 갇히고 만다. 이러한 험한 꼴은 욕심에 눈이 멀어 하지 말아야 할 짓을 범했던 탓으로 철창에 갇힌 신세가 되는 법이다. 이처럼 인간의 욕심은 결국 자신을 제 한 몸뚱이의 감옥 속에 가두고야 만다.

인간의 욕심은 인간이 태어난 다음에 일어나는 인간의 착각이다. 그 착각은 인간을 한사코 절망하게 하고 심하면 인생을 산산조각으로 쪼개 버린다. 이러한 욕심의 착각 때문에 서로 다르다고 다짐하고 서로 싸움하듯이 인간들은 이것은 이것이고 저것은 저것이라고 단언한다. 그래서 인간은 유욕有欲과 무욕無欲은 서로 다른 것이라고 믿는다.

그러나 노자는 그 둘이 하나의 고향에서 생겼다고 말해 준다. 이러한 말을 들을 때 문득 나라는 존재를 생각해 보게 될 것이다. 부모가 나를 낳아 주었으니 부모로부터 비롯되었다고 생각하고 만다면 그 부모는 어디서 왔다는 것일까? 이렇게 생각을 무한히 거슬러 올라가 보면 마지막 벽에 부딪치게 될 것이 아닌가! 그리고 그 마지막 벽이 인간이 넘을 수 없는 도道가 아닐까? 이러한 의문을 한없이 하다가 맨 끝에 이르면 나에게 덕지덕지 묻어 있던 욕망의 기름때가 벗겨지고 맑은 무욕無欲의 마음이 문을 열게 될 것이다. 그리고 유욕의 내가 곧 무욕의 나라는 것을 확인하게 될 것이다. 이 얼마나 묘하고 신통한 일인가! 아마도 그래서 노자는 "그 둘은 같아서 현묘하다[同謂之玄]"라고 말한 것이다.

동전의 앞뒤는 서로 다른 것인가? 서로 다르다면 한 닢의 동전이 두 개란 말인가? 인간이 물건의 개수를 세는 것은 하나씩 서로 따로 있다고 믿는 까닭이다. 손바닥과 손등이 서로 다르다면 하나의 팔에 손이 두 개 달려 있단 말인가? 그렇다면 인간에게 두 개의 손이 아니라 네 개의 손이 있다고 보는 것일까? 물론 그렇게 생각하지 않는다. 왜냐하면 동전의 앞뒤는 동전의 부분이고 손바닥과 손등 역시 손의 부분이라고 인간은 해명한다. 손바닥과 손등이 손의 부분이라면 손은 내 몸의 한 부분이 아닌가! 그렇다면 내 몸도 어떤 것의 부분이 아닐까? 결국 내 몸도 만물의 한 부분이 아닌가 말이다. 만물은 우주 안에 있으니 우주의 부분인 셈이고 그 우주란 것이 결국 어디서 왔을까? 이렇게 보면 다른 것은 하나도 없다. 그리고 나는 한없이 커져 꽉 막힌 욕망의 동굴에서 나와 투명한 하늘을 보는 느낌을 맛보게 된다.

만물이 다르다고 여기면 여길수록 마음속이 어수선해지고 다 같다고 생각하면 생각할수록 그 만물의 고향인 자궁을 생각해 보게 된다. 산도 강도 한 문에서 나왔고 지렁이나 귀뚜라미나 사람도 그 문에서 나왔다고 생각하면 노자가 말한 중묘衆妙라는 말씀을 알게 된다. 있다가 없어지는 것보다 더 현묘한 것이 어디 있을 것인가! 그렇게 현묘한 것을 우주 만물이라고 여기게 되면 나 또한 현묘한 하나의 존재가 아닌가 말이다. 이쯤 되면 유욕은 동전의 앞이고 무욕은 동전의 뒤라 그 둘이 서로 다르다고 할 것은 없다.

도라고 말할 수 있는 도는 변함없는 도가 아니며, 이름으로 말할 수 있는 이름은 변함없는 이름이 아니다.

〔道可道 非常道 名可名 非常名〕도가도 비상도 명가명 비상명

이름이 없을 때는 우주의 시작이며 이름이 있을 때는 만물의 어머니
이다. 그러므로 항상 욕심 없음은 그 묘함을 보고 항상 욕심이 있음
은 미세하게 움직이는 그 모습을 본다.
〔無名 天地之始 有名 萬物之母 故常無欲 以觀其妙 常有欲 以觀其徼〕무
명 천지지시 유명 만물지모 고상무욕 이관기묘 상유욕 이관기요

이 둘은 다 같은 데서 나왔고 이름만 서로 다를 뿐이며, 그 둘은 같
아서 모두 현묘하다. 아무리 알려 해도 알 수 없는 그것은 모든 사물
의 현묘함이 들고나는 문이다.
〔此兩者同出 而異名 同謂之玄 玄之又玄 衆妙之門〕차양자동출 이이명 동위지
현 현지우현 중묘지문

도움말
《노자》의 제1장은 변함없는 도[常道]를 말하려고 변하는 도[非常道]를 먼저 말하고
있다. 상도常道를 자연自然의 도로 보고 비상도非常道를 인간의 도로 보아도 된다.
욕欲은 하는 짓[爲]으로 보아도 된다. 무욕無欲은 무위無爲로, 유욕有欲은 유위有爲
로 통할 수 있게 된다. 묘妙는 다르게 보이지만 다 같다는 풀이로 보아도 되고,
현玄은 인간이 알 수 없는 경지로 여겨지며, 요徼는 드러나지 않는 순환循環을 뜻
한다고 보아도 된다.

제2장 자연의 도道에 따르라

선악은 따로 있는가

선善은 항상 선이고 미美는 항상 미라고 단정하는 것도 하나의 편견偏見이며, 악惡은 악으로 항상 결정되어 있고 추醜도 항상 추로 결정되어 있다고 단정하는 것 또한 하나의 편견이다. 이러한 편견을 인간은 당연한 것처럼 여기고 선악善惡을 주장하고 미추美醜를 가리려고 안간힘을 쓴다.

노자는 선악도 하나의 현상이며 미추도 하나의 현상이라고 타이른다. 또한 현상이라면 변하지 않는 것이 없음을 알려 주려고 다음처럼 말하고 있다.

세상 사람들은 누구나 미가 되는 것은 언제나 미인 줄 알지만 그 미란 것이 오히려 추가 된다는 것을 모르며, 그리고 누구나 선이 되는 것은 언제나 선인 줄 알고 있지만 그 선이 도리어 악이 된다는 것을 모른다〔天下皆知美之爲美 斯惡已 皆知善之爲善 斯不善已〕.

드러나는 것은 무엇이든 현상現象 속에 있는 사물들이다. 현상은 마치 투망 같아 어떠한 사물이든 그 투망을 벗어나 있을 수 없다. 우주는 현상이란 하나의 투망이며 만물은 그 속에 걸려 있는 물고기쯤으로 여긴다면 얼마나 환상적인가!

강태공은 강물에서 고기를 낚지만 도道는 텅 빈 허공虛空에서 우주의 투망질을 하면서 물고기를 잡아 거두어 가기도 하고 물고기의 종자를 다시 풀어놓기도 하는 어부라고 상상해 보라. 그러면 현상은 도의 투망질과 같고, 삼라만상森羅萬象이 태어나는 곳도 되고 죽어 소멸하는 곳도 되는 우주야말로 도道의 양어장과 같은 셈이다.

우주의 투망 속에 걸려들어 살기도 하고 죽기도 하는 인간들은 저마다 정情에 따라 이것은 아름다워 좋고 저것은 추해서 싫다며 가늠질을 일삼는다고 노자는 나무란다. 그리고 인간들은 저마다 뜻〔志〕에 따라 이것은 옳고 저것은 그르다거나 또는 이것은 선하고 저것은 악하다고 판정을 내리며 옳고 선한 것에는 상을 주어야 하고 그리고 악한 것은 벌을 주어야 한다고 심판하는 것을 능사로 삼는다고 노자는 비웃는다.

현상을 보고 무엇이라고 결단을 내리고 결론짓는 것은 흐르는 물에서 발을 씻으면서도 멈춘 물속에서 발을 씻는다고 고집하는 것이나 같다. 선이나 미는 현상을 보고 인간들이 좋고 싫음을 갈라놓는 짓이므로 그러한 짓은 변할 수밖에 없다는 미지美之요, 선지善之이다.

인간이 누리고 싶어하는 것도 하나의 욕欲이며 버리고 싶어하는 것도 하나의 욕欲이다. 인간이 현상을 보고 결정하려는 욕망이 곧 선악과 미추 등으로 나타나게 마련이다. 그러나 인간은 하나의 욕망이 지나치면 다른 모습으로 나타난다는 것을 모른다고 노자는 핀잔을 주고 있다.

《장자莊子》에 다음과 같은 이야기가 있다. 천하의 절색이라고 사람들이 찬사를 보낸 서희西姬가 물가에 서면 물속의 고기들은 무서워 숨는다. 이 이야기를 통해 인간들이 아름답다고 하는 것은 인간들이 알고 있는 현상을 보고 단정한 것일 뿐 만물의 입장에서 본다면 아름답다는 것이 보기 싫은 것으로 될 수도 있음을 헤아리게 된다.

그리고 《삼국유사三國遺事》에 나오는 도미都美의 설화說話에서도 미가 추가 되는 꼴을 보게 된다. 도미의 아내는 미색이 뛰어난 탓으로 세상에 알려져 그 소문이 임금의 귀에까지 들어갔다. 임금이 그녀를 가지려고 하자 그녀는 밤새 달아나 버렸고, 죄 없는 남편만 붙들려가 두 눈알이 뽑힌 채로 강물에 버려지게 되었다. 아내의 지나친 아름다움이 제 남편의 두 눈알을 뽑히게 했으니 오히려 추함만 못한 것이 되고 말았다. 그리고 그녀의 지나친 미색은 임금으로 하여금 겁탈을 하게 만들었으니 인간을 추하게 한 악惡이 되고야 말았다.

이처럼 인간이 아름답게 하는 것은〔美之〕 인간의 정에 따른 것이므로 그 정情이 지나치면 미가 오히려 추하게 된다. 인간들이 선하다고 하는 것〔善之〕 역시 인간의 뜻〔志〕에 따라 결정되므로 그 뜻이 지나치면 악이 되고 만다는 이치를 노자는 터득하게 한다. 이러한 지혜는 우리가 삶을 엮어 가는 데 더할 바 없는 가르침이 아닌가!

현상을 어떻게 볼까

현대인들은 현상을 상대相對의 입장에서 보려고 한다. 이는 서구인西歐人의 사상思想들이 따져 낸 것으로, 이 사상 탓으로 현재 우리는 주변에 드러나는 온갖 현상을 서로 상대되는 것이라고 생각해 버린다. 인간이 잔인해지고 삶이 살벌해지는 것은 현상을 이렇게 보아 버리는 데서 비롯되고 있는 셈이다.

상대相對는 서로 대립하고 있다는 것을 뜻한다. 이것과 저것이 서로 대치하면서 주도권主導權 다툼을 한다는 것이 상대相對이다. 그래서 주객主客이라는 낱말이 생겨났다. 그러나 노자의 다음과 같은 말씀을 듣게 되면 그것이 얼마나 어리석고 위험한 발상發想인가를 알 수 있다.

있는 것과 없는 것은 서로 생겨나고〔有無相生〕, 어려움과 쉬움이 서로 이룩되고〔難易相成〕, 긴 것과 짧은 것이 서로 드러나며〔長短相形〕, 높음과 낮음이 서로 기울고〔高下相傾〕, 홀소리와 닿소리가 서로 어울리며〔音聲相和〕, 앞과 뒤가 서로 따른다〔前後相隨〕.

우리 앞에 보이는 모든 것은 현상이다. 이러한 현상을 어떻게 볼까? 이에 대하여 노자는 서로 생겨난 것〔相生〕으로 생각하라고 한다. 서로 이룩된 것〔相成〕으로 생각할 것이며 서로 드러난 것〔相形〕으로 생각하라고 한다. 그리고 서로 의지해 기우는 것〔相傾〕으로 볼 것이며 서로 어울리는 것〔相和〕으로 보고 서로 따르는 것〔相隨〕으로 생각하라 한다.

새싹이 돋으면 낙엽이 되어 떨어진다. 새싹이 유有의 시작이라면 낙엽은 유의 마감이 아닌가! 유의 마감을 무無라고 여겨도 된다. 새싹이 생겨났으므로 낙엽이 생기게 된다. 그리고 낙엽이 없어지므로 새싹이 돋아나게 된다. 이처럼 현상은 유무상생有無相生이다.

비탈길은 오르기가 숨차서 힘들고 어렵다. 그러나 그 비탈길도 내려올 때는 숨이 덜 차 수월하고 쉽다. 숨찬 오르막길이 난難이라면 수월한 내리막길은 이易가 아닌가! 오르막이 있으면 내리막이 맞물려 있는 것처럼 어려움과 쉬움은 서로 이루어져 있다. 이처럼 현상은 난이상성難易相成이다.

한 그루의 나무에도 길고 짧음이 제대로 있어야 한다. 등걸이 줄기보다 짧으면 나무는 넘어지고 만다. 등걸이 길고 줄기가 짧아야 나무는 서게 된다. 등걸이 장長이라면 줄기는 단短이 아닌가! 그리고 줄기는 아래에 있고 가지가 위에 있어야 나무는 제대로 맞물려 서 있게 된다. 줄기의 위치가 하下라면 가지의 위치는 고高가 아닌가! 이처럼 현상은 장단상형長短相形이며 고하상경高下相傾이다.

입으로만 소리를 내는 것은 아니다. 입속과 목청이 어울려야 인간도 소리를 낸다. 입속이 내는 소리〔聲〕와 목청이 내는 소리〔音〕가 서로 어울려야 말이 나온다. 이처럼 사람이 내는 소리의 현상도 서로 대립하는 것이 아니라 음성상화音聲相和가 아닌가!

인간이 느낄 수 있는 시간과 공간은 앞〔前〕과 뒤〔後〕가 있다. 어제 오늘이 대립하는 것이 아니라 시간이 오고가는 것〔相隨〕이 아닌가! 이처럼 시간과 공간이란 현상도 전후상수前後相隨이다.

옛날에 두 장수가 대립해 싸움이 붙었다. 창살의 힘만 믿은 장수가 상대에게 오라고 하니까 숨어서 활을 들고 있던 장수는 창을 든 손목에 화살을 쏘아 창을 떨구게 한 다음 "기는 놈 위에 뛰는 놈이 있음을 몰랐느냐? 다시 시비를 걸면 목에다 살을 꽂아 주겠노라." 이렇게 호령한 다음 활을 들고 사라졌다.

손목에 화살을 맞고 수모를 당했던 장수가 한 손에는 방패를, 다른 한 손에는 칼을 들고 찾아와 활 솜씨만 믿었던 장수를 불러냈다. 화살의 힘만 믿고 이번에는 당당히 맞서서 활질을 했다. 그러나 화살은 방패를 뚫지 못했고 칼을 든 장수는 성큼성큼 다가와서 활줄을 잘라 버리고 오른손목에 칼질을 해 버렸다. 칼끝을 목줄에 대고서 "뛰는 놈 위에 나는 놈이 있음을 몰랐느냐? 다시 시비를 걸면 목에다 칼질을 하겠노라." 이렇게 호령한 다음 방패와 칼을 들고 사라졌다.

상대는 위와 같은 일을 끊임없이 불러온다. 결국 두 장수는 서로 상대가 되어 대립한 탓으로 한 번씩 수모를 당하고 말았다. 기는 놈 위에 뛰는 놈이 있고 뛰는 놈 위에 나는 놈이 있다고 하면서 서로 나는 놈이 되려고 아우성을 치는 것은 현상을 대립의 상대로 보기 때문이다. 상대는 대립을 낳고 대립은 힘을 부르고 힘은 싸움을 부른다. 이러한 것을 노자는 인위人為의 탓이라고 보았다. 세상은 현상이요, 그 현상은 만물의 상대가 아니라 만물의 상호라고 밝힌 노자의 지혜는 우주의 만물이 서로 밀어 주고 끌어 주는 것임을 알라고 한다. 그런 지혜가 곧 상생相生이며 상성相成이고 상형相形이며 상경相傾이고 상화相和이며 상수相隨인 셈이다.

공치사를 하지 않는다

"미운 사람 떡 하나 더 준다." 이 속담은 인간의 감정을 잘 다스리라는 지혜이다. 그러나 이러한 지혜는 이미 어느 한쪽에 치우쳐 있을 뿐 공평한 것은 아니다. 미운 사람이 있다면 예쁜 사람이 있다는 말이 된다. 이 속담의 속뜻을 따지고 보면 미운 사람을 위해서가 아니라 예쁜 사람을 위해서 떡 하나 더 주어 미운 사람을 미리 예방하는 꼴이다. 미운 정 고운 정이란 인간이 하는 행위이다. 그러므로 인간의 짓〔人爲〕에는 편애偏愛가 드러나 근본이 흔들리고 말단이 뒤집히는 혼란이 일어나게 된다.

노자는 근본의 기준을 자연의 도道에 두라고 한다. 왜냐하면 자연의 도는 모든 일을 하되 공치사를 하지 않기 때문이다. 그래서 자연의 도는 덕으로 나타난다고 한다. 일을 하되 공치사를 하지 않는 것을 노자는 무위지사無爲之事라고 다음처럼 풀어 준다.

행하되 말로 가르치려 들지 않고〔行不信之敎〕, 만물이 이루어지되 말 꼬리를 달지 않으며〔萬物作而不辭〕, 낳아 주되 갖지 않으며〔生而不有〕, 되게 해 주되 그렇다고 믿지 않으며〔爲而不恃〕, 공을 이루고도 연연하지 않는다〔功成而不居〕.

사랑하는 것이 있으면 미워하는 것도 있게 마련이다. 좋아하는 것이 있으면 싫어하는 것도 있는 법이다. 이렇게 인간은 호오好惡에 따라 웃기도 하고 울기도 한다. 이것은 모두 인간의 정에서 비롯되는 징후들이다. 이러한 징후들을 빙자해서 만물을 보고 만나므로 인간의 일들은 처음 원하는 대로 되지 않는다. 처음부터 아무런 욕심이 없다면 바랄 것이 없으니 잃을 것도 없게 된다. 그러나 인간은 한사코 무엇인가를 바라고 이런 일 저런 일을 만들어 놓고 잘되면 내 덕이라 공치사를 늘어놓고 못되면 남의 탓으로 돌리려는 꾀를 부린다. 이러한 꼴들이 모두 인위人爲가 짓는 증상이라고 노자는 타이른다.

노자도 공자와 마찬가지로 사람이 어떻게 하면 큰사람이 될 수 있고 어떻게 하면 작은사람이 되는지를 말하고 있는 셈이다. 물론 공자와 노자는 대인大人이 되는 길을 서로 달리 말해 준다.

공자는 인간의 심성心性을 닦고[修己] 행동가짐을 삼가라고[復禮] 하지만 노자는 공자가 밝힌 수기修己나 극기[復禮] 같은 것 자체가 인간의 욕欲일 뿐 일하되 공치사를 하지 않는 무위無爲가 아니라고 한다. 큰사람[聖人]은 무위가 하는 대로 인생을 누릴 뿐이라고 노자는 말하고 있는 셈이다.

무위란 무엇일까? 이러한 물음에 대하여 노자는 낳아 주고도 간섭하지 않으며 이루어 주고도 티를 내지 않는 것이라고 쉽게 타이르고 있다. 쥐꼬리만 한 일을 해 놓고 생색을 내려고 발버둥치는 것이 생쥐를 그려 놓고 코끼리라고 자랑하는 것과 무엇이 다를 것인가!

허름한 옷을 입고 윤회란 선비가 여행을 하다 날이 저물어 부잣집에서 하룻밤 신세를 지게 되었다. 조금 뒤에 그 집 마나님이 진주 보물이 없어졌다며 북새통이 일어났다. 그 집 주인은 금방 들어온 떠돌이가 그것을 훔친 것이라고 단정했다. 훔친 것을 내놓으라고 윽박지르며 관아에 넘기기 위해 포박하려고 하자 윤회는 그러지 말고 하룻밤만 마당에 있는 거위와 함께 자기를 묶어 두어 달라고 청했다.

날이 밝아 주인이 윤회를 관아에 넘기려고 할 때 윤회는 거위가 밤 사이에 눈 똥을 보라고 주인에게 청했다. 거위의 똥 속에는 도둑맞았던 진주가 숨어 있었다. 거위는 마당에 떨어진 진주알이 콩알인 줄 알고 먹었고 그 진주알이 거위의 뱃속을 통해 나왔던 것이다.

멋쩍게 된 주인은 왜 거위가 먹었다고 말하지 않았느냐며 윤회에게 백배사죄를 했다. 이에 윤회는 만약 자기가 그 말을 했다면 성질이 급해 보이는 주인장께서 당장 확인하기 위하여 저 거위의 목을 비틀고 배를 갈라 죽였을 것이 아니냐고 반문했다.

이러한 광경을 공자와 노자가 보았다면 공자는 윤회를 군자라고 칭송했을 것이고 노자는 윤회를 모른 척하고 입을 다물었을 것이다. 윤회가 뱉은 뒷말을 보면 노자가 그렇게 했으리라 짐작된다. 만약 윤회가 어쩔 줄 몰라 하는 집 주인에게 미소만 짓고 공치사를 하지 않았더라면 노자도 미소를 지었을 것이다.

만일 윤회가 아무 말 없이 풀려난 거위를 보고 미소만 지었다면 윤회의 얼굴에 뜬 미소 같은 것을 곧 무위無爲라고 여겨도 생활인에게는 큰 무리가 없다. 그러므로 무위를 현학적으로 이해하려고 하지 않아도 하루하루 살아가는 데 그것은 더없는 지혜인 셈이다.

원문
의역

세상 사람들은 누구나 미가 되는 것은 언제나 미인 줄 알지만 그 미란 것이 오히려 추가 된다는 것을 모르며, 그리고 누구나 선이 되는 것은 언제나 선인 줄 알고 있지만 그 선이 도리어 악이 된다는 것을 모른다.

〔天下皆知美之爲美 斯惡已 皆知善之爲善 斯不善已〕천하개지미지위미 사악이 개지선지위선 사불선이

그러므로〔故〕 있는 것과 없는 것은 서로 생겨나고, 어려움과 쉬움이 서로 이룩되고, 긴 것과 짧은 것이 서로 드러나며, 높음과 낮음이 서로 기울고, 홀소리와 닿소리가 서로 어울리며, 앞과 뒤가 서로 따른다.

〔故有無相生 難易相成 長短相形 高下相傾 音聲相和 前後相隨〕고유무상생

난이상성 장단상형 고하상경 음성상화 전후상수

이렇기 때문에 성인은 무위가 하는 대로 맡겨 둔다.
〔是以 聖人 處無爲之事〕 시이 성인 처무위지사

행하되 말로 가르치려 들지 않고, 만물이 이루어지되 말꼬리를 달지 않으며, 낳아 주되 갖지 않으며, 되게 해 주되 그렇다고 믿지 않으며, 공을 이루고도 연연하지 않는다.
〔行不信之敎 萬物作而不辭 生而不有 爲而不恃 功成而不居〕 행불신지교 만물작이불사 생이불유 위이불시 공성이불거

이렇게 하지만 머물러 연연하지 않기 때문에 영원히 사라지지 않는다.
〔夫唯不居 是以不去〕 부유불거 시이불거

도움말
《노자》의 제2장은 도道의 작용이 어떤 것인가를 말하고 있다. 이를 풀이하기 위하여 먼저 미와 선에 대한 인간의 편견을 지적하고 있다.
자연의 도가 행하는 것을 무위지사無爲之事라고 밝힌 다음 성인은 그것에 심신心身을 맡긴다고 노자는 밝히고 있다.
미지美之는 아름답게 하는 행동으로 보면 되고 선지善之는 선하게 하는 행동으로 보면 된다.
《노자》의 제2장에서 만물의 관계가 현상을 이루고 그러한 현상은 상대相對의 대립對立이 아니라 상호相互의 융합融合으로 보게 한다. 그 상호 융합은 상생相生, 상성相成, 상형相形, 상경相傾, 상화相和, 상수相隨 등으로 풀이되고 있다. 여기서 무위無爲의 드러난 모습을 헤아릴 수도 있다.
무위無爲는 곧 자연의 도가 작용하는 바를 밝혀 준다.

제3장 정치政治를 어떻게 할까

위쪽부터 다스려라

못난 임금은 신하를 궁궐에 붙들어 두어 간신배를 만들고 든든한 임금은 신하를 시정 골목으로 내몰아 백성의 한숨 소리를 듣고 오게 한다. 대통령도 이와 다를 것이 없다.

노자는 정치를 제대로 하려면 무엇보다 다음 사항을 철저히 하라고 당부한다.

아는 것이 많아 현명하다고 하는 자를 높이지 마라〔不尙賢〕. 그렇게 하면 백성으로 하여금 다투지 않게 한다〔使民不爭〕.

백성이 주인이고 관리는 머슴이라는 것을 아마도 맨 먼저 노자가 밝힌 셈이다. 아는 것이 많아 현명하다고 하는 자를 높이지 말라〔不尙賢〕는 말은 곧 높은 벼슬에 있는 자보다 백성을 먼저 무서워하라는 말과 같다. 세상을 다스린다는 것은 그 세상을 편안하게 하고 자유롭게 하는 것이다. 세상을 무섭게 하고 이리저리 묶어 두려고 하면 세상을 다스리는 것이 아니라 세상을 족치는 것에 불과하다. 언제나 폭군暴君은 세상을 족치고 성군聖君은 세상을 편안하게 한다. 오늘날은 그러한 폭군을 독재자獨裁者라고 일컫는다.

독재자는 불상현不尙賢에 숨어 있는 지혜를 모른다. 그렇기 때문에 독재자는 측근側近을 만들어 인人의 장벽을 치고 권력을 도둑질당할까 봐 충견忠犬이 되도록 특권特權이란 미끼를 던져 주게 된다. 언제나 특권은 개밥 속의 고깃덩이 같아 고기 맛을 본 개는 주인 앞에서는 침을 흘리고 객 앞에서는 무서운 이빨을 드러낸 채 으르렁거리게 마련이다. 이렇게 개처럼 된 독재자의 측근은 서로 빼어난 간신이 되려고 갖은 아양을 다 떨며 독재자의 눈밖에 날까 봐 몸둘 바를 모른다.

독재자는 이러한 간신들의 잔꾀들을 충성이라고 믿는다. 이러한 믿음이 독재자의 공통된 어리석음이다. 독재자의 측근이 간신이 되어 갈수록 독재자와 백성 사이의 간격은 멀어지고 세상에는 측근들이나 특권층만 있고 백성들이 있다는 것을 잊어버리게 된다. 무지한 자는 권부權府를 찾지 않는다. 학식과 덕망을 갖추었다고 자부하는 사람들이 치자治者의 무리를 이룬다. 이러한 치자들을 현자로 받들 것이 아니라 백성의 머슴살이를 할 수 있는 자가 한 나라의 대권大權을 잡는다면 백성들이 아우성을 칠 이유가 없을 것이 아닌가!

4.19는 마산항의 부두에서 폭발하게 되었다. 바다 속으로 무참하게 던져졌던 한 남학생의 시체를 건져 내게 되면서 시민의 분노는 뇌관을 터뜨리게 되었다. 그 학생의 얼굴에는 최루탄덩이가 박혀 있었다. 최루탄덩이에 맞아 죽음을 당한 한 소년의 주검을 본 백성들은 더 참을 수가 없었던 까닭이다. 경찰서를 부수고 시청을 찾아가 불을 질렀다. 드디어 백성들은 대통령이 있는 권부를 향해 성난 주먹질을 퍼부었다. 백성이 분노하면 궁궐의 문짝은 종이짝처럼 찢어지는 것이고 성채로 쌓은 궁궐의 담벽은 모래알처럼 산산조각이 난다. 그래서 일찍이 남명

南冥 선생은 선조 임금에게 백성이 강물이라면 임금은 조각배와 같고 백성이 편해야 조각배는 강물을 따라 떠갈 수 있지만 백성이 분노하면 강물은 이랑이 되어 조각배를 강 언덕 위로 내몰아 조각배는 쪼개지고 만다고 입바른 소리를 했었다.

곰곰이 따지고 보면 유가儒家였던 남명 선생이 노자의 불상현不尙賢이란 말씀이 담고 있는 지혜를 선조에게 들려준 셈이 아닌가! 그러나 이 대통령의 측근에는 남명 선생 같은 자가 없었다. 이 대통령은 이기붕, 최인규 등의 무리를 무슨 현자賢者나 되는 것으로 착각하고 그들의 꼭두각시가 되어 권부에 앉아 권세의 어릿광대짓을 하다가 밀려나는 험한 꼴을 당했다. 이처럼 간신을 현자로 착각을 하면 권부는 백성들의 분노에 밟히게 마련이고 백성들은 간신들의 농락에 놀아나는 치자治者를 몰아내기 위하여 목숨을 걸고 투쟁을 벌이게 된다.

백성들이 데모를 하지 않게 하자면 어떻게 하면 될까? 권좌의 측근을 충견으로 만들어 특권이란 고깃덩이를 던져 주지 말고 백성의 머슴이 되게 하면 된다. 이러한 간단한 진리를 노자는 밝혀 준 셈이다.

나라를 훔치는 도둑을 잡아라

좀도둑은 부잣집 부엌에 들어가 밥통을 훔치고 강도는 부잣집 안방에 들어가 돈궤를 훔치지만 치자治者의 도둑질은 나라를 훔친다. 도둑질하는 치자보다 더한 대도大盜는 천하에 없는 법이다. 그래서 노자는 다음처럼 단언한다.

얻기 힘든 재물을 귀하게 여기지 않으면 백성들이 도둑질을 하지 않게 되며〔不貴難得之貨 使民不爲盜〕, 지나친 허욕을 보여 주지 않으면 백성들의 마음이 문란하게 되지 않는다〔不見可欲 使民心不亂〕.

윗물이 맑아야 아랫물이 맑다. 그러나 윗물이 더러우면 아랫물은 썩는다. 아전이 백 냥의 급행료를 받고 원님이 천 냥의 사례비를 받고 관찰사가 만 냥의 뇌물을 받는다면 만 냥의 뇌물은 나라를 더럽히고 천 냥의 급행료는 나라를 썩게 한다. 아전은 파리 떼처럼 그 수가 매우 많지만 관찰사는 소 잔등에 붙어 피를 빠는 몇 마리의 쇠파리에 해당되는 까닭이다. 그래서 치자가 대도가 되면 그 밑의 졸개들은 대낮에도 소매치기를 하는 법이다.

도둑질을 하다 잡혀 가서 옥살이를 하면서도 재수가 없어 붙잡혀 왔노라고 떠벌이는 자가 많으면 많을수록 관아는 복마전이 되어 있는 셈이고 백성의 등을 치는 벼슬아치들이 많다는 증거가 된다. 도둑질을 하고도 부끄러워하기는커녕 한탕해서 떼부자가 되려고 했지만 재수가 없어 붙들려 왔다고 불평하는 세상은 도둑의 소굴이나 다를 바가 없다. 세상이 이렇게 될 때 누구에게 책임이 있는가? 나라를 다스리는 자에게 있다고 노자는 단언한다.

억울하면 출세하라. 이러한 비아냥을 우스갯소리로 흘릴 것은 아니다. 외로 가든 바로 가든 서울만 가면 그만이다. 이러한 억지소리도 그냥 흘려들어서는 안 된다. 이러한 자조自嘲의 푸념들이 백성의 입에서 잦을 때 치자治者는 정치가 제대로 되지 못하고 있다는 것을 뼈저리게 느끼고 뉘우쳐야 한다. 세상이 그만큼 허영·허세·허욕에 들떠 저마다의 분수를 모르고 날뛰고 있다는 징후인 까닭이다.

인맥人脈이나 지연地緣이나 학연學緣을 따져 권부의 자리를 채우면 파당派黨은 저절로 생겨나는 법이고, 실세實勢의 부류에 끼면 권력을 빙자한 권세를 부려 치부致富의 야욕을 만끽한다는 허욕이 드세지게 된다. 그러면 백성은 너나 할 것 없이 수단과 방법을 가리지 않고 출세하자고 아우성을 치게 된다. 권력과 권세가 재물을 탐하면 세상은 둥둥 뜨는 고무풍선처럼 부풀고 투기꾼·사기꾼·치기배 같은 권력가權力家의 야욕野欲은 선량한 백성의 심증을 뒤집어 놓게 마련이다.

세상이 왜 그렇게 문란해지는 것인가? 치자들의 재욕財欲 탓이라고 노자는 단언한다.

광복 후 선거를 해서 치자를 뽑게 되었다. 아무것도 모르는 백성들은 투표권을 사자고 덤비는 후보들의 놀림감이 되고 말았다. 처음엔 뭣모르고 비누 한 장 받고 표를 팔았다. 그러나 선거가 거듭되면서 표 값이 올라가기 시작했다. 비누 한 장 값으로 팔렸던 투표권이 몇만 원이든 돈봉투로 직거래되었다. 이렇게 투표권을 팔아먹은 백성이 어찌 정치가 제대로 되기를 바라느냐고 조롱조의 풍문이 떠돌기는 했지만 여전히 돈을 주고 표를 낚아 정치판에 입성하겠다는 정상배는 없어지지 않았다.

조선 말기에는 궁궐의 실세實勢들이 매관매직賣官賣職으로 부귀영화를 누렸다고 한다. 만 냥의 값으로 방백의 벼슬을 사면 다스릴 고을에 내려가 본진의 수십 배로 백성의 호주머니를 털어 절반은 착복하고 절반은 한양의 사대부에게 상납했다고 한다. 그래서 원님이 눈짓을 하면 아전은 훔쳐 낼 궁리를 하고 포졸은 몽둥이를 들었다고 한다. 결국 살기 힘든 백성은 어쩔 수 없이 산적이 되어 관아를 터는 지경에 이르렀고, 임꺽정은 민중의 영웅이 되고 궁궐의 역적이 되었던 셈이다.

투표권을 매수해서 선량選良이 되겠다는 것이나 돈을 주고 버슬자리를 사서 고을 원님이 되어 한밑천 잡겠다는 것이나 무엇이 다른가? 누구나 본전을 들이면 그 몇 갑절로 장사를 하려고 하는 것이다.

그러므로 치자는 황금 보기를 돌처럼 하라는 것이다. 물욕은 탐욕을 낳고 탐욕은 남의 것을 빼앗아 제 것으로 하려는 욕심을 부린다. 만일 치자가 이렇게 마음을 먹는다면 허욕을 보이지 말라〔不見可欲〕는 노자의 말은 겉돌고 세상은 도둑으로 들끓고 한탕주의에 놀아나고야 만다.

정치를 무위로 하라

정치를 잘하면 세상은 산들바람처럼 불고 정치가 잘못되면 세상은 태풍처럼 몰아친다. 날마다 시내 한가운데서 최루탄이 터지고 학생들이 떼를 지어 길바닥을 점거하는 사태는 정치가 빚어내는 태풍이다.

정권의 정통성 시비가 끊이지 않고 특권층의 행패가 사라지지 않으며 권력으로 안 되는 일은 없다는 의식이 도사리는 것은 잘못된 정치의 태풍이 안겨 주는 아픈 상처들이다. 치자가 백성에게 이러한 상처를 입힌다는 것이 말이나 되느냐고 노자는 반문한다. 그래서 노자는 선정善政을 하려면 다음처럼 하라고 충고한다.

마음을 비우게 하며〔虛其心〕, 배를 부르게 하고〔實其腹〕, 허영된 뜻을 약하게 하며〔弱其志〕, 몸을 튼튼하게 해 주어라〔强其骨〕. 그리고 항상 백성에게 지식을 앞세우지 않게 하고 욕심을 부리지 않게 할 것이고

〔常使民無知無欲〕, 아는 자들이 턱없는 일을 저지르지 못하게 하라〔使夫知者不敢爲也〕. 무위로 정치를 하면 다스리지 못할 것은 하나도 없다〔爲無爲 則無不治〕.

백성의 마음을 비우게 하자면 먼저 치자의 마음부터 비워야 한다. 자기가 하기 싫은 것을 남에게 강요하지 말아야 한다. 자신이 누울 자리를 넓히자고 남을 서 있게 하면 아무것도 되지 않는다. 그러므로 치자는 마음을 비울 줄 알아야 한다. 이를 허기심虛其心이라고 한다.

치자의 집에 한 되의 쌀이 있는데 백성의 집에는 두 되의 쌀이 있게 하면 세상에 분란이 일어날 리가 없다. 그러나 백성은 굶주리게 하면서 치자의 뱃속만 차면 세상은 엎어지게 마련이다. 이러한 험한 꼴을 막을 수 있는 것이 곧 실기복實其腹이다.

치자가 야욕을 부리면 백성도 본을 받는다. 부자가 허세를 부리면 빈자도 덩달아 허세를 부린다. 과소비 현상은 이래서 나타난다. 치자가 헛된 야심을 버리면 백성도 순진하게 된다. 세상을 들뜨지 않게 하는 것이 약기지弱其志이다.

관청을 무서워하는 세상에서는 백성들이 몸 걱정을 한다. 비위에 거슬린다고 붙들어다 감금하고 매질을 하면 백성들은 멍들고 병을 얻는다. 그래서 원님이 지나가면 산천초목이 떤다는 슬픈 말이 생겨난다. 백성을 그렇게 들볶지 말라 함이 곧 강기골强其骨이다.

치자가 마음을 비우고 배를 채우지 않고 백성의 뜻을 따라 주며 백성을 편하게 해 주면, 백성은 다투지도 않고 도둑질도 않으며 소란을 일으키지도 않는다는 것은 분명하다. 백성이 순진하고 검소한 것이 곧 무지무욕無知無欲이며 간신들이 빚어내는 우환憂患을 막는 것이 곧 지자불감위知者不敢爲가 아닌가!

노자는 유위有爲로 정치를 하지 말라고 한다. 권모술수權謀術數의 정치를 유위의 정치라고 한다. 그러나 노자는 무위로 정치를 하라고 한다. 공명정대의 정치를 무위의 정치라고 한다. 그러나 한사코 치자들은 유위의 정치를 해서 정치를 멍들게 하고 백성으로부터 따돌림을 받는다.

조선조의 연산군은 후세에 임금의 자리를 더럽힌 폭군으로 남았다. 치자의 자질이 없는 자가 임금의 자리에 앉으면 백성은 망나니의 칼날 앞에 앉아 있는 꼴이 되고 만다. 연산군은 사람 죽이기를 파리 잡듯이 했고 여자를 능욕하기를 짐승처럼 했다고 한다. 부왕父王의 후궁마저 능욕의 대상으로 삼았다고 하니 연산군의 손바닥에 들린 조선조의 정치가 어떠했으리란 것은 짐작하고도 남는다.

연산군의 녹을 받아 부귀를 누렸던 정승판서들이 임금의 비위에 거슬릴까 봐 눈치만 보고 있을 때 한 내시內侍가 목숨을 걸었다. 그는 아침에 의관衣冠을 차리며 가솔들에게 오늘 목숨을 버릴 것이니 그리 알라고 전한 다음 입궁入宮하여 연산군 앞에 나아가 바른 말을 올렸다. 연산군은 화가 치밀어 칼을 뽑아 내시의 오른팔을 잘랐다. 그러나 내시는 왕에게 폭군이 되지 말라고 직언했다. 왼팔이 잘려 나갔다. 두 다리까지 자른 다음 연산군은 내시를 향해 냉큼 없어지라고 하였다. 그는 다리가 없는데 어떻게 걸어 나가느냐고 반문했다. 그러자 연산군은 내시의 몸뚱어리를 두 쪽으로 갈라 버렸다. 그래서 연산군의 세상에서는 백성들이 무서워 몸둘 바를 몰랐다.

온몸이 조각난 내시가 유위有爲의 폭정暴政이 빚어내는 우환을 없애려던 신하였다면 연산군 밑의 벼슬자리에 연연했던 자들은 폭정의 하수인에 불과할 뿐이다. 폭정의 하수인들은 모두 유위의 정치를 일삼아 백성의 등을 쳐 제 욕심을 차리고 백성의 몸을 겁주어 제 위세를 올리려는 졸부들이다. 이처럼 권모술수가 판을 치는 정치는 모든 우환의 근원이 된다.

  정치의 우환을 없애기 위하여 노자는 무위의 정치를 하라고 한 셈이다. 무위의 정치를 펴는 방법은 무엇인가? 마음을 비울 것이며 배를 부르게 해 줄 것이고 헛된 야심을 약하게 하고 백성의 몸을 튼튼하게 돌봐 주는 것이 곧 무위의 정치라고 노자는 단언하고 있다. 이 얼마나 간단명료한 선정善政의 방법인가?

원문의역

아는 것이 많아 현명하다고 하는 자를 높이지 마라. 그렇게 하면 백성으로 하여금 다투지 않게 한다.

〔不尙賢 使民不爭〕 불상현 사민부쟁

얻기 힘든 재물을 귀하게 여기지 않으면 백성들이 도둑질을 하지 않게 되며, 지나친 허욕을 보여 주지 않으면 백성들의 마음이 문란하게 되지 않는다.

〔不貴難得之貨 使民不爲盜 不見可欲 使民心不亂〕 불귀난득지화 사민불위도 불현가욕 사민심불란

성인이 세상을 다스리는 것은 아래와 같다. 마음을 비우게 하며, 배를 부르게 하고, 허영된 뜻을 약하게 하며, 몸을 튼튼하게 해 주어라.

〔是以聖人之治 虛其心 實其腹 弱其志 強其骨〕시이성인지치 허기심 실기복 약기지 강기골

그리고 항상 백성에게 지식을 앞세우지 않게 하고 욕심을 부리지 않게 할 것이고, 아는 자들이 턱없는 일을 저지르지 못하게 하라. 무위로 정치를 하면 다스리지 못할 것은 하나도 없다.

〔常使民無知無欲 使夫知者不敢爲也 爲無爲 則無不治〕상사민무지무욕 사부지자불감위야 위무위 즉무불치

도움말

제3장은 무위의 정치가 어떤 것인가를 밝혀 주고 있다.

무위의 정치를 위한 요점은 허기심虛其心, 실기복實其腹, 약기지弱其志, 강기골強其骨로 요약할 수 있다.

무지무욕無知無欲은 정치 행위를 전제로 이해하면 된다. 공명정대한 정치 행위는 백성의 마음을 순진하게 하고〔無知〕 검소하게 하는〔無欲〕 데서 비롯된다고 여기면 된다.

상尙은 귀중하게 여긴다는 귀貴와 통하고 실實은 꽉 차게 한다는 충充과 통하며 지자知者는 식자識者로 보면 된다.

제4장 도道는 우주의 뿌리이다

빈 것[虛]을 아는가

실속 없이 땀만 흘렸다고 불평하는 경우가 많다. 실속이란 속이 꽉 들어차서 알맹이가 있다 함이요, 인간은 그 알맹이를 욕심껏 채우려고 한다. 그래서 알맹이를 뜻하는 대로 얻지 못하면 원통해한다. 그러나 노자의 말씀을 듣다 보면 알맹이로 빈 공간을 가득 채우면 숨이 막히고야 만다는 것을 헤아리게 된다. 빈 곳이 있어야 존재가 있을 자리를 얻는다. 만일 빈 곳이 하나도 없다면 우주는 어디에 있고 만물은 어디에 있을 수 있겠는가! 노자는 우리에게 도道를 통하여 그러한 지혜를 얻게 하려고 다음처럼 말해 두고 있다.

도는 빈 것을 쓰되 때로는 꽉 채우지 않는다[道沖而用之 或不盈]. 그래서 깊고 깊어 가늠할 길이 없노라[淵兮]. 도는 만물의 뿌리와 같다[似萬物之宗].

빈 곳에 우주가 떠 있다고 보아도 된다. 그 빈 곳은 깊고 깊어 시작과 끝이 어디 있는지 모른다. 이것이 도충道沖인 셈이다. 물론 도가 비어 있다는 것은 아니다. 도충道沖의 충沖은 도의 몸[體]이라고 보아도 될 것이다. 큰 나무에 수많은 잎새가 붙어 있는 것처럼 도의 슬하에 우주 만물이 깃들어 있다고 보아도 된다. 도는 우주의 어머니이므로 우주 만물은 도의 품에 안겨 있는 셈이다. 만물을 깃들게 하는 충沖은 비어 있음[虛]이며 비어 있으므로 어울림[和]을 이룬다. 이러한 충沖을 만물이 머무는 곳간이라 보아도 되고 고향이라 보아도 된다. 하여튼 존재하는 것이면 무엇이든 도의 충沖을 떠나 있을 수도 없고 사라질 수도 없다고 노자는 보았던 셈이다.

그러나 도는 그 곳간을 가득 채우지는 않는다. 말하자면 빈 여지를 둔다. 아마도 그 여지가 허공일는지 모른다.

인간들은 그 여지를 광년光年으로 그 길이와 멀고 가까움을 측량하려고 하지만 그렇게 한번 해 보는 것에 불과할 뿐 실제로는 알 길이 없다. 도의 세계인 까닭이다. 그러한 도의 세계를 노자는 혹불영或不盈이라고 풀이하고 있다. 왜 가득 채우지 않고 도는 때때로 비워 둘까? 도의 묘미는 여기에 있다.

불영不盈은 허虛와 실實이 함께하고 있음일 것이다. 허실虛實이 함께하는 것이 곧 우주의 모습이고 그 모습은 곧 도를 바라볼 수 있는 거울과 같다. 우주의 모습을 나타내는 허실은 가질래야 가질 수 없고 버릴래야 버릴 수가 없다. 우주와 삼라만상은 이러한 허실의 어울림[和]이 아닌가! 지구는 태양을 돌고 달은 지구를 돌고 이 얼마나 허실의 어울림인가 말이다.

만일 이러한 허실이 어긋나거나 빗나간다면 어떻게 될까? 이러한 물음을 하지 말라고 노자는 타이른다. 도의 일을 인간이 알 수 없는 까닭이다. 다만 도는 우주의 만물이 서로 어울려 생성되고 소멸되는 왕복을 제대로 하게 해 주려고 우주의 고삐를 잡고 있을 뿐 미운 정고운 정을 분별해 차별하지 않는다. 이것이 도에 의한 허실虛實의 화

和가 아닌가!

그러므로 허虛를 활용하는 도의 깊은 뜻은 아무도 알 수가 없다. 다만 그 깊은 뜻을 인간이 알 수 없으므로 노자는 마루〔宗〕라고 풀이해 줄 뿐이다.

깊은 산중에 늙은 부부가 살았다. 노부부는 다 같이 백 살을 눈앞에 두고 있었다. 평생을 같이 살았지만 아들을 두지 못해 항상 아들을 하나 점지해 달라고 천지에 빌었다. 드디어 백 살이 다 되어 가는 늙은 아내의 몸에 태기胎氣가 있자 두 늙은이는 좋아 어쩔 줄 모르며 천지에 감사했다.

열 달 만에 아들을 얻었다. 그러나 그 아이는 세 돌이 지나 죽고 말았다. 늙은 아내는 천지를 저주하며 사흘 밤낮을 울부짖었다. 그러나 늙은 남편은 아무런 기색 없이 멍하니 앉아만 있었다. 아들을 잃고도 비통하지 않느냐며 아내는 남편의 몸을 흔들며 몸부림쳤다. 그러나 남편은 썩은 고목 등걸처럼 픽 쓰러지고 말았다. 남편의 목에서 시커먼 핏덩이가 쏟아졌고 넘어진 늙은이는 다시 일어나지 못했다. 그리고 늙은 아내도 쓰러져 다시는 일어나지 않았다. 살아 있던 세 사람이 모두 죽은 셈이다.

아이가 태어났다고 천지에 감사하고 아이가 죽었다고 천지를 저주하는 것은 인간만이 하는 짓이다. 한 번 태어난 것을 실實이요, 유有라 한다면 한 번 죽는 것은 허虛요, 무無가 아닌가!

위의 노부부가 기뻐하며 어쩔 줄 몰라 했던 것은 도의 혹불영或不盈을 몰랐던 탓이다. 갓낳아 죽은 아이가 가장 오래 살았고 칠백 년을 살다 죽은 팽조가 요절했음을 알았던 장자는 죽은 아내 옆에서 노래를 불렀다고 한다. 마음이 꽉 막혀 있으면 살인도 하고 자살도 한다. 이는 노자가 말한 허실虛實의 화和를 모르는 탓이다.

도는 어울리게만 한다

사람은 시비를 걸고 분별을 따져 좋다느니 싫다느니 하며 아우성친다. 사람을 제외한 만물은 이렇다저렇다 분별하지 않으며 시비를 걸어 싸우지도 않는다. 인간은 분별할 수 있는 지능을 두고 스스로 자랑을 하며 자만한다.

아는 것이 힘이다. 이렇게 인간은 거침없이 외친다. 그러한 힘은 뾰족하게 갈수록 좋고 빛나게 할수록 좋다고 자신하면서 무엇을 좀 안다는 것만 믿고 현대인은 천방지축으로 겁 없이 무엇에나 대항하려고 한다. 이러한 현대인의 오만을 노자는 미리 알았던지 다음처럼 도가 하는 일을 알려 주고 있다.

예리한 것을 무디게 하며[挫其銳], 뿔뿔이 흩어진 것을 해결하고[解其紛], 빛살을 어울리게 하며[和其光], 보잘것없는 것도 같게 한다[同其塵].

만물의 입장에서 보면 인간은 모난 돌과 같다. 갖가지 지식을 송곳처럼 갈아서 무엇이든 찔러 보고 파헤쳐 보려고 한다. 이는 알면 자랑스럽고 모르면 수치스럽다고 단언하는 인간의 성질이다. 신경이 날카로워 사소한 일에도 핏대를 세우고 비위에 거슬리면 주먹질이 앞서는 인간의 심리는 멈추어 쉴 줄을 모른다. 이렇게 모난 성질머리는 정에 맞게 마련이다. 모가 나면 더욱 모난 것이 망치를 들고 모서리를 부수어 버린다. 이것은 하나의 싸움과 같다. 자연의 도는 그런 짓을 하지 않는다. 모가 나면 무디게 하여 모난 것을 부드럽게 한다. 도는 부드럽게 한다. 이를 노자는 좌기예挫其銳라고 풀어 준다.

싸움은 붙이는 것보다 말리는 편이 좋다. 그래서 싸움은 말리고 흥정은 붙이라고 한다. 그러나 사람들은 그렇게 하지 않으려고 한다. 시비是非를 따져 곡절曲折을 내자고 한다. 흑백을 갈라 잘잘못을 확실히 따져 보자고 입씨름만 할 뿐 서로의 마음을 하나로 묶지는 못하고 만다. 그래서 너는 너, 나는 나라고 가르고 서로 등을 돌린다. 이렇게 인간은 뭉치는 쪽보다 쪼개지는 쪽을 택해 뿔뿔이 흩날리는 가루처럼 갈라서서 제 몫만 차지하려고 한다. 그러나 자연의 도는 그렇게 하지 않는다. 서로 흩어지고 갈라선 것을 해결한다. 만물이 서로 어울리게 하는 것이 도가 아닌가! 이를 노자는 해기분解其紛이라고 풀어 준다.

도토리 키재기라는 말이 있다. 모두 엇비슷해 더 나을 것도 없고 못할 것도 없으면서 한 치, 두 치를 놓고 팔씨름을 마다하지 않는 것이 인간의 경쟁심리이다. 본래 인기 스타라는 것은 군중 앞에서는 멋지게 보이지만 속사정을 알고 보면 인기가 떨어질세라 밤잠을 설치며 안절부절못하는 불쌍한 존재들이다. 코앞에 걸린 당근을 보고 죽을힘을 다해 달리는 조랑말처럼 남보다 더욱 빛난 존재가 되려고 발버둥치며 제 몸을 스스로 학대하는 꼴이다. 이 얼마나 어리석은가!

남으로부터 인기를 얻어 내려고 분칠을 하고 연지를 찍어 바를 것은 없다. 자연의 도는 골고루 빛나게 할 뿐이다. 이를 노자는 화기광和其光이라고 풀어놓고 있다.

똥 묻은 개가 겨 묻은 개를 흉본다고 한다. 이는 제 허물은 덮어 두고 별것 아닌 남의 흉을 찾아내 말꼬리를 잡는 짓은 말라는 것이다. 똥이 묻었든 겨가 묻었든 티를 잡아 끼리끼리 피장파장 빗대는 짓을 한들 무슨 소용이 있는가? 입만 더러워지고 속셈만 드러내 보여 서로 흠집만 내고 상처만 입히는 것밖에 없다. 귀한 것이 따로 없고 천한 것이 따로 없다는 것을 노자는 인간에게 도를 통하여 알려 주고 싶었던 모양이다. 그래서 노자는 도의 동기진同其塵을 밝혀 놓은 셈이다. 동기진同其塵의 진塵은 하찮은 티끌 같은 것이고 서로 하찮은 것끼리 치고받고 하는 험한 짓 따위는 자연의 도는 하지 않는다고 밝혀 둔 것이 아닌가!

이처럼 자연의 도는 예리한 것[銳]은 무디게 하고[挫], 뿔뿔이 흩어진 것[紛]들을 해결해 주고[解], 잘났다고 빛내려는 것[光]을 덧나지 않게 어울리게 하고[和], 티끌[塵]마저도 고루 같게 하는[同] 일을 한다고 노자는 풀어 주고 있는 것이 아닌가!

사람의 눈이 전자 현미경 같다면 마음 놓고 살 수가 없을 것이다. 사람의 눈이 현미경 같다면 온갖 병을 몰아오는 세균을 마주하고 공포에 질릴 것이다. 사람의 눈이 수천만 리를 내다볼 수 있는 천문대의 망원경 같아도 살기가 몹시 어려울 것이다. 온갖 것들이 한눈에 들어와 어지럽게 얽혀 무엇을 제대로 볼지 몰라 몸살을 치며 혼란에 빠질 것이다. 눈이 예리하다고 좋은 것만은 아니다. 알맞게 둔하므로 볼 수 있는 것도 있고 볼 수 없는 것도 있게 된다.

사람의 코는 향기만 맡는 것이 아니다. 구린내도 맡고 비린내도 맡는다. 혀도 단맛·쓴맛·신맛·짠맛 등을 구별한다. 만일 코가 한 가지 냄새만 골라서 맡고 혀가 한 가지 맛밖에 볼 줄 모른다면 인간은 외곬으로 빠져 목숨을 부지할 수 없을 것이다.

손도 이것저것 다 만지고 잡는다. 찬 것이면 잡던 손이 시려서 그것을 놓고 뜨거운 것이면 뜨거워 잡던 손이 그것을 놓는다. 그래서 손은 얼지 않을 수 있고 데지 않을 수 있는 것이다. 발도 마찬가지이다. 마른 데를 밟기도 하고 진 데를 밟기도 하지 않는가! 이처럼 몸은 저마다 할 일을 골라서 한다지만 여러 가지를 골고루 할 수 있어 사람이란 존재는 목숨을 잇는 셈이다. 그러므로 어떤 한 가지 일에 남보다 뛰어나다고 자랑하는 것은 오히려 맹랑한 일로 끝나기 쉽다.

눈이 현미경이나 망원경 같지 않고 귀가 음파 탐지기 같지 않으며 코가 전자 감지기 같지가 않아서 오히려 살기가 편한 것이다. 그래서 사람이란 존재는 예리하면서 무디고 영리하면서도 어리석고 깨끗하면서도 더럽고 만물이 저마다 독특해 같은 것이 없다는 것을 알 수가 있다. 이렇게 만물은 형형색색으로 저마다 모습을 지니고 존재한다.

노자는 상象이란 낱말에 철학적인 의미를 부여한 최초의 사람이다. 존재하는 것이면 무엇이든 하는 짓이 있다는 것이다. 그러한 짓을 상象이라고 한다. 이러한 상은 그냥 있는 그대로 있는 것이지, 인간의 시비에 따라 있을 것이 있고 사라질 것이 있는 것이 아니다. 그래서 노자가 좌기예挫其銳, 해기분解其紛, 화기광和其光, 동기진同其塵에는 도의 깊고 깊은 뜻이 있어 인간이 알 수는 없지만 어쩌면 존재의 모습 같다〔似或存〕라고 한 것이 아닌가!

도는 빈 것을 쓰되 때로는 꽉 채우지 않는다. 그래서 깊고 깊어 가늠할 길이 없노라. 도는 만물의 뿌리와 같다.

〔道沖而用之 或不盈 淵兮 似萬物之宗〕 도충이용지 혹불영 연혜 사만물지종

예리한 것을 무디게 하며, 뿔뿔이 흩어진 것을 해결하고, 빛살을 어울리게 하며, 보잘것없는 것도 같게 한다. 깊고 깊어 알 수는 없으나 어쩌면 존재의 모습 같다.

〔挫其銳 解其紛 和其光 同其塵 湛兮似或存〕 좌기예 해기분 화기광 동기진 담혜사혹존

나는 그 도가 누구인지를 모르지만 신神보다 먼저 있었노라.

〔吾不知其誰之子 象帝之先〕 오부지기수지자 상제지선

도움말

제4장은 몹시 철학적인 내용을 담고 있다. 자연의 도道는 너무 깊고 넓어 알 길이 없음을 노자는 실토하고 있다. 연혜淵兮와 담혜湛兮의 구절은 그러한 실토이다.

그러나 일상생활에 비추어 보면 제4장의 깊은 뜻을 체험할 수 있을 것이다.

충沖은 텅 빔[虛]이며 어울림[和]으로 통하고 영盈은 스스로 가득한 것[自滿]으로 통한다.

연淵은 깊고 넓어 측량할 수 없는 것으로 통하고 담湛은 깊고 깊으면서도 맑아 묘妙한 것으로 통한다.

만물지종萬物之宗의 종宗은 으뜸이며 근원이고 근본의 뿌리라고 새기면 되고, 사혹존似或存은 있는 듯함이므로 존재의 모습 같은 것으로 새겨도 된다.

제5장 천지는 인간의 것이 아니다

만물은 풀강아지에 불과하다

돌이 강변에 지천으로 있지만 아무도 훔쳐 가지 않는다. 그러나 금이나 옥은 도둑질당할까 봐 부잣집 안방 깊은 곳에 감추어 둔다. 천지에 흔하면 값이 없고 귀하면 값이 있다고 여기는 것은 인간이 그렇게 하는 편애偏愛의 짓거리에 불과하다. 자연의 도는 무엇은 귀하고 무엇은 천하다고 구별해 두지 않았음을 노자가 맨 처음 우리에게 가르쳐 주었다. 이를 위하여 노자는 다음처럼 밝혀 두고 있다.

천지는 인간처럼 사랑하고 미워하지 않는다[天地不仁]. 만물을 풀강아지처럼 삼는다[以萬物爲芻狗]. 성인도 천지를 닮아 백성을 길가에 버려진 풀강아지처럼 삼는다[聖人不仁 以百姓爲芻狗].

추구芻狗는 풀섶으로 개 모습을 만들어 제사 지낼 때 쓰는 물건이다. 이러한 추구는 귀하다면 귀하고 천하다면 천하다. 제사를 모시기 전까지는 추구를 정성껏 모시지만 제사를 지내고 나면 추구는 길가에 헌신짝처럼 버려진다. 이처럼 만물은 귀하다면 귀하고 천하다면 천하다. 그러니 무엇은 귀하고 무엇은 천하다고 단정할 것도 없으며 귀한 것은 사랑하고 천한 것은 업신여기는 것은 인간들의 장난일 뿐이다.

무엇을 사랑하려고 하지 마라. 그러면 다른 것을 미워하게 되는 까닭이다. 무엇을 좋아하려고 하지 마라. 그러면 다른 것을 싫어하는 까닭이다. 사랑은 미움의 옆집이며 쾌락은 싫증의 앞뒤가 아닌가!

지렁이는 지렁이대로 있는 것이며 독사는 독사대로 있는 것일 뿐 사람에게 밟히기 위해서 있는 지렁이가 아니며 사람을 물어 독을 입히려고 독사가 있는 것은 아니다. 그저 만물은 이처럼 있으므로 있을 뿐이다. 이러한 뜻을 노자는 추구芻狗를 빗대어 말하고 있음이다.

공자는 인간에게 인의仁義를 한시라도 버리지 말라고 한다. 그러나 노자는 사랑하라는 주장[仁] 때문에 미워하는 주장[不仁]이 비롯되는 것으로 보았고 올바름[義]을 강조하니까 그르침[不義]이 빈번하며 효孝를 앞세우므로 불효不孝가 극성을 부린다고 갈파한다. 인간이면 인간대로 살면 되는 것일 뿐 무슨 의미를 붙여서 포장할 것은 없다. 이것이 천지불인天地不仁이 우리에게 가르쳐 주는 속뜻일 것이다.

제사를 올리기 전의 추구는 귀하고 제사가 끝나면 내동댕이쳐 길가에 버려져 천한 것이 된다는 것은 이 얼마나 인위人爲의 변덕인가! 자연의 도는 변덕을 부리지 않는다. 하물며 자연의 도가 어찌 심술을 부릴 것인가? 자연에는 변덕도 없고 심술도 없고 편애偏愛도 없다. 자연의 도는 만물을 지극한 평등으로 본다. 이것이 이만물위추구以萬物爲芻狗가 아닌가! 현대인이 말하는 자유와 평등은 인간만을 위한 것일 뿐 만물에 고루 통하는 자유와 평등은 아니다.

인간이여! 자신이 제사를 올리기 전의 추구라고 단정하지는 마라. 인간은 제사가 끝난 다음에 버려지는 추구일 수도 있는 까닭이다. 입으로는 깨끗하다는 음식을 먹고 항문으로는 더럽다는 똥을 누는 것이 인간이 아닌가! 노자의 천지불인天地不仁은 우리를 겸허하게 하고 검소하게 하며 수수하게 한다.

추운 겨울이었다. 둘째와 셋째아들은 솜옷을 입고 안채 방에서 놀고 있었다. 사랑채에 있던 아버지가 두 아들을 불러 자기 앞에 앉힌 다음 큰형은 어디 갔느냐고 물었다. 두 아들은 큰형이 산에 나무를 하러 갔다고 알렸다. 아버지는 남은 두 아들에게 왜 형을 따라가지 않았느냐고 물었다. 그러자 두 아들은 날씨가 좀 풀리면 함께 나무하러 가고 추운 날에는 혼자 땔감을 해 와도 된다며 형이 자신들을 집에 남겨 두었노라고 말했다.

점심 무렵에 큰아들이 나뭇짐을 지고 산을 내려오는 모습을 아버지가 보았다. 배다른 두 동생을 극진히 아껴 주는 장남이 대견해 보였다. 문간에 서서 큰아들이 나뭇짐을 지고 들어오는 모습을 유심히 보았다. 큰아들은 추운 날씨에 홑옷을 입고 있었다.

아버지는 사랑채로 돌아와 집 안에서 놀고 있는 두 아들의 솜옷과 나무를 해 오는 큰 아들의 홑옷을 생각해 보았다. 아들 하나를 낳고 죽은 본처와 두 아들을 낳은 후처를 생각해 보았다. 그리고 제 속으로 낳은 아들에게는 솜옷을 입혀 주고 전처의 소생에게는 홑옷을 입힌 후처를 내쳐야겠다고 마음을 먹었다.

그날 밤 아버지는 큰아들을 불러 두 동생이 입고 있는 솜옷과 자신이 입고 있는 홑옷을 어떻게 생각하느냐고 물었다. 그러자 큰아들은 "동생의 솜옷도 어머니께서 지으셨고 제가 입은 홑옷 역시 어머니께서 손수 지어 입혔으니 하나도 다를 바가 없습니다"라고 아뢰었다.

"그렇지 않다. 제 속에서 나온 아이가 중하다면 남의 속에서 나온 아이도 중한 것이다. 네 계모繼母를 내쳐야겠다." 이렇게 아버지가 단언했다.

"그렇지 않습니다. 어머니가 계시면 저 혼자 홑옷을 입어도 됩니다. 그러나 어머니를 내치시면 우리 삼 형제 모두가 홑옷을 입고 떨게 됩니다. 제발 어머니를 내치지 마시기 바랍니다." 이렇게 큰아들은 울먹이며 아버지에게 간청했다.

문 밖에서 계모는 부자父子의 말을 엿듣고 있었다. 한참 뒤에 아버지가 큰아들에게 물러가 자라고 했다. 계모는 바삐 안채로 들어와 안방의 호롱불 심지를 돋우었다. 아버지는 밤새도록 큰아들의 덕성德性을 생각하며 잠을 자지 못했고 계모는 밤새도록 뉘우치는 마음으로 큰아들의 솜옷을 지었다.

위의 이야기에 나오는 큰아들은 천지불인天地不仁의 불인不仁이 어떤 것인가를 우리에게 몸소 보여 주고 있다. 계모가 자기 소생所生의 두 아들에게는 솜옷을 입히고 전처 소생의 아들에게는 홑옷을 입히는 짓 따위를 천지가 하지 않는 것을 노자는 천지불인이라고 했던 셈이다.

넘치지도 말고 처지지도 마라

지나치면 모자라는 것만 못하다. 조조는 꾀가 지나쳐 망했고, 항우는 힘이 지나쳐 망했다. 곰은 웅담 때문에 사냥감이 되고, 표범은 빛나는 털 때문에 가죽이 벗겨지는 수모를 당한다. 이처럼 사람이든 짐승이든 지나치면 화를 당하고 험한 꼴을 면하기가 어렵다.

　만일 천지가 인간처럼 편애하고 시비를 건다면 만물은 살아남을 수가 없다. 만일 지구가 심술궂게 돈다면 밤낮을 어떻게 정할 것이며 봄, 여름, 가을, 겨울을 어떻게 구분할 것인가? 북극은 추운 곳이고 적도는 더운 곳이라고 알고 있는 것도 지구가 변덕스럽지 않은 까닭이다.

　천지는 편애하지 않으며 시비를 걸지 않는다. 천지는 선도 아니며 악도 아니다. 천지는 미美도 아니며 추醜도 아니다. 자연의 도道가 선악善惡의 분별, 미추美醜의 분별 등으로 작용하지 않는 까닭이다. 그렇다면 자연의 도는 어떻게 작용하는가? 이에 대하여 노자는 다음처럼 비유하여 설명해 주고 있다.

　천지 사이는 마치 풀무와 같다〔天地之間 其猶橐籥乎〕. 풀무 속은 텅 비어서 아무리 풀무질을 해도 다함이 없고〔虛而不屈〕, 풀무질을 할수록 더욱 나온다〔動而愈出〕. 이에 대하여 말이 많으면 궁해질 뿐 알맞음을 지키는 것만 못하다〔多言數窮 不如守中〕.

　천지는 넘치고 처지는 짓을 하지 않는다. 인간만이 그렇게 하고 웃기도 하고 울기도 하며 박수도 치고 삿대질을 하기도 한다. 왜 천지는 과하지도 않고 모자라지도 않을까? 이러한 문제에 대하여 인간들이 이렇다저렇다고 말을 하면 할수록 궁해질 뿐 그 궁극의 현묘함은 알 길이 없나는 것이다. 아무리 알려고 해도 알 수 없고 풀 수 없는 것을 두고 설왕설래하며 아는 척할 것도 없다. 천지의 알맞음을 지키는 것만 못한 것이 아닌가? 이렇게 노자는 반문하고 있다.

　자연의 도가 만물을 낳는다. 이렇게 노자는 해명한다. 그렇다면 그 도가 어떻게 만물을 낳는가? 노자는 대장간에 있는 풀무에 비유하여 풀어 주고 있다. 풀무통 속은 텅텅 비어 풀무질만 하면 바람이 끊임 없이 나온다. 풀무질을 하는 자가 멈추지 않는 한 풀무 구멍으로 바람은 끊임없이 나온다.

자연의 도道는 무엇인가? 풀무질하는 자가 아닌가! 우주 만물은 무엇인가? 도의 풀무질에서 나오는 바람이 아닌가! 이렇게 노자는 비유하고 있을 뿐 천지가 무엇이라고 단언하지 않는다. 다만 천지가 인간의 것이 아닌 것[天地不仁]은 분명하고 그래서 성인들은 그러한 천지의 불인不仁을 본받아 누구는 도와주고 누구는 방해하는 차별을 하지 않을 뿐이라고 노자는 밝혔다. 어떻게 본받을까? 이에 대하여 노자는 도의 풀무질처럼 하라고 암시하고 있는 셈이다.

텅 비어 있으므로 다함이 없다[虛而不屈]. 만일 사람의 마음속이 풀무통처럼 텅 비어 있다면 무엇을 탐할 것도 없고 무엇을 탓할 것도 없으며 무엇을 자랑하거나 비난할 것도 없다.

사람의 마음이 텅 비어 있다면 아무리 마음을 써도 험할 것은 없다. 심술을 부리지 않을 것이며 무슨 편을 들어 찬성한다거나 반대한다는 고집을 부리지 않을 것이며 안 될 일, 못 될 일을 앞세워 억지를 부리지 않을 것이므로 아무리 마음을 써도 허공의 바람처럼 걸림이 없을 것이다. 이러한 마음의 씀씀이는 자연의 도를 따르는 셈이다. 풀무질을 할수록 더욱 더 나오는 것[動而愈出]을 따르는 까닭이다.

자연의 도道가 하는 풀무질은 허이불굴虛而不屈이고 동이유출動而愈出이므로 도의 작용을 무위無爲라 하며 그 무위를 무심無心이라 하지 않는가! 무심한 마음은 무정無情한 마음도 아니며 유정有情한 마음도 아니다. 무심한 마음은 어울리고 알맞게 사물을 맞이하고 보낸다. 이것이 노자가 말한 수중守中에 가까운 것이 아닌가!

사냥꾼은 사냥총을 아끼고 사냥개를 무척 보살핀다. 두 마리의 사냥개를 데리고 사냥을 나간 박 포수는 멧돼지의 길목을 지키고 있었다. 길목 아래에서 멧돼지 몰이를 하는 두 마리의 개 중 한 마리는 사냥감의 냄새를 맡고 다른 한 마리는 짖어 대고 있었다.

박 포수는 덩치가 큰 세퍼트를 장군이라 불렀고 덩치가 작은 진도견珍島犬을 멍군이라 불렀다. 두 마리의 사냥몰이 재능은 장기판의 장군 멍군처럼 우열을 내기가 어렵다고 박 포수는 자랑을 했었다. 장군은 냄새를 잘 맡고 사냥감을 잘 찾는가 하면 멍군은 사냥감의 급소를 잘 물고 늘어져 도망을 못 치게 배수진을 치는 데 당할 개가 없다면서 박 포수는 두 마리의 사냥개를 제 몸처럼 돌보았다.

그날 따라 장군이 유난히 크게 짖었다. 박 포수는 멧돼지가 엄청 큰 놈일 것이라고 기대하며 엽총의 방아쇠에 검지를 넣고 사냥감이 쫓겨 오기만을 기다렸다. 그러나 한참이 지나도록 장군만 죽어라 짖어 댈 뿐 사냥감은 사정거리 안으로 나타나질 않았다. 아차 멍군이 사냥감을 물고 늘어졌구나 싶어 박 포수가 현장으로 달려갔을 때는 이미 예감이 들어맞아 있었다.

멍군은 멧돼지의 목을 물고 늘어져 피투성이가 되었고 송아지만 한 멧돼지는 식식거리며 목에 붙은 멍군을 사납게 흔들어 내동댕이를 치고 있었다. 그러나 장군은 얼마쯤 떨어져서 엄포를 놓는 시늉으로 짖기만 하면서 사냥감에게 달려들지 않고 한 발짝 나갔다 한 발짝 물러서는 잔꾀를 부리고 있었다. 세퍼트에게 덤비라고 박 포수가 아무리 고함을 질러도 저보다 더 덩치가 큰 멧돼지를 직접 공격하려는 뜻이 없어 보였다.

그러나 매미처럼 찰싹 들러붙은 멍군은 제 몸이 바스러져도 사냥감의 목을 계속 물고 늘어졌고 멧돼지의 심한 요동에 온몸이 곤죽이 되어 다 죽어 가고 있었다. 박 포수는 장군이 너무나 미웠다. 마침내 박 포수는 엽총을 들어 불질을 했다. 먼저 장군이 정수리를 맞고 쓰러졌다. 총소리에 질린 멧돼지가 목에 걸린 멍군을 끌고 도망을 치려는 순간 박 포수의 두 번째 불질은 멧돼지의 귀밑을 향했다. 멧돼지가 퍽 쓰러지자 박 포수는 멍군을 구하러 달려갔다. 하지만 이미 멍군은 지쳐서 죽어 있었다.

박 포수는 멍군은 땅 속 깊이 묻어 주고 장군은 그대로 내버려둔 채 산짐승의 밥이나 되라고 내뱉은 다음 멧돼지를 떠메고 산을 내려왔다.

박 포수는 두 마리의 사냥개를 잃고 한 마리의 멧돼지를 잡았다. 멍군은 멧돼지를 물고 늘어진 대가로 땅 속에 묻히게 되었고 장군은 제 목숨을 아끼려고 꾀를 부리다 주인의 엽총에 맞아 생죽음을 당했다. 몇 근의 멧돼지 고기를 얻은 박 포수는 누구인가? 바로 우리들 인간을 대표하는 자가 아닌가!

박 포수의 불질과 도의 풀무질은 어떻게 다른가? 박 포수의 불질은 얻은 것이 있으면 잃은 것이 있음이요, 도의 풀무질은 얻는 것도 없고 잃는 것도 없음이다. 이를 무심無心이라고 보아도 된다.

멧돼지를 물고 늘어진 진돗개나 겁이 나서 물러서면서도 짖다가 주인의 손에 죽은 세퍼트나 총에 맞아 죽은 멧돼지는 모두 인간의 욕심질이 빚어내는 끝내기들이다. 이러한 끝내기로 얻은 몇 근의 멧돼지 고기는 참으로 부끄러운 미끼가 아닌가! 인간은 이러한 미끼를 두고 승리냐 패배냐를 따지고 들지만 자연의 도는 풀무질을 멈추지 않으면서도 제 몫 타령을 하지 않는다. 그래서 노자는 도의 풀무질을 허이불굴虛而不屈이며 동이유출動而愈出이라고 풀어 준 셈이다. 도의 풀무질이란 무엇인가? 우주 만물을 내놓는 풀무질[生成]과 우주 만물을 거두어 가는 풀무질[消滅]을 아울러 짓는 무위無爲라고 보아도 될 것이다.

천지는 인간처럼 사랑하고 미워하지 않는다. 만물을 풀강아지처럼 삼는다. 성인도 천지를 닮아 백성을 길가에 버려진 풀강아지처럼 삼는다.

〔天地不仁 以萬物爲芻狗 聖人不仁 以百姓爲芻狗〕 천지불인 이만물위추구 성인불인 이백성위추구

천지 사이는 마치 풀무와 같다. 풀무 속은 텅 비어서 아무리 풀무질을 해도 다함이 없고, 풀무질을 할수록 더욱 나온다. 이에 대하여 말이 많으면 궁해질 뿐 알맞음을 지키는 것만 못하다.

〔天地之間 其猶橐籥乎 虛而不屈 動而愈出 多言數窮 不如守中〕 천지지간 기유탁약호 허이불굴 동이유출 다언삭궁 불여수중

도움말

제5장은 천지를 해명하고 있다. 이러한 해명을 통해 자연의 도가 하는 일을 풀이하려고 한다. 그러나 이러한 풀이는 말로 하기는 불가능함을 부연하고 있다. 천지불인天地不仁의 불인不仁은 어질지 않다는 뜻이 아니라 사람의 뜻에 맞추어 있는 것이 아니며 인간을 위해 있는 것도 아니라는 뜻으로 새기는 것이 좋을 것

이다.

추구芻狗는 풀로 개 모양을 만들어 제사 지낼 때 쓰는 물건을 말한다. 추구는 제사를 지내기 전에는 정성들여 모셔지지만 제사를 마치고 나면 길가에 버려진다. 제5장의 추구는 버려진 것으로 봄직하다.

탁약橐籥은 풀무(風鼓)를 말한다. 대장간의 풀무통 같은 것이다.

다언삭궁多言數窮의 삭數은 잦은 것을 뜻하고 있다.

불여수중不如守中의 중中은 대립對立이나 시비是非, 선악善惡이나 미추美醜나 의리義利 등의 분별을 넘어서 서로 어울리고 알맞게 된 경지境地쯤으로 새기면 된다.

제6장 도道는 우주의 어머니와 같다

도는 있지만 없는 듯하다

현대인은 이제 없다는 것〔無〕을 철저하게 부정하려고 한다. 오로지 있다는 것〔有〕에만 매달려 인간은 발버둥치고 있는 중이다. 현대인이 겪고 있는 만병萬病의 근원은 바로 무無를 잊어버리고 유有에 미쳐 버린 데 숨어 있다. 아무리 그렇다고 말해도 현대인은 헛소리 말라며 눈에 보이고 손에 잡히는 것만이 사실事實이 아니냐며 막무가내이다.

현대인에게 노자의 말씀이 귀에 겉도는 것은 무無를 통하여 유有를 만나라고 하는 까닭이다. 그러나 유有의 집착을 과학 기술의 시대일수록 떨쳐 버리기가 어렵다. 과학 문명은 인간의 생존을 편리하게는 하지만 행복하게 해 주지는 못한다. 이러한 엄연한 사실을 깨우칠 때까지 인간은 유有의 집착에서 여러 갈래의 아픔을 겪게 될 뿐이다. 그 아픔의 통증은 점점 더 심해질 것이며 생존의 통증을 철저하게 진단하면 노자의 말씀에 귀를 기울일 수밖에 없으리란 감이 잡힌다. 왜냐하면 노자의 도道가 그 진단과 처방의 길을 터 주고 있기 때문이다. 노자는 그러한 도道를 다음처럼 풀이해 주고 있다.

도를 말로 비유해서 말하자면 텅 빈 산골짜기의 신과 같고 그 신은

결코 죽지 않는다〔谷神不死〕. 이를 가리켜 신비로운 암컷이라고 한다
〔是謂玄牝〕.

도道를 곡신谷神으로 비유하고 있다. 산골짜기는 텅 비어 있으므로
갖가지 초목과 갖가지 새와 짐승을 안고 물을 모아 물길을 터 줄 수
있다. 이러한 곡谷은 앞에서 들려준 풀무〔橐籥〕의 빈 통 속을 연상해
보면 무슨 뜻으로 노자가 곡谷을 빌려 비유하고 있는지를 새길 수 있
을 것이다. 골은 비어 있으므로 모든 것을 받아들이고 받아들이되 소
유하지 않으며 그렇게 하는 것이 너무나 미묘해 알 길이 없어 곡谷에
신神을 더해 곡신谷神이라고 노자가 밝히고 있는 셈이다.

갖되 소유하지 않는 것을 허虛라고 보아도 무방할 것이다. 햇빛은
날마다 쏟아져도 세금을 내라고 하지 않는다. 전기는 쓰면 쓸수록 전
기료가 올라간다. 햇빛은 소유되지 않는 까닭에 그렇고 전기는 소유
되어 있기 때문에 요금을 내야 한다. 하늘에서 비가 내려도 어느 누
가 요금을 내라고 하지 않는다. 그러나 수돗물을 사용하면 사용한 양
만큼의 요금을 내야 한다. 이 또한 하늘에서 내리는 비는 소유된 것
이 아닌 까닭이다. 하늘은 햇살과 비를 지니고 있지만 소유하지 않는
것이요, 발전소의 전기나 수원지의 수돗물은 소유된 것으로 누구나
알 수 있다.

이처럼 인간이 만든 것은 무엇이든 소유되지만 자연이 만든 것은
누구도 소유하지 못한다. 도道는 우주 만물을 낳아 간직하되 갖지 않
는다〔生而不有〕라고 이미 노자가 밝힌 것처럼 곡신은 있는 것을 모조
리 껴안되 소유하지는 않음을 비유하고 있는 것이다.

귀신鬼神은 천지天地의 허虛를 말한다. 귀鬼는 땅의 허虛이고 신神은
하늘의 허虛라고 한다. 현대인이 이러한 허虛를 어떻게 이해할 수 있

을까? 받아 간직하되 소유하지 않는 것〔受而不有〕으로 새기면 될 것이다. 음양의 조화는 헤아릴 길이 없고 이를 일러 신이라고 한다〔陰陽不測之謂神〕는 주역의 말을 곁들이면 곡신의 신神을 수이불유受而不有의 뜻으로 새길 수 있을 것이다. 아마도 그래서 노자는 곡신을 현빈玄牝이라고 다시 비유한 것이 아닌가!

분재盆栽를 좋아하는 이들은 인간이 만든 그릇에 나무를 심어 놓고 자연을 감상한다고 주장한다. 자연의 벼랑에서 몇십 년을 산 소나무를 캐다가 그릇에 심어 놓고 가지를 이리저리 비틀고 위아래가 꼬이도록 철사로 얽어맨 청송靑松을 두고 자연의 예술이라고 분재 애호가들은 호들갑을 떤다. 소유될 수 없는 것을 소유당하게 되면서 그릇 속의 소나무는 허虛를 누릴 수 없어 살아 있으나 없어진 것이나 다름이 없다.

수석水石을 좋아하는 사람들은 돌 줍는 일을 탐구〔探石〕한다고 한다. 북한강 단양 근방에는 돌밭이 많다. 저마다 쇠꼬챙이를 들고 돌밭 여기저기를 돌아다니며 뒤적이다가 묘하게 생긴 돌이 나오면 자연이 빚은 예술이라고 찬사를 늘어놓으며 돌주머니에 넣는다. 그리고 집에 들여와 좌대를 만들어 앉힌 돌에다 별의별 이름을 붙여 놓고 수석 애호가들은 자연을 사랑한다고 큰소리를 친다.

분재도 모양새에 따라 몇백만 원에서 몇천만 원에 팔려나간다. 수석도 빼어나면 그렇게 비싼 값에 팔려나간다. 공짜로 자연에 있었던 소나무나 돌이 값이 쳐져 팔리는 물건이 되었을 때 분재가 된 소나무나 수석의 돌은 이미 자연의 것이 아니라 인간의 것일 뿐이다. 그것들은 소유되었기 때문이다.

노자는 왜 자연의 도를 현빈玄牝이라고 비유했을까? 현빈의 빈牝은 물물을 생산할 수 있는 것〔牝能生物〕을 말한다. 그러므로 노자는 자연의 도를 곡신이라 비유하고 현빈이라고 비유한 것은 낳아 길러 주고 간직하되 인간들처럼 소유하지 않음을 밝히려고 한 셈이다. 인간들이 유有에 걸신이 들려 있는 것은 소유욕所有欲의 노예가 된 탓이고 이러한 욕심은 인간에게 고통스러운 멍에를 씌워 준 것이 아닌가! 이처럼 인간은 사서 고생을 하고 스스로 인생에 상처를 내고 아픔을 겪는다. 이러한 어리석은 병을 무엇으로 치료할 수 있을까? 노자의 도道가 그 처방을 내리고 있는 셈이다. 어떻게 처방을 내리고 있는가? 낳아 주되 간직하지 마라〔生而不有〕. 이렇게 인생의 처방전에 노자는 써 놓고 있는 것이 아닌가!

도는 영원한 자궁이다

자식을 낳아 파는 어머니는 없다. 그런데 인간이 소유하는 것이면 무엇이든 사고파는 물건이 된다. 이제는 아이디어도 상품이라고 하지 않는가! 생각하는 내용도 정도에 따라 물건처럼 돈으로 거래를 할 수 있는 상품이 된 세상이 되었고 그러한 아이디어 상품을 보호하기 위하여 지적 소유권이란 말마저 아무런 거부감 없이 통용되고 있다. 그러나 자식을 낳아 길러 주되 제 자식을 물건처럼 생각하는 어머니는 없다. 왜 그러한가? 어머니의 심정은 곧 자연의 도를 닮아 있는 까닭이 아닌가!

아이는 어머니의 자궁을 통해 세상의 바람을 쏘이게 된다. 아이는 존재하지만 어느 누구의 소유물일 수 없다. 세계사에 등장한 노예 해

방奴隷解放은 인간에 의해서 인간이 소유될 수 없음을 깨우친 결과에 불과하다. 그러나 인간 이외의 것이면 무엇이든 소유할 수 있다고 인간은 확신한다. 산업 사회의 공해도 따지고 보면 현빈玄牝의 자궁을 틀어 막고 제왕 절개를 해 파낸 것들을 마구잡이로 남용하여 인간이 맞부딪치고 있는 공해公害 아닌가! 노자의 다음 말은 이와 일맥상통한다.

신비로운 암컷의 자궁을 천지의 뿌리라고 한다[玄牝之門 是謂天地之根]. 그 뿌리는 끊임없이 존재하는 것 같고[綿綿若存], 천지 만물이 자궁의 문을 아무리 써도 다하여 없어지지 않는다[用之不勤].

현빈玄牝의 문은 존재의 문이라고 보아도 된다. 있다는 것은 영원히 있는 것이 아니며 없다는 것 또한 영원히 없는 것이 아니므로 신비롭다. 현玄은 그러한 신비로움을 뜻하는 셈이고 현빈玄牝의 빈牝은 존재를 생산하는 암컷이므로 자연의 도를 노자는 현빈에 비유하고 있는 것이 아닌가!

노자의 말은 유무상생有無相生을 뜻한다. 있음은 없음이며 없음은 곧 있음이다. 생사生死의 연관이 곧 존재를 말한다. 낳아 주고 길러 주고 거두어 가는 도道가 곧 우주를 있게도 하고 없게도 한다. 이러한 유무상생有無相生이 조화造化이다. 현빈의 문[玄牝之門]은 그러한 조화의 문을 말하는 것이다.

우주 만물을 있게 하는 문을 천지의 뿌리라고 말하는 것은 당연하다. 천지가 곧 우주 만물인 까닭이다. 우주 만물은 모두 존재요, 그러한 존재를 생성하고 소멸하게 하는 것을 조화造化라고 할 때 그 조화를 음양陰陽의 출입出入이라고 말해도 된다.

나비가 늦여름을 맞은 나뭇가지에 알을 실어 두면 다음 해 늦봄에 알에서 애벌레가 나온다. 애벌레는 그 나무의 잎새를 먹고 자란다. 두 번의 탈바꿈을 한 다음 성충成蟲이 되면 입에서 실을 뽑아 고치를 짓고 그 안에서 번데기가 되어 숨을 멈춘다. 그렇게 한두 달 숨을 멈추다 다시 숨구멍을 열고 안에서 고치를 쪼아 구멍을 뚫고 나와 다시 나비가 되면 빈 허공을 날고 꽃 향기와 꿀을 빨며 알을 다시 배려고 암수가 날면서 교미한다. 창공을 날며 암수가 사랑을 주고받는 것이다. 암나비와 수나비의 교미는 조화의 문을 여는 것과 같다. 그 문을 나비는 어떻게 연단 말인가? 다음처럼 여는 것이다.

나비의 알이 애벌레가 되고 애벌레가 성충이 되고 성충은 번데기가 되고 번데기는 나비가 된다. 조화는 이렇게 일어난다. 나비의 조화에서 우리는 도의 현빈을 볼 수 있을 것이다. 이 얼마나 신비롭고 절묘한가? 인간의 과학 기술이 아무리 발전한다 해도 나비만큼의 오묘한 조화는 부릴 수 없다.

우주 만물은 나비처럼 면면히 탈바꿈하면서 존재한다. 이를 노자는 면면약존綿綿若存이라고 밝혀 주고 있다.

도는 현빈의 문을 쉴새없이 쓰지만 소모하거나 소비하지 않는다. 이를 노자는 용지불근用之不勤이라고 풀어 주고 있다. 인간만이 과소비를 하고 쓰레기를 만들어 버릴 뿐이다. 왜 인간은 그렇게 하는가? 인간은 만물을 소유所有한다고 착각하기 때문이다.

그리고 인간은 저마다 호주머니를 달고 제 것이라며 훔쳐 넣고 숨긴다. 그러나 자연의 도道는 소유하지 않는다. 이를 장자는 천지천지天之穿之라고 말하기도 했다.

하늘이 하는 일[天之]은 구멍을 뚫는 것[穿之]이요, 이는 현빈의 문을 열어 우주 만물의 숨통을 열어 줌이 아닌가! 그러나 인간이 하는 짓[人之]은 한사코 구멍을 막으려고 덤빈다. 이를 장자는 인지색지人之塞之라고 비꼬았다. 구멍을 틀어막는 것[塞之]은 현빈의 문을 닫아 두고 어긋난 짓을 하려고 함을 뜻하는 것이 아닌가!

왜 인간은 문을 잠그고 닫아 두려고 하는가? 지나치리만치 턱없이 소유하고 착복하고 훔치고 숨겨두려는 욕심 때문이다. 그래서 인간은 스스로를 험하게 마감하는 것이다. 노자의 곡신불사谷神不死는 현대인을 뼈저리게 한다.

원문의역

도를 말로 비유해서 말하자면 텅 빈 산골짜기의 신과 같고 그 신은 결코 죽지 않는다. 이를 가리켜 신비로운 암컷이라고 한다.
〔谷神不死 是謂玄牝〕 곡신불사 시위현빈

신비로운 암컷의 자궁을 천지의 뿌리라고 한다. 그 뿌리는 끊임없이 존재하는 것 같고, 천지만물이 자궁의 문을 아무리 써도 다하여 없어지지 않는다.
〔玄牝之門 是謂天地之根 綿綿若存 用之不勤〕 현빈지문 시위천지지근 면면약존 용지불근

도움말

곡신谷神은 자연의 도道를 비유한 말이다. 곡谷은 산골짜기는 공허空虛하므로 굴屈이 있고 그 굴에 만물이 깃들어 있게 됨을 뜻하는 것으로 새겨도 된다. 신神은 텅 빈 것[虛]을 암시하며 어떤 의도에 따라 음모 따위를 짓지 않는 것[無象]을 뜻하는 것으로 이해하면 된다. 그러므로 곡신은 텅 빈 산골짜기 같은 것이라고 보아도 된다.

그리고 곡신의 곡谷을 모습이 있는 것[有形者]으로 곡신의 신神을 모습이 없는 것[無形者]으로 이해해도 된다. 자연의 도道는 모습이 있으면서도 없으므로 곡신이라고 비유한 셈이다.

현빈玄牝의 현玄은 신비로움을 뜻하고 빈牝은 암컷을 뜻한다. 목숨을 유지하게 하는 기운氣運은 신비롭다. 그래서 현玄은 생명의 힘[生氣]을 암시하기도 한다. 그러므로 존재를 낳는 암컷이라고 현빈을 이해해도 될 것이다. 도를 우주 만물의 어머니[母]라고 하는 것은 이를 두고 한 말이다. 현빈의 문[玄牝之門]은 목숨을 낳게 하는 자궁 같은 것으로 새겨도 될 것이다.

천지天地는 우주 만물을 한 묶음으로 보고 하는 말이다. 빈 허공이 천天이라면 태양이나 은하수의 무수한 별 따위는 땅[地]이다. 우주 만물은 지구 위에 있는 것만을 뜻하는 것이 아니다. 존재하는 모든 것을 천지라 한다. 곡신과 현빈으로 비유된 자연의 도는 그러한 천지의 근원이라고 이해하면 된다. 그래서 도는 우주 만물의 마루[宗]라 하기도 하고 뿌리[根]라고도 하는 것이다.

존存은 있는 것을 말한다. 있는 것은 존재이며 그 존재는 있으므로 없어짐을 포함하고 있다. 그러므로 존은 생성인 동시에 소멸이고 소멸인 동시에 생성이란 개념을 벗어난 것이 아니다. 그래서 존재를 운명이라고 말하기도 한다.

제7장 우주는 서로 어울려 있다

천지는 서로 주고받는다

천하天下는 세상을 말하고 천지天地는 우주를 말한다. 동양에서는 우주를 공간과 시간이 서로 어울려 있는 것으로 보았다. 시간은 움직이는 것이며 공간은 멈추어 있는 것이다. 움직임을 동動이라 하고 멈춤을 정靜이라고 한다. 그래서 일정일동一靜一動을 천지의 사이〔天地之間〕라고 한 것이 아닌가!

사이〔間〕는 시간이면서 동시에 공간을 말한다. 그러므로 천지는 움직임과 멈춤을 서로 나누어 갖는다. 이를 노자는 다음처럼 말하고 있다.

하늘은 길고 땅은 영원하다〔天長地久〕. 천지가 길 수도 있고 오래일 수도 있음으로써 제 욕심을 내세워 살지 않는다〔天地所以能長且久者 以其不自生〕. 그러므로 능히 길이길이 오래 살 수가 있다〔故能長生〕.

천장지구天長地久의 장長은 장단長短의 장으로 보면 된다. 장단은 모습〔形〕이며 모습을 지니고 있는 공간이라고 한다. 그러므로 천장지구天長地久의 구는 구근久近의 구이다. 오랜 시간이 구久이고 오래지 않는 시간이 근近이다. 구근은 움직임〔時〕이며 움직임을 지니고 있는 것을 시간이라고 한다. 그러므로 지구地久의 구는 시간이라고 생각해

도 된다.

왜 노자는 천지는 공간이요, 시간이라고 밝혔을까? 아무도 소유할 수 없는 것이 우주임을 말하고 싶었던 모양이다. 공간을 소유하고 시간을 소유하려는 인간의 욕망이 지닌 본능을 살펴보라고 그렇게 말해 놓고 있는지도 모른다. 왜냐하면 인간은 소유할 수 없는 것을 소유할 수 있다고 억지를 부리는 유일한 동물이기 때문이다.

하늘[天]은 움직이는 것[時間, 動, 久]을 주로 하고 땅[地]은 멈추는 것[空間, 靜, 長]을 주로 한다고 동양은 보았다. 그렇다면 왜 노자는 천구지장天久地長이라고 말하지 않고 천장지구天長地久라고 뒤집어 말하고 있을까? 이러한 의문은 자생하지 않는다[不自生]라고 밝힌 데서 실마리가 풀린다. 자생自生이란 남이야 어떻게 되든 나만 잘살면 된다는 생각을 품고 사는 것을 말한다. 내 몫을 너에게 주고 네 몫을 나에게 주면서 서로 어울리며 사는 것이 곧 부자생不自生이 아닌가! 하늘의 몫인 움직임[動]을 땅에 나누어주고 땅의 몫인 멈춤[靜]을 하늘에 나누어주면서 우주는 존재하므로 하늘[天]도 장구하고 땅[地]도 장구한 것이라고 우리는 헤아리게 된다.

보석을 간직한 사람은 담을 높이 쌓고 문마다 묵직한 자물쇠를 걸어 두게 된다. 도둑이 들까 봐 그렇게 한다. 그러나 열 사람이 하나의 도둑을 못 지키는 법이 아닌가!

먼저 보석을 갖게 된 자가 천하에 제일 친하고 믿을 수 있는 벗을 청해 그 보석을 자랑했다. 보석을 구경하려고 왔던 그 벗은 갖은 음식을 후하게 대접을 받았지만 도무지 입맛이 돌지 않아 먹지를 못했다. 그러자 주인이 어디가 아프냐고 벗에게 물었다. 그 벗은 아프지 않다고 대답하면서도 찬란하게 빛나는 보석만 물끄러미 노려보며 속으로 군침을 흘렸다. 벗의 낌새를 눈치 챈 주인은 빙그레 웃고는 자랑했던 보석을 함 속에 넣고 자물쇠를 걸었다.

주인은 벗을 보내 놓고 공연히 보석을 자랑했다고 후회하기 시작했다. 그러자 벗이 제 보석을 훔쳐 가면 어떡하나 걱정이 되어 마음이 놓이질 않았다. 보석함을 들고 어디에 감출지 곰곰이 생각해 보았지만 어딘들 도둑의 손길이 못 닿으랴 싶어 밤이 되어도 잠이 오질 않았다. 새벽녘에야 묘안이 떠올랐다. 천하에 있는 인간은 다 도둑이요, 믿을 것은 자기밖에 없다는 결론을 내리고 제 뱃속에다 보석을 감추었다는 가호賈胡의 고사故事를 따르기로 한 것이다. 그는 자기의 배를 가르고 제 뱃속에다 그 보석을 감추었다.

그러나 뱃속에 들어간 보석이 탈을 내고야 말았다. 결국 뱃속에 든 보석이 배통을 곪아 터지게 해서 보석을 도둑맞을까 봐 제 뱃속에 숨겼던 그는 삼 일도 못 가서 목숨을 잃었다. 욕심이 앞서서 가호가 뱃속에 보석을 감추었다[剖腹藏珠]는 것만 알았지 죽게 된 뒷이야기는 미처 생각지 못했던 것이다.

인간의 소유욕所有欲이란 위와 같다. 보석을 도둑맞을까 봐 제 배를 가르고 뱃속에다 감춘 그 자를 아무도 흉볼 수는 없을 것이다. 저마다 나름의 보석을 마음속에 감추어 두고 날마다 속을 곪게 하는 고통을 앓고 있는 까닭이다.

마음의 문을 열어 놓고 속을 들여다보게 하는 사람은 세파世波에 밀려나고 만다. 이렇게 우리들 모두는 다짐하면서 마음속을 꽁꽁 잠궈 놓고 남의 마음속을 들여다보려고 갖은 궁리를 다한다. 그래서 인간은 남을 위해 사는 것〔不自生〕을 원수처럼 여긴다.

그러나 천지를 보라. 하늘이 있고 땅이 그 하늘에 떠 있는 것은 하늘의 몫과 땅의 몫을 서로 나누어 갖는 동정動靜 때문이 아닌가! 그래서 노자는 천장지구天長地久라 했고 그 천장지구는 곧 곡신불사谷神不死와 통하고 있는 것이 아닌가! 다만 인간만이 이를 모르고 서로 제 몫을 챙기겠다고 전쟁을 하고 살생을 하고 훔친다.

성인은 누구인가

지식이 많다고 성인이 되는 것은 아니다. 지위가 높다고 성인이 되는 것도 아니다. 돈이 많다고 성인이 되는 것도 아니다. 앞을 내다보고 예언을 일삼는다고 성인이 되는 것은 더욱 아니다. 진실로 순수하게 저절로 남을 위해 생각하고 일할 때 그 순간만은 누구나 성인이 될 수 있다.

다만 어느 한순간 자기도 모르게 성인이 되었다가 다시 욕심 많은 범인으로 되돌아온다고 여겨도 된다. 한평생을 성인으로 살다 간 사람은 전설 속의 주인공이 되어 있다. 그만큼 사람이 성인이 되기는 어렵다는 것을 말해 주는 셈이다. 어떻게 사는 사람이 성인인가? 이러한 물음에 대하여 노자는 다음처럼 답하고 있다.

성인은 천장지구天長地久를 본받아 자기를 뒤로하고 남을 앞세우며〔是以 聖人後其身而身先〕, 자신을 잊고 있음으로 자신을 존속하게 한다〔外其身而身存〕. 그렇다면 성인에게는 자기가 없단 말인가? 그렇지 않다. 자신을 없애므로 자신을 능히 이룩할 수 있다〔非以其無私耶 故能成其

私〕.

성인은 누구인가? 이기면 지고 지면 이긴다는 지혜를 몸소 실천하고 누리는 사람이 성인이라고 노자는 생각하고 있는 것이다.

나를 앞세우려고 하면 할수록 나는 뒤로 처지게 마련이고 내 욕심을 채우려고 하면 할수록 제 호주머니 속에 감추어 둔 것이 흘러나간다. 본래 나만 제일이라고 생각하는 사람치고 세상의 눈총을 받지 않는 이가 없다. 이러한 짓들을 성인은 할 줄 모른다.

제 손에 든 도끼로 제 발등을 찍는다. 약은 생쥐가 덫에 먼저 걸린다. 이러한 속담들이 왜 생겨났을까? 인간들이 앞다투어 자기를 빛내려고 시샘을 하고 술수를 부리고 음모를 꾸미는 것을 마다하지 않기 때문에 그러한 속담이 생겨난 것이 아닌가!

남의 발등을 찍으려고 제 손에 쥔 도끼가 왜 남의 발등이 아닌 제 발등을 찍어 버리고 마는가? 남을 밀쳐 내고 저를 앞세우려다 그렇게 되고 만다. 성인은 제 몸을 뒤로하고 남을 앞세운다〔後其身而身先〕는 것을 몸소 실천하므로 남을 찍기 위해 도끼를 들 줄 모른다. 후기신이신선後其身而身先에서 앞의 신身은 자기와 사리사욕私利私慾을 뜻하는 것이고 뒤의 신身은 남을 뜻한다.

성인聖人은 남을 존중해 주면 남이 자기를 아껴 준다는 것을 보여 주는 사람이다. 그러므로 성인을 마치 절세의 초인超人이나 이슬만 먹고사는 신선神仙처럼 생각할 것은 없다. 테레사 수녀 같은 분을 현실의 성인이라고 보아도 되는 것이 아닌가! 성인은 전설에나 나오는 상상의 인물처럼 생각할 것은 없다. 남을 돌보아 주면 결국 자신을 떳떳하게 한다는 뜻으로 노자는 외기신이신존外其身而身存이라고 말해 두고 있다. 팔이 안으로 굽지 밖으로 굽느냐고 성인에게 묻는다면 밖으로 굽는다고 답하고 소인에게 물으면 안으로 굽는다고 잘라 말하는 것이다. 외기신外其身은 자기를 제쳐 둔다는 뜻이요, 신존身存은 그렇게 해서 자기를 걸림 없이 하고 사욕私欲의 덫에 걸려들지 않음을 말한다. 못된 짓을 범해 쇠고랑을 차면 망신亡身이라고 하지 않는가! 욕심사납게 살면 결국 누구나 망신을 당하는 법이다. 성인은 누구일까? 자기를 잊고 있으므로 자기를 살리는 것(身存)과 자기를 앞세우다 망신살이 뻗치는 것(亡身)을 우리에게 보여 주는 사람이다.

조선조 세종 임금을 보필했던 황희 정승에 대해서는 수많은 사람들의 입을 거쳐 내려오는 이야기들이 많다. 황 정승이 기인이어서가 아니라 너그럽고 넉넉하며 따뜻한 정으로 세상을 살았던 까닭에 황 정승 이야기가 많이 전해지고 있는 것이다.

하루는 궁궐에서 황 정승 집으로 사람이 찾아와 문건을 하나 받아 갈 일이 생겼던 모양이다. 하녀가 개다리소반에 술상을 차려 들고 들어왔다. 술은 막걸리였고 안주는 콩자반이었다. 하녀는 술상을 내려 놓은 다음 황 정승을 보고 어서 빨리 들라고 재촉한 다음 휭하니 나갔다. 궁궐에서 나온 신하가 속으로 계집종이 무엄하다는 눈치를 보였지만 황 정승은 빙그레 웃고만 있었다. 그때 곧장 꼬마 녀석들이 우르르 몰려들어와 시커먼 손으로 술상 위에 놓인 콩자반을 한 움큼씩 집어 입에 넣고 야단을 부렸다.

그러나 황 정승은 웃는 얼굴로 "이놈들 손님 앞에서 다 먹어 버리면 어떡하느냐"고 말하면서도 응석을 받아 주며 신하에게 술잔을 권했다. 신하가 황 정승에게 먼저 술을 권해 한 잔 받아들고 마시려는 찰나에 한 꼬마 녀석이 황 정승의 흰 수염을 매만지려고 정승의 어깨를 감고 올라타려고 했다. 그러는 통에 겨우 정승은 술을 마실 수 있었다. 그런 다음 정승은 그 꼬마 녀석의 궁둥이를 어루만지며 손님 앞에서는 얌전해야 한다고 입을 맞추어 주었다.

신하가 손자가 무척 귀엽다고 했더니 황 정승은 자신의 손자는 아니라 술상을 들고 왔던 여인의 아들이라고 알려 주었다. 종의 아들이 아니 냐고 되묻고 싶어하는 신하를 향해 황 정승은 빙그레 웃으며 노인에게 꼬마들은 모두 손자가 아니냐는 표정을 지었다. 신하는 황 정승의 미 소에 고개를 숙였다.

술상을 물리고 먹을 갈아 문서를 쓰려고 종이를 방바닥에 펼쳤을 때 그만 한 꼬마 녀석이 종이 위에다 오줌을 누어 버렸다. 그러자 황 정승 은 옷소매로 흐르는 오줌을 거두어 내고 오줌 묻은 종이에 그냥 문서 의 내용을 쓴 다음 신하에게 건네주며 빙그레 웃었다고 한다.

오줌 묻은 문서를 들고 궁궐로 가던 신하는 그제서야 어서 술을 들라고 재촉하던 사연을 알았고 꼬마들과 어울려 스스럼없이 놀고 웃던 황 정 승의 미소를 떠올리며 그의 넓고 깊은 덕을 헤아릴 수 있었다고 한다.

황 정승은 신하에게 무엇을 보여 주었는가? 신하는 정승이라고 앞세 울 것이 무엇이 있으며 하녀라고 멸시해서는 안 되며 꼬마들의 응석을 물리쳐서도 안 된다는 간단한 지혜를 눈으로 보고 간 셈이 아닌가! 아 마도 성인이 현실에 나타나 생활을 한다면 황 정승처럼 살아갈 것으로 짐작된다.

황 정승은 앞서려고 다투지 않았지만 세상 사람들은 모두 황 정승을 믿고 따랐으며, 부귀영화를 멀리했지만 망신스런 꼴을 보이지 않았고 소인배들을 부끄럽게 하는 미소를 세상에 던진 셈이다. 노자가 황 정 승을 보면 무어라 할까? 성인이 될 자질資質이 있다는 표정을 지었을 것이다.

노자나 공자나 모두 성인에게는 자기가 없음을 밝히고 있다. 군자는
어울릴 줄 알되 패거리를 짓지 않고〔君子和而不同〕소인은 패거리를 지
을 뿐 어울릴 줄은 모른다〔小人同而不和〕고 했으며, 노자는 성인은 제 몸
을 제쳐 두고 남을 앞세운다 했으니 서로 같은 말이다.

原文
의역

하늘은 길고 땅은 영원하다. 천지가 길 수도 있고 오래일 수도 있음
으로써 제 욕심을 내세워 살지 않는다. 그러므로 능히 길이길이 오래
살 수 있다.

〔天長地久 天地所以能長且久者 以其不自生 故能長生〕천장지구 천지소이능장
차구자 이기부자생 고능장생

성인은 천장지구天長地久를 본받아 자기를 뒤로하고 남을 앞세우며,
자신을 잊고 있음으로 자신을 존속하게 한다. 그렇다면 성인에게는
자기가 없단 말인가? 그렇지 않다. 자신을 없애므로 자신을 능히 이
룩할 수 있다.

〔是以 聖人後其身而身先 外其身而身存 非以其無私耶 故能成其私〕시이
성인후기신이신선 외기신이신존 비이기무사야 고능성기사

도움말

천장지구天長地久의 장長은 장단長短의 장으로 보고 모습이 있는 형形으로 생각해 보고 구久는 구근久近의 구로 보고 모습이 없이 움직이는 것[時]으로 생각해도 된다. 형形은 멈춤[靜]이고 시時는 움직임[動]을 암시한다. 하늘은 움직이는 것을 주로 하고 땅은 멈추는 것을 주로 하지만 땅은 하늘에 멈춤을 주고 하늘은 땅에 움직임을 주어 서로 나누어 우주를 어울리게 한다는 뜻으로 천장지구를 새기면 된다.

신身은 자기自己, 사리私利, 사욕私欲으로 보아도 된다.

신존身存은 망신亡身의 반대말로 새겨도 된다.

무사無私는 자기가 없음을 뜻한다.

성기사成其私의 사私는 자기의 욕심에서 벗어나 걸림 없는 자유로운 자기를 말함이다.

제8장 지극한 선善은 물길 같다

선은 궂은 것을 마다하지 않는다

노자는 무엇이 선이고 무엇이 악이라고 결론을 내리지 말라고 말했다. 인간이 내리는 결단은 억지를 불러오고 억지는 목숨을 옹색하게 한다고 보았기 때문이다. 선을 행하라 하고 악을 물리치라고 하는 예의禮儀가 사람을 들볶는다면 그것은 이미 선이 되기 어렵다고 노자는 보았다. 예의禮儀의 예禮는 땅을 본받아 삶의 질서를 지킨다는 도리道理이고 예의禮儀의 의儀는 그 도리를 어김없이 지켜야 한다는 규범規範에 속할 것이다.

사람이 만든 규범이 사람을 얽어매 놓고 불편하게 한다고 노자는 생각했다. 사람을 누가 얽어매는가? 천지는 그렇게 하지 않는데 오직 사람만이 사람을 얽어맨다고 보는 까닭이다. 사람을 얽어매는 것은 무엇인가? 노장 사상老莊思想의 입장에서 보면 유가儒家에서 주장하는 인륜 도덕人倫道德의 규범일 것이다. 인간이 뜻대로 만든 이런저런 규범들이 사람을 얽어매 놓고 구속한다고 노장老莊은 보았던 셈이다. 선善은 사람에 의해서 만들어지는 것이 아니라 자연에 있다고 노장은 보았다.

자연이란 무엇인가? 소와 말에 달려 있는 네 발이다〔牛馬四足 是謂天〕라고 장자는 대답한다. 인위人爲란 무엇인가? 말머리에 씌워진 멍에와 소의 코를 뚫고 걸어 둔 코뚜레이다〔絡馬首 穿牛鼻 是謂人〕라고 장자는 대답한다. 소나 말에게 네 발이 없다면 얼마나 불편할 것인가! 소에게 코뚜레가 없고 말에게 멍에가 없다면 소나 말은 얼마나 편할 것인가! 소의 코뚜레처럼 말의 멍에처럼 인간을 얽어맨다면 무엇이든 이미 자연의 선이 아니라고 노자는 밝혀 두고 있는 셈이다.

지극한 선은 흐르는 물과 같다〔上善若水〕. 물은 만물을 이롭게 하기를 좋아할 뿐 다투지 않고〔水善利萬物而不爭〕, 모든 사람들이 싫어하는 것을 마다하지 않는다〔處衆人之所惡〕. 그러므로 지극한 선은 도에 가깝다〔故幾於道〕.

물은 만물을 이롭게 한다. 아무도 이 말을 부정할 수는 없을 것이다. 물이 없으면 어떠한 목숨도 살 수가 없다. 물론 이러한 물은 자연의 물이다. 산속 옹달샘에서 솟는 물과 수도꼭지에서 쏟아지는 물은 이미 같지가 않다. 왜 인간은 수돗물을 만들어 마셔야 하는가? 인간이 물을 너럽힌 까닭에 자연이 그냥 주는 물을 돈을 내고 사서 마시게 된 것이다. 인간이 수돗물을 마신다는 것은 결국 인간이 스스로 자신의 목에 멍에를 걸치고 자신의 코에 코뚜레를 낀 꼴이나 다를 바가 없는 것이 아닌가! 이처럼 인간은 삶에 대하여 병 주고 약 주는 어리석음을 되풀이한다. 노자는 이것이 서글펐을 것이다.

물은 만물을 이롭게 하기를 좋아할 뿐 다투지 않는다〔水善利萬物而不爭〕. 이는 자연을 본받아 선을 행하라 함이다. 또한 무위無爲로 삶을 맞이하라는 것과도 같다. 그러나 인간은 인위人爲로 삶을 꾸리고 멋있게 하려고 역사의 발전을 외치고 문화의 발전을 외친다. 이러한 인간의 외침을 노자는 곰곰이 성찰省察하게 하는 것이다. 진정 인간을 이롭게 하려고 그렇게 외치는 것인가? 노자는 이러한 반문을 되짚어 보게 한다.

못된 것(惡)이 잘된 것(善)을 물리치는 행패가 인생에서 사라진 적이 없으며 부자富者는 더욱 부자가 되고 빈자貧者는 더욱 빈자가 되는 어긋남이 인생에서 꼬리를 문다. 왜 인간의 문물제도를 만들어 내는 인위가 이렇게 되었는가? 인간이 서로 제 몫을 더 크게 차지하려고 다툼을 그치지 않는 까닭이라고 노자는 풀어 주고 있다.

논 백 마지기를 짓는 갑부甲夫의 집 옆에 논 닷 마지기를 짓는 을부乙夫가 살았다. 갑부의 논은 머슴들이 지었고 을부는 손수 논농사를 지어 먹으며 근근이 살았다.

갑부의 논과 을부의 논은 같은 도랑의 물을 받아 벼농사를 짓게 되어 있었다. 냇물을 막아 보를 쌓을 때는 갑부의 머슴들과 을부가 서로 어울려 물막이를 오손도손 하였다. 그러나 농사철이 무르익어 가뭄이 들자 도랑의 물이 줄어들었다. 을부의 논이 물길에서 갑부의 논보다 앞서 있었기 때문에 을부는 항상 물꼬를 뒤편의 논을 생각하면서 조정해 공평하게 했다. 그러나 갑부가 작은 논배미에 너무 많은 물을 댄다고 시비를 걸고 나왔다. 그리고는 머슴들을 시켜서 을부 논의 물꼬를 막으라고 억지를 부렸다.

갑부의 머슴들은 주인을 천벌을 받을 놈이라고 욕하면서 물꼬를 막는 척한 다음 물꼬 밑으로 구멍을 뚫어 물이 새어 들게 하였다. 다음 날 을부가 논물을 보러 와 보니 물꼬는 막혀 있는데 논물은 마르지 않아 있었다. 유심히 보았더니 갑부의 머슴들이 눈에 보이지 않게 구멍을 뚫어 주어 모포기들이 말라죽지 않은 것이었다. 이것을 안 을부는 몰래 터 준 물구멍을 막고 물꼬를 조금 틔워 약간의 물만 간신히 넘어가게 해 놓고 갑부를 찾아갔다.

"갑부의 벼도 물을 원하고 을부의 벼도 물을 원합니다. 도랑에 한 섬의 물이 흐르면 몇 되의 물만 흐르게 물꼬를 내서 내 논에 물을 대고 나머지는 모두 당신의 논에 물길이 가게 하면서 항상 농사를 지어 왔답니다. 이 가뭄에 물을 알맞게 나누어 대는 것을 마다하시고 어찌 어르신의 논에만 물을 대자고 하십니까?"

이렇게 을부가 갑부에게 공손히 따졌다.

갑부는 화를 버럭 내면서 "닷 마지기 농사를 가물어 못 짓게 되면 몇 섬만 없어지지만 백 마지기 농사를 망치면 몇백 섬이 날아가는지나 아느냐"고 갑부는 심술을 부렸다. 이에 을부는 "닷 마지기의 벼는 우리네 목숨이지만 백 마지기의 몇백 섬은 어르신네의 재산입니다. 저는 재산보다 목숨이 더 중하다고 여기며 근근이 살아가고 있답니다. 그러니 목숨의 물을 좀 대게 해 주십시오" 하고 빌었다.

그러나 갑부는 "네 논이 말라 터진들 나는 모른다. 내 논이 말라 벼가 자라지 못하면 네 놈이 내 쌀 뒤주를 채워 줄 수 있느냐"고 다그치면서 머슴들을 불러 을부의 논에 가서 물꼬를 틀어막아 버리라고 호통을 쳤다. 머슴들은 마지못해 오줌장군을 지고 갑부의 논으로 나가긴 했으나 논바닥에 두루 오줌을 뿌리질 않고 갑부의 논 물꼬 입구에다 오줌장군을 통째로 부어 버리고 욕심이 목구멍까지 찬 자는 제명에 못 산다고 흉을 보았다. 머슴들은 서로 눈짓을 나누고 을부의 논두렁 옆구리에 구멍을 뚫어 물이 새어 들게 한 다음 을부의 논에 난 물꼬를 틀어막았다.

가뭄이 끝나고 단비가 촉촉히 내리자 물싸움은 더 이상 일어나지 않았다. 벼들이 자라서 벼꽃이 피기 시작할 무렵 갑부가 논농사를 둘러보려고 나왔다. 하지만 이상하게도 물고랑 근처의 닷 마지기 논에 있는 벼들은 키만 웃자란 채 무성할 뿐 벼꽃을 피울 기미가 보이지 않았다. 갑부는 머슴들을 불러 놓고 벼가 왜 웃자라 열매를 맺을 것 같지 않느냐고 물었다. 그러자 머슴들은 가뭄 때 물을 너무 많이 먹어 웃자랐다고 거짓말을 둘러댔다. 이에 갑부는 혀만 끌끌거리며 꿀먹은 벙어리처럼 쭉정이 벼 이삭을 바라보았다.

그러나 머슴들은 을부 집 닷 마지기 논은 풍년이 들었고 갑부 집 닷 마지기 논은 폐농廢農이 되었지만 아흔닷 마지기는 평년작이니 걱정할 것은 없다고 중얼거렸다. 오줌을 벼논에 골고루 뿌리지 않고 한꺼번에 한곳에 흠뻑 몰아주면 벼들이 오줌 거름에 미쳐 꽃피우는 것을 잊는다는 것을 갑부는 몰랐던 것이다. 머슴들은 이를 알고 을부의 억울함을 앙갚음해 주었던 것이다.

갑부는 물을 놓고 다툼을 벌여 닷 마지기의 논농사를 망쳤다. 을부는 물싸움을 피한 덕에 갑부의 머슴들에게 은혜를 입었다. 갑부의 머슴들이 을부의 논둑 밑에 물구멍을 뚫어 물이 새어 들게 해 준 것은 을부의 선한 마음을 따른 것이고, 갑부의 닷 마지기 논에 오줌을 통째로 들이부어 벼를 웃자라게 한 것은 갑부의 못된 심술을 혼내 준 것이다. 다투어 이겼다고 생각했던 갑부는 진 것이고 다툼에서 밀렸던 을부는 지고도 이긴 셈이다. 을부는 몸을 낮출 줄 알아 머슴들이 도와주었고 갑부는 교만을 떨어 머슴들이 욕보인 셈이 아닌가!

그러나 사람들은 자기를 낮추기를 죽기처럼 싫어한다. 물길은 낮은 곳을 스스로 택해 길을 잡아 가므로 산속의 옹달샘이 망망한 바다를 이루는 것이다. 이처럼 물은 사람들이 싫어하는 아랫자리를 택해 만물을 이롭게 하므로 자연의 도에 가깝다고 노자가 밝혀 둔 셈이다. 노자는 자기에게 세 가지 보물이 있는데 첫째가 검儉이라고 단언했다. 검은 검소한 것이며 검소하면 겸허하게 된다. 마치 물길처럼 아래를 향해 처신하는 것이 검이 아닌가!

인생을 어떻게 이루어 갈까

살기가 뜻대로 되지 않는다고 사람들은 푸념을 늘어놓는다. 심하면 불평을 터뜨리며 남의 탓으로 돌리거나 하늘을 원망하는 짓을 서슴없이 한다. 이러한 행동은 이 세상을 혼자 산다고 착각하는 경우에 생기는 병통이다.

그러나 인생은 누구에게도 소유될 수가 없다. 내 인생은 내 것이라고 생각하는 것보다 더 무서운 착각은 없다. 그리고 인생이 인간에 의해서 결정된다고 여기는 것 또한 무서운 착각이며 오류일 뿐이다. 하늘이 없고 땅이 없다면 어떻게 살 것이며 바람이 없고 물이 없다면 어떻게 숨을 쉬고 물을 마실 것이며 곡식이 자라 주지 않는다면 무엇을 먹고살 수 있을 것인가? 천지가 없다면 인생이란 있을 수가 없다. 노자는 이처럼 분명한 사실을 잊지 말라고 당부했다.

인생을 선하게 하려면 흘러가는 물길을 본받을 것이요, 그렇게 하면 인생이 선 아닌 것이 없음을 노자는 알았다. 서로 다투므로 인간은 피를 흘리며 전쟁을 하고 서로 높게 되려고 아우성을 치므로 인간은 서로 멱살잡이를 일삼게 된다. 인간이여! 어떻게 하면 잘살 수 있을까? 이에 대하여 노자는 다음처럼 밝혀 주고 있다.

사는 것은 땅을 좋아하며〔居善地〕, 마음은 깊은 곳을 좋아하고〔心善淵〕, 더불어 있는 것은 어질기를 좋아하고〔與善仁〕, 말은 신용을 좋아하며〔言善信〕, 정치는 다스리기를 좋아하고〔政善治〕, 일하는 것은 능력을 좋아하며〔事善能〕, 움직임은 제 때를 좋아한다〔動善時〕. 그러나 어떤 경우든 모름지기 다투지 않는다〔夫唯不爭〕. 그러므로 잘못이란 것은 없다〔故無尤〕.

땅투기를 하지 말고 땅을 좋아하라. 그러면 거선지居善地의 속뜻을 알 수가 있고 삶이 편안해진다.

땅은 동정動靜의 정靜을 보여 준다. 듬직하고 너그럽고 따뜻하므로 모든 것을 그 품에 안겨 살게 해 준다. 물고기가 물에 사는 것은 아니다. 땅이 없다면 물은 어디에 고일 것인가? 땅이 물을 안고 그 물 속에서 고기가 산다. 그러므로 물고기도 땅에서 사는 셈이다. 이처럼 한결같이 모든 목숨을 품어서 살게 하는 땅을 본받아 그렇게 있기를 물은 좋아한다. 사람이 물처럼 산다면 인생에 무슨 흥이 있을 것이며 탈이 날 것인가! 이를 타이르려고 노자는 사는 것은 땅을 좋아한다〔居善地〕고 밝혀 둔 셈이다.

명동의 노른자위에 있는 상가의 땅값은 한 평에 일억 원이 넘는다고 한다. 그러나 골목 안의 조금 후미진 곳의 땅값은 그것의 절반의 절반 값이다. 더구나 인적이 드문 외진 산속 모퉁이 땅값은 한 푼의 가치도 없다고 여긴다. 이처럼 사람은 땅값을 매기고 그 땅을 소유하려고 등기소에 문서를 만들어 놓고 팔기도 하고 사기도 한다.

명동의 땅은 금값이고 외진 산속의 땅은 똥값이라고 사람들은 생각한다. 이처럼 인간은 땅에 대해 그 씀씀이에 따라 인간의 뜻대로 생각하려고 한다. 땅이 위치에 따라 이렇게 다르다고 여기는 것은 사람이 땅을 재산으로 알고 있는 까닭이다. 그래서 사람들이 생각하고 있는 땅은 이미 자연이 아니다. 재산이 되어 버린 땅이므로 땅투기를 해 등쳐먹고 땅 없는 사람을 초라하게 한다. 이것은 땅이 그렇게 하는 것이 아니라 인간이 그렇게 할 뿐이다.

부동산 투기를 일삼는 복부인들은 거선지居善地를 알 리가 없다. 땅 때문에 울고 웃는 인간들은 땅을 재물로 생각한 탓으로 땅을 땅으로 보지 않고 돈으로만 본다. 땅 때문에 미치는 것은 인간밖에 없다. 그래서 인간은 땅 위에서도 편하게 살지 못한다.

깊은 물은 고요하지만 그 속에는 고기가 노닐고 일월日月도 잠긴다. 이 얼마나 크고 넉넉한가! 심선연心善淵의 깊은 뜻을 헤아리게 한다.

빈 수레가 요란하고 얕은 물이 시끄럽다. 덜 익은 이삭은 꼿꼿하고 영근 이삭은 고개를 숙인다. 이 속담들은 모두 우리에게 마음가짐이 어떠해야 하는지 타일러 주는 지혜들이다. 마음이 깊은 사람은 경망을 떨지 않으며 생각을 깊고 넓게 하여 입이 무겁다. 마음이 침묵을 지킬 줄 알아야 입이 무겁게 된다. 마음은 깊은 것을 좋아한다〔心善淵〕는 노자의 말에서 마음가짐이 어떠해야 하는 것인가를 터득할 수 있다. 연淵은 깊고 묘해 헤아릴 길이 없는 것을 뜻한다. 깊은 못을 연상해도 된다. 깊은 물은 고요하면서도 투명하다. 이처럼 마음을 가지면 만물의 참모습과 그 작용을 맑고 밝게 헤아릴 수 있다. 경박한 마음은 조급하고 조급한 마음은 무엇이 근본이고 말단인가를 모르게 되어 일을 망치고 만다. 그러나 깊은 마음속에는 인생의 사물들이 선연하게 비치게 된다. 그러므로 마음가짐은 깊고 고요하며 맑은 못처럼 지니라는 뜻으로 심선연을 새겨도 될 것이다.

강 태공은 깊은 못에 낚시 없는 낚싯대를 드리워 놓고 물을 바라보았다. 나뭇등걸처럼 오도카니 앉아 있던 강 태공은 빈 낚싯대를 그냥 두고 풀밭길을 밟고 편안하게 돌아갔다.

나르시스는 깊은 못속을 엎드려 들여다보았다. 물속에 예쁜 얼굴이 보였다. 그 얼굴이 하도 아름다워 물속으로 나르시스는 들어갔다. 그는 물을 보지 않고 제 얼굴만 보았던 까닭에 익사하여 수선화가 되어 물가에 핀다고 한다.

강 태공은 물속에 어린 제 마음을 읽고 목숨을 편안하게 했고 나르시스는 제 얼굴에 혹해 목숨을 험하게 했다. 결국 나르시스는 물속에 얼굴이 있으면서도 없는 것인 줄 몰랐고 강 태공은 물속 같은 마음자리를 얻었다.

공치사를 하지 않으면 어진 것이다. 남에게 돋보이려고 하는 사람은 남보다 크다는 것을 과시하려고 그렇게 한다. 그러나 어진 마음은 큰 것은 작고, 작은 것은 크다는 것을 알아 서로 어울린다. 여선인與善仁은 그러한 지혜를 살펴 두게 한다.

물은 만물을 보살펴 주면서도 공치사를 하지 않는다. 만물을 보살펴 주되 공치사를 하지 않는 물의 덕을 본받아 인간이 더불어 살게 되면 어느 누가 어질지 않을 것인가! 이러한 뜻으로 노자는 우리에게 여선인與善仁이란 말씀을 남겨 둔 셈이다.

세조가 임금의 자리에 앉는 데 이숙번은 망나니의 칼자루를 서슴없이 휘둘렀다. 그 공으로 세조는 이숙번에게 특권을 주었고 벼슬에 굶주린 치들이 이숙번의 집을 드나들어 문턱이 닳을 지경이었다. 이숙번의 눈에도 세상이 제 칼날에 달린 것쯤으로 보였고 못하는 짓이 없었다.

서대문 옆에 제 집이 있었는데 이숙번은 소달구지 소리가 시끄러워 새벽잠을 설친다고 서대문을 막아버렸다. 수많은 사람들이 드나드는 성문을 닫아 놓고 저만 조용한 잠을 자겠다는 이숙번을 천하에 누가 좋아했을 것인가!

결국 이숙번은 귀양을 가서 굶어 죽었다. 그에게는 아무도 먹을 것을 갖다 주지 않았던 것이다. 이처럼 어질지 못한 인간은 세상이 돌보아 주지 않는다.

백지장도 둘이 맞들면 그만큼 들기가 편한 것이다. 행복은 서로 나누면 두 배로 불어나고 불행은 서로 나누면 반으로 줄어든다. 콩 한 쪽이라도 둘이 나누어 먹는 마음은 어디서든 외면당하지 않는다. 이처럼 어진 마음은 세상을 둥지처럼 만들고 서로 더불어 살게 한다. 노자의 여선인與善仁은 더불어 사는 참뜻을 깨우쳐 주고 있다.

언선신言善信은 거짓말이나 헛된 말은 입에 담지 말고 마음에 있는 대로 말하라는 것으로 새겨도 된다. 말을 믿는 것이 아니라 마음을 믿는 것이 신信인 까닭이다.

마음에 없는 말을 하면 불신不信을 자초하고 신용이 없는 사람은 제 구실을 할 수 없는 법이다. 말조심, 입조심은 마음가짐을 함부로 하지 말라는 것이나 같다.

말로 천 냥 빚을 갚는다. 가는 말이 고와야 오는 말이 곱다. 한 번

뱉은 말은 주워 담지 못한다. 이런 속담들은 모두 말을 함부로 하지 말라 함이다. 믿지 못할 말은 하지 않는 것만 못하므로 침묵은 금이라는 경구가 생겨난 것이다.

말이 많으면 싱겁고 믿기가 어렵다. 믿기 어려운 말은 헛소리이거나 아니면 거짓말일 뿐이다.

6.25가 터진 지 이틀이 되었을 때 정부는 국군이 용감하게 전지를 방어하여 수도 서울이 걱정 없다고 방송을 했다. 시민들은 그 말을 믿었으나 삼 일 만에 서울은 함락되고 말았다.

미처 피난을 떠나지 못한 시민들이 한강을 건너 남으로 가려고 한강 다리 근처로 갔지만 이미 다리는 여러 동강으로 폭파되어 있었다. 그래서 밀려오던 차들은 한강 물로 줄줄이 떨어졌고 차 속의 사람들은 물귀신이 되고 말았다. 거짓말을 참말로 믿었던 무수한 목숨들이 생매장을 당한 셈이니 믿지 못할 말은 비상보다 더한 독약이 아닌가 말이다. 믿지 못할 말을 나불거리는 입은 비수를 물고 남의 심장을 노리는 자객刺客이나 같은 것이다.

모든 화근禍根은 세 치의 혀에서 나온다고 하지 않는가! 물길을 보고 물소리를 들어 보라. 가파르면 가파른 대로 물은 소리를 내고 평평하면 평평한 대로 소리 없이 흐른다. 벼랑에서 떨어질 때 물은 우뢰 같은 소리를 낸다. 비탈을 내려갈 때는 침묵하지 않으며 평평한 곳을 흐르면 고요하다가 바람이 불면 철렁거리는 소리를 내는 것이 물이다. 이처럼 물은 흐르는 형편에 따라 있는 그대로 소리를 낸다.

만일 인간의 말이 그렇게 한결같다면 누가 말을 못 믿겠다고 아우성을 칠 것인가! 믿지 않을 말은 하지 말 것이며 믿는 말만을 하라는 뜻으로 노자는 언선신言善信을 남겨 둔 셈이다.

물은 만물을 살게 하는 것을 정政으로 삼는다. 정政이란 올바르고 이로운 일을 한다는 뜻이다. 물은 하늘로 올라가면 비가 되어 만물을 촉촉히 적셔 주어 목숨을 누리게 하고, 땅에 내려오면 모여서 목숨들을 길러 주고 말라죽지 않게 한다. 만물을 이롭게 하는 물이 만물을 다스리는 것[治]이다.

인간이 만일 물같이 정치를 한다면 폭군이 왜 생길 것이며 간신이 왜 있을 것인가! 독재獨裁나 학정虐政이나 권세의 횡포 따위는 쇠솥에 백성을 집어넣고 불을 지펴 끓이는 짓이나 다를 바가 없다. 왜 물처럼 정치를 못하는가? 이러한 물음을 던질 때 노자의 정선치政善治가 떠오른다.

이승만 대통령에게 농림부 장관이 이렇게 보고했다.

"백성들이 쌀이 없어 굶고 있습니다."

보고를 들은 대통령은 이렇게 해결책을 내주었다고 한다.

"쌀이 없으면 빵을 먹으면 된다."

50년대에는 위와 같은 우스갯소리가 세상을 떠돌고 있었다. 백성의 배고픔을 모르는 정치는 백성을 더욱 굶주리게 할 뿐이다. 이 대통령의 비위를 맞춰 천하의 권세를 쥐고 억지를 부렸던 이기붕의 집에는 겨울에도 수박이 있었다고 한다. 폭정暴政이나 학정虐政은 백성을 홍수로 만들고야 만다. 그래서 결국 4.19가 터졌고 백성은 홍수가 되어 권부權府를 쓰러뜨렸다.

노자의 정선치政善治는 물처럼 세상을 다스리라는 말이다. 만물을 길러 주면서도 공치사를 하지 않는 물을 닮은 정치는 권부를 복마전으로 만들지 않는다. 언제나 권부가 생기면 복마전이 되고 권력은 썩은 고깃덩이처럼 되어 구더기 같은 인간들이 모여들어 백성의 허리띠를 졸라매게 하는 법이다. 노자는 폭정과 학정을 하지 말라고 정선치政善治를 밝혔다.

물은 제 모습을 고집하지 않는다. 앉을 자리를 보고 앉고 누울 자리를 보고 누우라고 하지 않는가! 물은 어김없이 그렇게 한다. 상대의 모양에 따라 물은 제 모습을 맡긴다.

절에는 불자佛者들이 모이게 마련이다. 사람들이 모이면 이 패 저 패로 갈려 시비를 낳는 경우가 허다하다. 신자들이 끼리끼리 패가 갈려 형편없게 된 절에 한 스님이 주지로 왔다.

새로 온 주지스님은 아무런 말이 없었다. 설법도 하지 않았다. 그저 빗자루를 들고 법당 앞마당이나 뒤뜰을 쓸기만 했다. 지저분했던 절 안 곳곳이 말끔해졌다.

이 패의 신도들이 주지스님을 찾아와 입방아를 찧었다. 별 소리를 다 들어준 다음 스님은 미소를 지으며 "아 그랬었나요?" 하고 응했다.

저 패의 신도들이 주지스님을 찾아와 입방아를 찧었다. 딴소리를 다 들어준 다음 스님은 미소를 지으며 역시 "아 그랬었나요?" 하고만 응했다.

주지스님이 절에 와서 한 말이라곤 "아 그랬었나요?" 이 한 마디밖에 없었다. 반 년이 지났을 무렵 그 절에 있던 이 패 저 패는 모두 사라지고 주지스님의 미소를 보려는 많은 불자들이 절을 드나들게 되었다.

목에 힘을 주고 서로 삿대질했던 이 패 저 패는 부처를 믿는 한패가 되었다. 그렇게 되자 주지스님은 어디론가 바랑을 지고 떠나버렸다.

주지스님은 물과 같았다. 세모난 패거리가 오면 세모난 미소를 지어 주었던 셈이고 네모난 패거리가 오면 네모난 미소를 지어 주었던 셈이다. 누가 웃는 낯에 침을 뱉을 것인가! 매일 비질만 했던 주지스님은 물길 같은 분이었던 것이다.

물은 둥근 그릇이면 둥글게 모습을 짓고 모난 그릇이면 모나게 모습을 갖춘다. 이처럼 물은 막힘 없이 형편대로 일을 하고 때에 따라 처신한다. 그래서 물이 하는 일은 모나지 않으며 어긋나지 않는다. 만일 인간이 물처럼 일을 하며 움직인다면 막힐 일이 없을 것이다. 그래서 노자는 사선능事善能이며 동선시動善時라고 타이르고 있다.

지극한 선은 물과 같다〔上善若水〕. 물은 무엇을 말하는 것일까? 물은 자연을 비유하고 있다. 노자는 물을 빌려 자연을 말하고 무위無爲를 말하고 있는 것이다. 인간이여! 어떻게 살 것인가? 이러한 물음에 노자는 물같이 살라고 한 셈이다. 억지를 부리지 말고 어긋나지 말고 수작이나 술수를 부리지 말고 산다면 그러한 삶이 곧 상선약수上善若水의 인생이라고 여겨도 무방한 일이다.

지극한 선은 흐르는 물과 같다. 물은 만물을 이롭게 하기를 좋아할 뿐 다투지 않고, 모든 사람들이 싫어하는 것을 마다하지 않는다. 그러므로 지극한 선은 도에 가깝다.

〔上善若水 水善利萬物而不爭 處衆人之所惡 故幾於道〕 상선약수 수선리만물이 부쟁 처중인지소오 고기어도

사는 것은 땅을 좋아하며, 마음은 깊은 곳을 좋아하고, 더불어 있는 것은 어질기를 좋아하고, 말은 신용을 좋아하며, 정치는 다스리기를 좋아하고, 일하는 것은 능력을 좋아하며, 음직임은 제 때를 좋아한다. 그러나 어떤 경우든 모름지기 다투지 않는다. 그러므로 잘못이란 것은 없다.

〔居善地 心善淵 與善仁 言善信 政善治 事善能 動善時 夫唯不爭 故無尤〕 거선지 심선연 여선인 언선신 정선치 사선능 동선시 부유부쟁 고무우

도움말

인위人爲의 삶과 자연의 삶을 살펴보게 한다. 어떻게 살면 탈 없이 편안한 마음으로 인생을 누릴 것인가를 생각하게 하는 장이다.

상선약수上善若水는 자연스러움이 무엇이며 무위가 무엇인가를 체험하게 한다. 억지나 고집, 편견이나 독단은 물을 역류逆流시키려는 짓이나 같고 물을 고이게 하려는 짓이나 같다. 물이 고이면 썩는 것처럼 인생을 썩게 하는 짓들은 세상을 아프게 한다.

심선연心善淵의 연淵은 깊고 깊어서 측량할 수 없는 것으로 이해하면 된다. 마음 속은 그렇게 깊을 수가 있다. 무엇을 감추고 숨기려고 마음이 깊은 것이 아니라

모든 것을 받아들이고 되비쳐 주기 위해서 마음속은 깊어야 한다. 깊은 마음은 사랑하는 마음이며 용서하는 마음이어서 너그럽고 넉넉하다.

무無尤의 우尤는 허물, 잘못된 것 등을 뜻한다. 허물이 많은 인생, 잘못을 범해 상처받은 인생은 어디서 오는가? 이러한 반문을 해 보면 상선약수上善若水의 속뜻을 터득하게 된다.

제9장 공功이 이루어지면 물러가라

채움은 비움만 못하다

옛날에는 천하의 모든 것이 임금의 것으로 생각되어 임금에게는 무엇 하나 걸릴 것이 없었다. 그러나 그렇기 때문에 장한 임금이 있는가 하면 못난 임금도 있다. 세상을 제 것으로 소유했던 임금은 백성의 원망을 샀고 세상을 맡아 간직해 두는 것으로 여긴 임금은 백성의 칭송을 받았다.

욕심보라는 말이 있다. 보는 무엇이나 챙겨 싸서 묶어 두어야 제 구실을 하는 자루와 같다. 그 자루는 한없이 커서 아무리 채워도 만족하지 못한다. 그래서 결국 욕심보는 탈을 내고 만다. 명예욕이나 출세욕은 욕심보 중에서도 제일 사납고 게걸스러워 도둑의 소굴과 같다. 이러한 소굴에 들어가 더러운 오물을 뒤집어쓰지 않으려면 노자의 다음과 같은 말을 새겨들어야 한다.

간직하여 가득 채우려는 것은 하나도 갖지 않는 것만 못하다[持而盈之 不如其已].

내 것은 내 것이고 네 것도 내 것이다. 욕심은 이렇게 용심用心을 부린다. 이러한 용심은 도둑질로 통한다. 훔치면 감추게 되고 감춘 것이 많으면 많을수록 마음속은 더러운 것들로 빼곡빼곡 차게 되어 어디서라도 얼굴을 숨기려고 한다. 나는 도둑이오! 이렇게 내놓고 외치는 놈은 세상에 하나도 없다. 마음을 욕심의 자루로 만들어 채우면 채울수록 그만큼 사람은 작아지고 욕심보는 커진다. 오죽하면 욕심이 많아 탐욕스러운 인간을 욕심꾸러기라고 하는가! 욕심꾸러기는 천한 인간을 말한다.

노자는 한사코 하늘을 보라고 한다. 마음이 하늘 같다면 바로 그 마음은 자연이요, 도道에 가깝다고 한다. 텅텅 비어 있는 까닭이다. 하늘은 빈 것을 귀하게 여길 뿐 그득히 찬 것은 귀하게 여기지 않는다. 그래서 장자는 천지를 여인숙에 비유했고 인생은 거기서 묵어가는 나그네와 같다고 했다.

먼 길을 가야 할 나그네는 짊어질 짐이 가벼울수록 갈 길이 편한 법이다. 그러나 욕심꾸러기는 여인숙에서 편히 쉬지 못하고 감옥에 들어가 콩밥을 먹다가 제 목숨을 재촉하고야 만다. 욕심은 옥살이를 하게 한다. 재판을 받고 옥살이를 하는 것은 드러난 욕심 탓이고 숨은 욕심은 천하를 감옥으로 만들어 버린다. 그러므로 마음이 편하기를 바란다면 무엇이든 간직하여 욕심껏 채우려고 발버둥칠 것은 없다.

세조 임금 밑에서 지중추知中樞의 벼슬에 올랐던 홍일동洪逸童은 식탐食貪이 사납기로 소문이 났었다. 그의 호는 마천자麻川子였는데 삼베 자루에다 냇물을 다 넣어도 성이 차지 않을 만큼 식욕이 대단했다.

마천자는 진관사津寬寺에서 놀 때 떡 한 그릇을 먹어 치웠고 국수 세 사발을 먹고 밥 세 그릇을 넘긴 다음 두부국을 아홉 사발이나 먹었다. 그러고도 산 밑에 이르러 찐 닭 두 마리를 먹고 생선국 세 사발과 생선회

한 쟁반에다 술 사십여 잔을 마셨다. 이처럼 마천자는 먹을거리 욕심 보치고는 천하무적이었던 것이다.

그러나 어떤 욕심보든 오래 가지 못하는 법이다. 마천자는 얼마 뒤에 홍주에 내려가 술을 섬으로 마시다 죽었다. 마천자가 죽었다는 소문이 나돌자 사람들은 배를 채우다 채우다 못해 창자가 터져 죽었을 것이라고 입질을 했다. 이처럼 마천자 홍일동은 사나운 식욕 탓으로 허물을 남겼다.

홍일동은 노자의 충고를 미처 몰랐던 모양이다. 간직하여 사납게 채우지 말라는 지혜를 알았더라면 먹을거리 욕심에 제 창자를 터지게 했다는 입질은 받지 않았을 것이 아닌가! 홍일동은 식욕이 사나워 제 목숨을 앗겼지만 그것이 만일 명예욕이나 출세욕이었다면 이 세상을 상하게 했을 것이다.

간직한다고 해서 소유한 것으로 단정할 것은 없다. 마음속을 박물관의 진열장처럼 간직한다면 소유해 착복한 것은 아니고 도둑이 들세라 안절부절못하지 않아도 된다. 간직만 하지 소유해 착복하지 않으면 욕심의 자루 속에서 비워 낼 수 있기 때문이다. 마음가짐을 이렇게만 해도 하늘의 도에 가깝다고 할 수 있다.

날카로울수록 쉽게 무디어진다

모난 돌이 정을 맞는다. 모난 것은 넘어지기 쉽지만 둥근 것은 굴러도 넘어지지 않는다. 이러한 말들은 모두 남보다 돋보이려고 나설

것도 없고 남보다 뒤졌다고 조바심을 낼 필요도 없다는 것을 가르쳐 준다. 단 꿀이 몸에 좋다고 많이 마시면 창자가 타고, 비상이 독이지만 약이 되는 경우가 있지 않은가! 이처럼 무엇이든 심하면 탈인 것이다. 그래서 동양은 무엇보다 중용을 으뜸으로 친다. 냉수도 쉬엄쉬엄 마시라고 하는 것이 곧 중용의 지혜에 속한다.

그러나 사람은 중용을 알면서도 어기는 것을 밥먹듯이 한다. 이러한 것을 욕欲이라고 한다. 욕欲은 자기 몫만 챙기는 욕심이므로 욕辱으로 통한다. 노자의 다음과 같은 말이 사나운 욕심의 허물에서 벗어나라고 깨우쳐 준다.

헤아리는 바가 날카롭기만 하다면 오래 가지 못한다〔揣而銳之 不可長保〕. 금과 옥이 방 안에 그득 차면 도둑의 손길에서 지켜 낼 수가 없다〔金玉滿堂 莫之能守〕. 부귀를 누린다고 교만하면 스스로 더러운 허물을 남기게 된다〔富貴而驕 自遺其咎〕. 공이 이루어지면 이름을 물리치고 물러가는 것이 하늘의 도이다〔功成名逐 身退 天之道〕.

공치사를 하는 것은 공을 이룬 대가를 차지하겠다는 욕심이다. 공치사를 일삼는 마음일수록 쥐꼬리만큼 공을 쌓아 놓고 생색을 내며 제 이름을 세상에 돋보이게 하려고 설친다. 이렇게 설치는 것은 명예욕에 걸신이 들린 탓이며 출세욕에 복받쳐 앞뒤를 분간 못하게 된 까닭이다. 올라가지 못할 나무는 쳐다보지 말라고 하지만 태산도 오르는데 못 올라갈 나무가 어디에 있느냐며 막무가내로 인간은 명예욕과 출세욕을 앞다투어 겨룬다.

노자는 공명功名을 따로 생각했다. 그러나 사람들은 공을 세우면 이름도 덩달아 같이 빛난다고 여긴다. 공이란 이룩한 일을 말한다. 이룩한 일치고는 자연을 따를 것이 없다. 삼라만상이 모조리 자연의 공이 아닌가! 그러나 자연은 생색을 내지 않고 그냥 있는 그대로 공을 내버려둔다고 노자는 보았던 것이다.

만일 자연이 공치사를 인간처럼 한다면 하루도 편하게 살 수 있는 목숨은 없을 것이다. 자연이 사람처럼 예쁜 것과 미운 것을 분별해 차별을 한다면 천하는 뒤죽박죽이 되어 무엇이 살아남을 것인가? 노자는 이렇게 한번 반문해 보라고 응수한다.

사람은 공을 다투고 제 이름 석 자를 빛내려고 갖은 술수를 다 부린다. 정승집 개가 죽으면 문상을 가지만 정승이 죽으면 찾는 이가 드물다고 하는 것은 바로 인간들이 달면 삼키고 쓰면 뱉는 영악한 짓거리를 하면서도 부끄러워할 줄 모른다는 것을 말해 주는 셈이다.

왜 이렇게 인간은 파렴치한가? 공명의 탐욕에 스스로 더러운 허물을 짓고 있는 까닭이다. 그러나 세상이 구역질나게 하면 토해 버리는 사람들이 있다. 노자도 그중의 한 분이었던 것이다. 노자는 누구인가? 그는 내 몸도 내 것이 아니요, 자연의 것이라고 했으니 자연을 간직하되 소유하지는 않았던 것이다.

우리가 노자의 말을 그대로 따를 수는 없다. 현대인은 욕심보를 찢어 버릴 수 없는 소유의 동물인 까닭이다. 그러나 노자의 말을 삼가 들으면 욕심보를 지나치게 채우려다 자기自己를 망쳐 버리는 어리석음을 누구나 면할 수 있을 것이다. 이보다 더 귀한 선물은 없을 것이다.

자연이 아니라 인의仁義를 앞세웠던 공자는 공이 이루어져도 이름을 내세우지 않는다(功成名遂)는 노자의 말을 따랐던 모양이다. 《논어》의 미자 편微子篇에서 공자가 좋아했던 은자隱者들을 살펴보면 그렇게 짐작된다.

은殷 나라의 마지막 왕은 주紂였다. 주는 포악하기 짝이 없는 임금이었다. 공자는 은 나라에 세 명의 어진 분이 있었다〔殷有三仁焉〕는 말을 남겨 놓았다. 그 세 명은 주紂의 서형庶兄인 미자微子와 백부인 기자箕子. 그리고 숙부인 비간比干을 말한다.

미자는 주의 음란함이 극에 달해 그러지 말라고 바른 말을 해 주어도 듣지 않자 은 나라를 떠나 미微에 가서 숨어살았다. 기자는 주의 무도無道함을 간해도 듣지 않자 스스로 미친 척하며 노예들의 틈에 끼어 숨어살았다. 그리고 비간이 주의 포악함을 끝까지 간하자 주는 제 숙부에게 "네가 성인이나 된 줄 아느냐?"고 힐난하면서 다음처럼 독기를 품었다.

"성인의 가슴에는 일곱 개의 구멍이 있다고 하더라." 그리고 주는 제 숙부의 가슴에 일곱 개의 구멍을 뚫어 찢어 죽였다.

세조가 제 조카를 내치고 임금의 자리를 뺏은 다음 결국 조카를 죽이고 말았을 때 마치 주의 백부 기자가 했던 것처럼 매월당梅月堂 김시습金時習은 미친 척하고 팔도를 돌아다녔다.

임금이 몇 번을 불렀지만 매월당은 궁궐 문전을 밟지 않았다. 마지못해 매월당이 세조를 만나려고 한번 궁궐에 들렀다. 그러나 세조의 얼굴을 보자 구역질이 난 매월당은 도망쳐 나와 궁궐 앞 어느 집 뒷간 똥통에 들어가 몸을 숨겼다. 수많은 포졸들이 무엄하게 임금 앞에서 도망친 매월당을 찾아 골목골목을 다 뒤졌지만 그를 찾지 못했다.

매월당은 임금의 자리를 빼앗아 차지한 탐욕이 더러운 것이지 구린내나는 똥통 속이 오히려 더 깨끗하다고 여겼을 것이다. 그렇게 임금을 물리치고 나온 김시습은 산하로 내려가 물가에 앉아 수백 수의 시를 지어 흘러가는 물에다 띄우며 그냥 온종일 앉아만 있었다고 한다. 공명을 헌신짝처럼 버리는 사람은 김시습처럼 임금이 잘못하면 미친 척하고 구역질 나는 세상을 토해 내는 모양이다.

김시습은 이런 말을 남기고 있다. "벼슬을 해 보려고 과거를 보고 붙었을 때는 수많은 친구가 있었다. 그러나 내가 벼슬을 뿌리치고 이리저리 돌아다니자 단 세 사람만 나를 아는 척 해 주었다." 공명의 출세욕에 눈이 먼 사람은 매월당을 미친 들개라고 여겼지 정승집 개로 보지 않았던 것이다.

자리에 초연한 자는 몸둘 바를 두려워하지 않는다. 공을 따져 뒤풀이를 하지 않는 까닭이다. 대통령은 사람을 찾아 쓰는 최고의 권력자이다. 어떤 사람을 찾아야 할까? 공을 세워도 제 이름을 내비치지 않을 사람만 찾아 쓴다면 이 대통령처럼 경무대에서 쫓겨나 하와이로 망명하지는 않았을 것이다.

그러나 간직하되 욕심을 부려 채우지 않는 사람이 어디 있단 말인가? 간직하되 가득 채우려는 것은 하나도 갖지 않는 것만 못하다[持而盈之不如其已]는 노자의 말을 귀담아 들어줄 사람이 어디에 있단 말인가? 없다고 단언할 것은 없다. 하늘의 길[天道]은 막히는 법이 없으므로 누군가 남몰래 그 길을 걷고 있으리라 믿으면 마음이 후련해진다.

原文의역

간직하여 가득 채우려는 것은 하나도 갖지 않는 것만 못하다.

[持而盈之 不如其已] 지이영지 불여기이

헤아리는 바가 날카롭기만 하다면 오래 가지 못한다. 금과 옥이 방 안에 그득 차면 도둑의 손길에서 지켜 낼 수가 없다. 부귀를 누린다 고 교만하면 스스로 더러운 허물을 남기게 된다. 공이 이루어지면 이 름을 물리치고 물러가는 것이 하늘의 도이다.

〔揣而銳之 不可長保 金玉滿堂 莫之能守 富貴而驕 自遺其咎 功成名逐 身 退 天之道〕 취이예지 불가장보 금옥만당 막지능수 부귀이교 자유기구 공성명축 신퇴 천지도

도움말

간직한 것[持]을 가득 채우는 것[盈]이 왜 무서운 탈을 내는지를 생각해 보게 하 는 장이다. 갖가지 소유욕所有欲 탓으로 인간이 험하게 되고 스스로 더러워지는 것을 짚어 보게 하는 장이다.

취이예지揣而銳之는 칼날이 날카로울수록 오래 가지 못하고 송곳 끝이 날카로울 수록 구멍을 오래 뚫지 못한다는 것을 생각하면 된다.

취揣는 헤아려 본다[量]는 뜻으로 통한다.

구咎는 남에게 짓는 더러운 허물의 뜻으로 새기면 된다.

하늘의 도[天之道]에는 덕 아닌 것이 없다고 하는 것은 그 도가 만물을 낳아 길러 주되 공치사를 하지 않는 까닭이다. 이러한 연유로 공치사를 삼가는 것은 덕에 가깝다고 한다. 공치사를 하는 것은 자기를 앞세우는 짓이고 높은 자리에 있는 자가 논공행상論功行賞을 앞세우면 어린이에게 사탕을 물리고 부려먹는 짓이나 다를 바가 없다.

제10장 무위無爲는 어떻게 작용하나

무위를 터득하라

무위자연無爲自然은 도道를 풀이해 주는 말이다. 그러므로 무위나 자연은 같은 뜻으로 이해해도 된다. 그냥 그대로 작용한다는 것이 무위이고 그냥 그대로 있다는 것이 자연이다. 말하자면 사람의 뜻에 따라 작용하는 것[人爲]이 아니고 사람의 바람에 따라 무엇이 있는 것도 아님[自然]을 말하기 위해 무위자연無爲自然이라고 한 셈이다. 결국 무위자연은 무엇인가? 노자의 말을 빌리면 도道의 모습이고 작용이다.

노자는 도의 모습을 다음처럼 풀어 주고 있다.

만물을 분별하지 않고 하나로 안고 있는 도에서 떠나지 않을 수 없는가[載形抱一 能無離乎]?

재형포일載形抱一의 재형載形은 존재하게 된 모든 생명을 말한다. 즉 재형은 만물을 뜻하는 셈이다. 재형載形의 형形은 드러나게 된 것을 뜻하는 까닭이다. 맨 처음으로 드러나게 하는 것을 태시자太始者라 하며 그 태시자를 형形이라고 한다.

재형포일의 포일抱一은 만물을 이것저것으로 분별하지 않고 하나로 본다는 뜻으로 통한다. 장자의 말을 빌린다면 포일은 제물齊物에 해당될 것이다. '만물은 하나이다' 라는 것은 만물은 다 같다는 뜻이며 평등하다는 것이다. 도는 만물을 하나로 안고 있는데 오직 인간만이 이것저것 분별하여 시비를 걸게 된다는 것이 인위人爲가 아닌가!

그러므로 재형포일은 도의 모습을 해명하고 있는 셈이다. 현대인은 노자가 밝혀 주는 도를 생각할 때 무엇보다 존재의 자유와 평등을 떠올려 새겨 두어야 한다. 도는 만물을 낳되 그 만물을 분별하여 상하를 매김하거나 귀천을 따져 서열을 정하지 않는다. 이를 포일抱一이라고 이해하면 된다.

나는 나를 여의었노라〔吾喪我〕. 이렇게 밝힌 자기子綦라는 사람이 있었다. 어느 날 한 사람이 자기를 찾아갔을 때 가만히 앉아 있는 자기가 마치 고목의 등걸처럼 보였다고 한다. 자기는 돌처럼 아무 움직임 없이 앉아 있었던 모양이다.

자기는 찾아온 이에게 다음처럼 중얼거렸다.

"천지에 바람이 불면 온갖 것들이 제 구멍이 생긴 대로 소리를 낸다. 그러나 바람이 자면 온갖 구멍들은 소리를 내지 않는다."

그리고는 "그대는 인간의 소리를 들었느냐?"고 방문객에게 물었다.

방문객이 벙어리처럼 말이 없자 자기는 다시 "그대는 땅의 소리를 들었느냐?"고 되물었다. 이번에도 방문객이 멍하니 있자 또다시 자기는 "그대는 하늘의 소리를 들었느냐?"고 물었다. 방문객은 뭐라 말할 수가 없었던지 여전히 꿀먹은 벙어리처럼 우두커니 서 있기만 했다.

"나는 지금 하늘의 소리를 듣고 있는 중이다. 그리고 나는 나를 여의고 말았다."

이렇게 자기는 방문객에게 중얼거리고 말문을 닫았다고 한다.

자기子綦는 아마도 자기自己를 잊어버리고 산다는 것을 하늘의 소리를 듣는 중이라고 중얼거렸던 것이다. 허공에 바람이 불면 만물은 만물 나름대로 저마다 소리를 낸다. 나뭇잎 소리, 풀잎 소리, 물소리, 바위 소리 등 온갖 소리들이 울린다. 그렇게 저마다 내는 소리란 바람이 부는 까닭일 뿐 저마다 달라서 다른 소리를 내는 것이 아님을 자기는 말하고 싶었던 것이다. 이는 존재하는 것이면 무엇이든 다 같다는 해석일 것이다. 내가 없는 것[無己]이나 나를 여의었다는 것[吾喪我]이나 모두 잊고 앉아 있다는 것[坐忘]이나 모든 번뇌를 넘어선 까닭에 고요하기가 이를 데 없다는 것[入定] 등은 모두 도道를 떠나지 않고 산다는 뜻이 아닌가!

현대인은 자기子綦 같은 존재이기를 부정否定한다. 왜냐하면 현대인은 무엇이든 자기중심自己中心으로 생각하고 행동하면서 자연을 잊고 물질만 따지며 마치 자기自己라는 존재가 절대가 되어야 한다고 주장하기 때문이다.

그래서 현대인은 분별과 시비의 병에 걸려 신음하고 경쟁하고 싸우며 서로 승패를 가름하는 적수인 것처럼 긴장한다.

이러한 현대인에게 가장 절실하고 확실한 처방은 무엇일까? 노자의 도에 안겨 보는 것이다. 그러면 현대인의 마음속 아픔들이 서서히 줄어들 것이다.

갓난아이가 될 수 없는가

참다움[義]이 있고 이로움[利]이 있다. 선함[善]이 있고 악함[惡]이 있다. 옳은 것[是]이 있고 그른 것[非]이 있다. 이런저런 분별들은 모두 인간이 지닌 심리心理의 욕망들이다.

인륜人倫의 규범을 아무리 둔다 할지라도 이러한 욕망들을 인간 저마다의 뜻에 따라 저울질하려고 하므로 그 규범에 대한 수용은 형형색색으로 드러나게 된다. 이쪽이 희다고 하면 저쪽은 검다고 하는 경우가 흔하게 된다. 그래서 인간은 심란心亂의 고통을 겪는 것이다.

노자는 인생을 고苦라고 단정하는 것도 인간의 짓에 불과하다고 본다. 자연의 도가 그렇게 하는 것은 아닌 까닭이다. 그래서 노자는 다음처럼 반문하고 있다.

생명의 기운을 고스란히 받아 부드러움이 지극하여 갓난아이같이 될 수 없는가[專氣致柔 能嬰兒乎]? 씻고 털어 내 맑은 거울처럼 마음에서 때를 벗겨 낼 수 없는가[滌除玄覽 能無疵乎]?

티나 먼지가 붙어 때가 끼면 거울은 제 구실을 못한다. 사물을 비쳐 주는 거울은 맑고 깨끗해야 한다. 욕심에 눈이 멀어 볼 줄을 몰랐다고 하는 것은 욕심이 마음을 장님으로 만들었다는 뜻이다. 이처럼 욕심은 저만 보고 세상을 볼 줄 몰라 수렁에 빠지는 경우가 많다. 세상이 수렁이 아니라 욕심이 수렁인 줄을 모르고 세상을 탓하는 것은 마음이란 제 속의 거울을 씻어 내고 털어 낼 생각은 못하고 쪼개 버리는 어리석음을 범하고 만다. 이렇게 하여 인간은 고통을 사서 겪게 된다.

티 하나 없이 맑고 깨끗한 마음은 갓난아이의 마음일 것이다. 갓난아이는 연약하기 짝이 없는 핏덩이에 불과하다. 그러나 갓난아이의 마음자리에는 인간은 없고 자연만 있을 뿐이다. 생명 그 자체일 뿐 의식意識으로 생명을 꾸미거나 조작하지 않는 것이 갓난아이의 마음이다. 성인成人이 이러한 갓난아이의 마음자리를 닮자고 하면 누구나 성인聖人이 된다는 것이 노자의 생각이다.

바늘 같은 억센 털을 뒤집어쓰고 있는 엉겅퀴 잎새는 맨손으로 만질 수 없다. 그러나 그 엉겅퀴의 잎새도 떡잎일 때는 갓난아이의 손등처럼 연약하다. 살쾡이의 송곳니는 장독에 구멍을 낼 만큼 단단하고 뾰족하다고 한다. 그러나 살쾡이 새끼는 생쥐만 한 것이 유순하기 짝이 없다. 이처럼 생명이 시작되는 그 자체는 연약하고 부드럽다. 인간도 예외가 아니다.

갓난아이가 세상에 나오면 하루 만에 새카만 배냇똥을 싼다. 그리고 산모의 젖꼭지에 입을 대 주면 빨 줄을 안다. 배워서 그렇게 하는 것이 아니다. 갓난아이가 어미의 젖꼭지를 물고 빠는 것은 암소의 자궁에서 나온 송아지가 네 발로 땅을 짚고 나면 맨 처음 하는, 엄마소의 젖통을 찾아가는 것과 다를 바가 없다. 갓난아이의 생명이나 송아지의 생명은 다 자연의 것이기 때문이다.

그러나 갓난아이가 한 돌을 지나면 일을 저지르기 시작한다. 돌쟁이의 일 저지르기는 인간의 짓거리를 시작하는 것이다. 송아지도 한철만 지나면 어디서나 뒷발질을 해 심통을 부린다. 못난 송아지 엉덩이 뿔난다고 하지 않는가!

갓난아이가 두 돌만 지나면 눈치를 볼 줄 안다. 이쯤 되면 심술을 부리기 시작하는 셈이다. 실수를 저질러 놓고 어머니가 왜 그랬느냐고 따지면 두 돌쟁이는 제가 하지 않았다고 시치미를 뗀다. 자연의 갓난아이가 자연과 멀어지는 인간이 되기 시작하는 것이다. 이렇게 인간의 심리는 일찍부터 저에게 좋게 되는가 나쁘게 되는가를 따져 마음을 쓴다. 갓난아이의 맑았던 마음자리에 때가 끼기 시작하는 것이다. 그리고 인간은 사나워지고 거칠어지며 강해야 한다고 객기를 부린다.

노자는 인생의 화근禍根이 인위人爲에 있다고 보았다. 인간들은 약한 것[弱]보다 강한 것[强]을, 부드러운 것[柔]보다 단단한 것[剛]을 탐한다. 이를 인간의 욕망이라고 한다. 그러나 노자는 유약승강강柔弱勝强剛이라고 밝힌다. 유약柔弱이 강강强剛을 이긴다. 그래서 노자는 이기는 것이 지는 것이요, 지는 것이 이기는 것이라 했고 도의 작용은 유약이다[道之用柔弱]라고 한 것이 아닌가! 마음속을 갓난아이의 마음처럼 하라는 말은 결국 인위의 욕망을 마음에서 벗겨 내라는 말과 통하는 셈이다.

무위의 마음은 어머니와 같다

힘으로 세상을 다스리는 것을 패도覇道라고 한다. 덕으로 세상을 다스리는 것을 왕도王道라고 한다. 유가儒家는 왕도를 자주 언급하지만 도가道家는 왕도라는 말을 하지 않는다. 왜냐하면 왕도일지라도 인간만을 위해 세상을 다스린다는 것[政治]이지 천지天地의 만물과 어울리기 위한 것은 아니라고 도가道家는 여기기 때문이다.

그러나 노자가 나라를 부정하고 백성을 부정하는 것은 아니다. 도道가 크고 하늘[天]도 크고 땅[地]도 크고 사람[人]도 크다. 이렇게 노자는 사대四大를 제시하고 있다.

사람이 크다는 것은 자연의 도를 벗어나지 않음을 전제로 한다. 그

러나 인간은 한사코 자연의 도를 멀리 떠나려고만 한다. 이렇게 어긋
남이 곧 인위人爲인 것이다. 인위는 유위有爲이다. 이러한 유위를 벗
어나 무위無爲로 돌아가자고 노자는 다음처럼 말하고 있다.

백성을 사랑하고 나라를 다스리는 데 조작하는 짓을 없앨 수 없는
가〔愛民治國 能無爲乎〕? 하늘의 문을 열고 닫는 데 암컷이 될 수 없는가
〔天門開闔 能爲雌乎〕? 명백이 사방으로 두루 통하는 앎은 없는가〔明白四
達 能無知乎〕?

정치를 무위無爲로 할 수 없느냐고 노자는 묻고 있다. 무위란 말은
하는 짓이 없다는 뜻이다. 여기서 하는 짓이란 어긋난 짓이나 탈을
내는 짓이나 상처를 내 아프게 하는 모든 인간의 짓들을 말한다고 보
아도 된다. 정치를 두고 말하자면 권모술수 따위를 짓지 않고 모든
백성을 골고루 사랑하는 정치를 하면 그것이 곧 무위의 정치라고 할
수 있는 것이다. 그러므로 무위의 정치는 세상을 고르게 다스린다는
것이다. 그렇게 정치를 하면 파당을 지어 권모술수를 쓰고 여야與野가
갈려 대권을 놓고 서로 자기 측이 잡아야 한다고 아웅다웅할 일은 없
을 것이 아닌가! 나라를 다스리는 데 백성을 사랑하는 것보다 더한
것은 없다. 정치란 무엇인가? 백성을 사랑하고 나라를 다스리는 것이
다. 이를 그대로 다하는 정치를 무위의 정치政治라고 여기면 된다.

난세亂世에는 유언비어가 판을 친다고 했던 옛말이 틀림없다. 조선조
연산군 시절에도 수많은 유언비어가 떠돌았다는 기록들이 많다. 나라
를 다스리는 일이 잘못되면 백성의 입질에 오르게 마련이다. 그러한
입질은 바람처럼 백성의 입을 타고 돌아다닌다.

연산군 때 만손야재萬孫也哉라는 비어誹語가 유행했다. 자기가 바로 양

평군襄平君이라고 떠들며 다녔던 만손이란 자가 있었다. 만손은 스스로 조정에 찾아가 양평군에게 사약을 내렸을 때 유모가 속여서 양갓집 아들 중에서 양평군과 비슷한 자를 대신 죽게 했으며 실제 양평군은 바로 자기라고 고변을 했다. 양평군은 연산군의 아들이었다. 그러나 조정에서 조사를 해 본 결과 거짓임이 판명되어 만손은 죽임을 당하고 말았다.

이 대통령 시절에는 가짜 이강석이 나타나 지방을 떠돌아다니며 방백 方伯들에게 직사 대접을 받으며 사기를 치고 돌아다니다 붙들렸다. 이 강석은 이 대통령의 양자였다. 가짜 이강석은 감옥으로 끌려가면서 그동안 찾아간 방백들마다 자신에게 잘 봐 달라며 별의별 아양을 다 떨더라고 실토했다.

연산군의 아들이라고 빙자했던 만손이나 이 대통령의 아들이라고 사칭했던 가짜 이강석이나 다를 바가 없다. 자유당 시절 '나 이강석이오'란 비아냥이 사람들의 입질로 떠돌았다. 나라가 쇠하거나 망하려면 그런 조짐이 보인다. 그러면 백성들은 그 징후를 먼저 알고 그것을 비어卑語로 만들어 조롱한다.

5.16 군사 쿠데타 이후에는 '새벽에 한강을 건넜는가'란 비어가 유행했다. 함께 건넜으면 출세할 것이란 조롱이었다. 5공이 문을 열자 일 년도 못 되어 '싹쓸이야'란 비어가 바람처럼 몰려다녔다. 그리고 식인종 시리즈, 참새 시리즈, 입 큰 개구리 시리즈 등이 당시 세태를 조롱하며 떠돌았다. 이는 모두 세상이 잘못되어 가고 있다는 조짐들이었다.

연산군 때는 노고盧古 시리즈가 있었다. 견소의로고見笑矣盧古, 구질기로고仇叱其盧古, 패아로고敗阿盧古 등이 그것이다. 이를 묶어서 그 당시 백성들은 삼합로고三合盧古라고 했다. 하는 일마다 어긋나 웃기네 견소의로고, 행동이 거칠고 더럽네 구질기로고, 망할 수밖에 없다네 패아로고 이러한 비어들이 백성의 입질에서 떠나지 않을 때 정치는 인위에 의해서 권부權府가 권세의 복마전이 되어 끼리끼리 다 해먹어 치운다는 분노를 백성들은 조롱거리로 만들어 비웃었던 것이다.

인간 때문에 세상이 험하므로 인간이 자연을 본받아 부드럽게 되면 험한 세상은 사라지게 된다고 노자는 보았던 셈이다. 무엇이 세상을 험하게 하는가? 인간의 마음이 그렇게 하는 것이다. 그러므로 인간이 제 마음을 어떻게 간직해야 하는가에 대하여 무위의 마음을 간직하면 된다고 응답하고 있다. 연산군이 포악한 것은 연산군의 심사心事 탓이다. 못된 심사를 부리는 자가 임금의 자리에 앉았기에 세상을 도살장쯤으로 여기고 사람의 목을 무 자르듯이 한 것이 아닌가!

무위의 마음은 어떤 것일까? 하늘의 문을 열고 닫는 데 암컷이 될 수 없는가[天門開闔 能爲雌乎]? 명백이 사방으로 두루 통하는 앎은 없는가[明白四達 能無知乎]? 이렇게 노자는 반문하면서 응답하고 있다.

인간을 심신心身이라고 할 때 마음이 몸을 떠받치는 근본이라고 생각하는 것이 동양 사상의 보편성이다. 사람의 마음을 천심天心이라 하고 천문天門이라고 한다. 천문이 열고 닫힘[開闔]은 마음의 씀씀이[心事]를 말한다. 그 씀씀이가 암컷[雌] 같을 수 없느냐는 노자의 물음은 어머니의 마음을 떠올리게 한다. 도道를 곡신谷神으로 비유했고 곡신을 현빈玄牝으로 비유했던 노자가 아니었던가! 현빈은 신비로운 암컷[雌]이다. 암컷은 편안하게 하고[安], 고요하게 하며[靜], 부드럽고[柔], 연약함[弱]을 두루 갖추어 도道에 가깝다고 노자는 보았던 셈이다. 세상을 다스리는 마음이 어머니[雌] 같다면 전쟁은 일어나지 않을 것이고 빈익빈貧益貧 부익부富益富의 부조리도 없어질 것이 아닌가!

　명백明白은 무위의 마음을 비유해 준다. 마음의 빛을 지혜知慧라고 한다. 허튼짓을 하지 않는 마음이 지혜로운 마음이다. 이러한 마음씨를 혜조慧照라고 한다. 혜조는 언제나 맑고 밝아 명백明白으로 통한다. 거짓이나 꾸밈이나 술수가 없는 마음은 명백한 마음인 것이다. 명백한 마음씨는 무엇에도 걸릴 것이 없다. 하늘을 우러러 한 점 부끄러움이 없는 마음이 곧 명백사달明白四達의 마음이다. 사달이란 사방 어디든 통하고(通), 사방 어디든 이르고(達), 거리낌이 없는 것(無碍)이다. 불가佛家에서는 사달을 허정원명虛靜圓明이라고 밝히기도 한다. 텅 비고 고요하고 둥글어 모나지 않고 밝은 마음씨가 갓난아이의 마음이 아닌가! 본래 인간의 마음은 순박한데 인위의 지知가 때를 묻힌다고 노자는 보았다. 인위의 지知는 잔꾀를 부리고 무위의 지知는 꾀를 부리지 않는다. 그러므로 노자가 말하는 무지無知는 무식한 것을 말하는 것이 아니라 사랑하는 방법을 알고 있는 지혜를 말한다. 정치를 하려면 이러한 지혜로 하라고 노자가 선언해 둔 셈이다. 그러나 이러한 노자의 당부를 귀담아 들을 줄 아는 치자治者가 없다. 그래서 세상은 백성들로 하여금 밤새 안녕했느냐고 묻게 한다.

지극히 큰 덕은 무엇을 하나

　상을 받기 위하여 열심히 일하는 사람보다 열심히 일을 해서 상이 저절로 찾아와 받게 된 사람이 더욱 돋보인다. 앞 사람은 상이 탐이 나 수작을 부려 상 타는 광대와 같고 뒤의 사람은 나무가 때가 되면 꽃을 피우는 것과 같다. 나뭇가지에 달린 꽃송이는 그 나무가 보여 주는 꽃과 같다. 이처럼 덕이란 생명의 출발을 닦는다. 꽃이 피어야 열매를 맺고 열매를 맺어야 씨앗이 생기는 것이 아닌가! 이렇게 생명이 이루어지는 모습을 덕이라고 보아도 된다. 왜냐하면 덕은 목숨을 이롭게 보살펴 주는 것이기 때문이다.

자연의 도가 모습을 보이면 덕이다. 한 마리의 지렁이도 덕이고 한 잎의 풀잎도 덕이다. 무엇 하나 자연이 아닌 것은 없다. 그러나 인간에 의해서 물질이란 것이 생겼다. 물질은 천지에서 모조리 훔친 것이다. 그러므로 물질은 무엇이든 장물에 속한다. 장물을 나누어 갖자니 논공행상을 따지게 되고 논공행상에 따라 각각의 몫을 나누어 내 것이냐 네 것이냐로 소유권所有權 다툼을 한다. 이러한 공치사가 탈을 낸다. 그래서 노자는 다음과 같이 덕을 밝혀 준다.

낳아 주고 길러 준다[生之畜之]. 그러나 낳아 줄 뿐 갖지는 않는다[生而不有]. 일을 하지만 대가를 바라지 않고[爲而不恃], 자라게 하면서도 주재하지 않는다[長而不宰]. 이를 깊고 넓어 신비로운 덕이라고 한다[是謂玄德].

현덕玄德은 자연의 도를 풀이해 주는 말이다. 이미 앞에서 노자는 도가 하는 일을 위와 같이 밝힌 적이 있다. 도가 하는 일이 곧 덕으로 나타나므로 현덕을 달리 풀이할 필요가 없는 셈이다. 유가儒家는 인간이 도를 능히 넓힐 수 있다[人能弘道]고 하지만 도가道家는 이를 비웃는다. 왜냐하면 인간은 도를 팔아 못된 짓을 다하고 덕을 팔아 악한 짓을 수시로 하는 까닭이다. 얌전한 개가 부뚜막에 먼저 오른다고 하지 않는가? 호박씨를 심는 체하면서 뒤로 까 버리는 짓을 범하는 것이 인간이다. 이처럼 인간은 겉으로는 덕을 내세우며 속으로는 부덕不德을 쌓는다. 그러니 인간이 덕을 넓힌다고 말하는 것보다 자연의 모습대로 따르면 그것이 곧 덕이 아니냐고 노자는 반문한다.

버려진 고아들을 데려다가 기르는 복지원을 설립해 세상을 훈훈하게 한다고 칭송을 받았던 한 원장이 있었다. 그러나 그 복지원장이 갑자기 쇠고랑을 차면서 세상을 떠들썩하게 했다.

고아들을 보살핀 것이 아니라 미끼로 삼아 치부致富의 수단으로 이용한 것이 탄로가 나 버린 것이다. 나라에서 받은 보조금도 제 아들딸의 유학 자금으로 착복했고 구호 단체 등에서 들어오는 구호품을 암시장에 내다 팔아 사업비로 돌렸고 불쌍한 여자 아이들은 나이가 차면 불러 성폭행을 일삼았다는 것이다. 이렇게 파렴치한 원장을 두고 세상은 개돼지 같은 놈이라고 욕을 퍼부었다. 왜 개돼지를 욕하는가! 개나 돼지는 훔칠 줄도 모르고 거짓도 모른다. 훔치고 거짓을 부리고 공치사를 일삼는 것은 인간밖에 없다.

고아를 모아 기른다고 갖은 생색을 내면서 공치사를 했던 그 자는 결국 못된 짓거리 탓으로 감옥에 갔지만 더러운 인간성은 그대로 남아 있는 것이나 같다. 인간이 부끄러울 뿐이다.

인간성은 본래 선하다고 한 맹자의 말과 인간성은 본래 악하다고 한 순자의 말을 합쳐 인간을 바라보아야 하는 것이 아닌가 싶다. 인간성에는 선악이 함께하고 있는 것으로 짐작되는 까닭이다.

노자의 말들은 인간이 짓는 일들이 다 탈을 내는 것은 무엇이든 소유하려는 데 있음을 깨우치게 한다. 그래서 갖지 않는다〔不有〕는 노자의 지적에서 덕의 참뜻을 살필 수 있는 실마리를 얻게 된다.

현덕玄德은 인간에게 무엇을 깨우치게 하는가? 생활인은 그 덕을 베풀어 주되 갖지 않는다는 것을 생각과 행동으로 새겨 두어야 할 것이다. 그러므로 노자가 밝힌 깊고 깊어 신비롭다는 현덕玄德은 일상의 생활에서 부끄러움을 씻어내 주는 즐거운 자유라고 보아도 된다.

![원문의역]

만물을 분별하지 않고 하나로 안고 있는 도에서 떠나지 않을 수 없는가?

〔載形抱一 能無離乎〕 재형포일 능무리호

생명의 기운을 고스란히 받아 부드러움이 지극하여 갓난아이같이 될 수 없는가? 씻고 털어 내 맑은 거울처럼 마음에서 때를 벗겨 낼 수 없는가?

〔專氣致柔 能嬰兒乎 滌除玄覽 能無疵乎〕 전기치유 능영아호 척제현람 능무자호

백성을 사랑하고 나라를 다스리는 데 조작하는 짓을 없앨 수 없는가? 하늘의 문을 열고 닫는 데 암컷이 될 수 없는가? 명백이 사방으로 두루 통하는 앎은 없는가?

〔愛民治國 能無爲乎 天門開闔 能爲雌乎 明白四達 能無知乎〕 애민치국 능무위호 천문개합 능위자호 명백사달 능무지호

낳아 주고 길러 준다. 그러나 낳아 줄 뿐 갖지는 않는다. 일을 하지

만 대가를 바라지 않고, 자라게 하면서도 주재하지 않는다. 이를 깊고 넓어 신비로운 덕이라고 한다.

〔生之畜之 生而不有 爲而不恃 長而不宰 是謂玄德〕 생지축지 생이불유 위이불시 장이부재 시위현덕

도움말

욕심을 없애고 수작을 부리지 않아야 일신과 나라가 편하다는 것을 깨우치게 하는 장이다. 동양 사상은 사람의 몸이 있다는 것은 나라가 있다는 것과 같다고 보았다. 내 몸이 따로 있고 나라가 따로 있다고 보는 것은 결국 백성이 따로 있고 나라가 따로 있다는 생각으로 통한다. 정치가 잘못되는 것은 나라와 백성이 따로 등지고 있을 때이다.

재형포일載形抱一의 재형載形을 재영백載營魄으로 표기한 《노자》도 있다. 선인先人들은 몸〔身〕을 혼백魂魄을 싣고 있는 수레〔車〕라고 생각했다. 혼魂은 간에 있고 백魄은 폐에 있어서 몸이 살아 있다고 보았다. 이러한 몸을 진토眞土라고 불렀다. 혼백은 정신을 말한다. 정신이 진토에 머물러 있다는 것은 생명을 싣고 있는 몸을 오행五行 : 木金火水土의 기본으로 보았던 것이다. 진토는 목금화수木金火水를 절묘하게 조화시켜 생명을 누린다고 본 셈이다. 여기서 인간이 곧 천지라고 보았던 판단을 헤아릴 수 있다.

재형포일載形抱一의 포일抱一은 도道를 안고 있음을 뜻한다. 왜냐하면 도가 일을 낳는다〔道生一〕고 노자가 밝혔기 때문이다. 일一은 모든 만물을 낳는 힘〔氣〕을 뜻한다. 무엇이든 존재하는 것이면 그 하나에서 나왔으므로 존재를 분별하지 말라는 뜻으로 포일을 새겨도 된다.

척제현람滌除玄覽의 현람玄覽은 보이지 않는 것이 없고 들리지 않는 것이 없어서 과거의 모든 것을 두루 알고 지금의 것을 두루 통한다는 뜻으로 새겨질 것이고 그렇게 하는 거울 같은 것으로 비유해도 무방하다.

천문개합天門開闔의 천문天門은 천심天心으로 새겨도 된다. 인심人心은 천심이라고 보았으므로 천문을 사람의 마음으로 보아도 된다. 장자는 천문에는 유가 없고 만물은 유가 없는 것에서 나온다〔天門無有 萬物出於無有〕고 보아 마음의 씀씀이가 자연스럽지 않으면 천문은 열리지 않는다〔以其心爲不然 天門不開也〕고 했다.

자雌는 암컷을 뜻한다. 현빈玄牝과 생명을 낳는 모母를 연상하게 한다. 현덕玄德은 무위無爲의 작용을 밝혀 주고 있다.

제11장 무無로써 유有가 쓰인다

텅 빈 것의 쓰임새를 아는가

현대인은 유有만 앞세우지 무無에 관심을 두려고 하지 않는다. 인간의 존재를 마음[心]과 몸[身]의 융합이라고 할 때 몸이 유有에 가깝다면 마음은 무無에 가깝다. 몸은 실물實物이지만 마음은 실물이 아니다. 마음은 공간을 차지하지 않으며 시간을 소유하지도 않는다. 그래서 없는 것이 있는 것을 작용하게 한다는 말을 현대인은 들으려고 하지 않는다. 그러나 마음이 없는 몸을 인간이라고 할 수 있을까? 없다.

시비是非나 소송訴訟이 붙었을 때는 마음을 믿어 달라고 해도 소용없다. 판관은 물증物證을 증거로 해서 판결을 내린다. 인간이 인간의 마음을 믿지 못하는 것보다 더 무서운 일은 없다. 그러나 현대인은 이러한 사건을 당연한 것으로 착각하며 산다. 노자의 다음과 같은 말을 들어 보면 무無를 몰랐던 사람들은 놀라게 될 것이다.

서른 개의 바퀴살이 모두 바퀴 구멍 주위로 모이고 바퀴 구멍이 있으므로 수레의 쓰임새가 있다[三十輻 共一穀 當其無 有車之用]. 진흙을 이겨서 그릇을 만드는데 그릇 속이 비어 있으므로 그릇의 쓰임새가 있다[埏埴以爲器 當其無 有器之用]. 벽을 뚫어 외짝문과 창을 내야 방이 되는데 빈 곳이 있어야 방의 구실을 한다〔鑿戶牖以爲室 當其無 有室之用〕. 그러므로 있는 것으로써 이로움을 삼고 없는 것으로써 작용을 삼는다〔故有之以爲利 無之以爲用〕.

무無는 없는 것이므로 허虛이다. 허무虛無가 없다면 실질實質도 존재할 수가 없다. 터가 없다면 집을 지을 수 없고 허공이 없다면 땅도 있을 수 없다. 우주가 떠 있으므로 만물도 떠 있는 셈이다. 무엇에 떠 있단 말인가? 허공虛空에 떠 있는 것이다. 그러나 사람들은 무엇인가 뜻대로 되지 않으면 허무하다고 한숨을 쉰다. 노자는 이를 비웃고 있는 중이다. 무엇이든 쓸모가 있고 이로운 것은 빈 것〔虛〕을 떠날 수 없다. 노자는 이러한 지혜를 현대인에게 상기시킨다.

바퀴는 그 가운데 구멍이 없으면 바퀴 구실을 못한다. 바퀴라는 유有가 구멍이 없으면 축을 넣을 수 없어 수레바퀴가 될 수 없는 것이다. 그러나 사람들은 바퀴만 알려고 하지 바퀴 구멍의 허를 모른다.

그릇은 무엇을 담을 수 없으면 그릇이 아니다. 그릇에 무엇을 담으려면 속이 비어 있어야 한다. 그러나 사람들은 그릇만 보고 그릇 속이 비어 있음을 모른다.

어느 방이나 들고 나는 문이 있어야 하고 빛과 바람을 들고 나게 하는 창이 있게 마련이다. 그리고 방 안이 비어 있지 않다면 방 안에 들어가 살 수가 없다. 그러나 사람들은 방만 알지 방 안이 비어 있음은 모른다.

이처럼 사람들은 무無의 허虛를 모르고 실實만을 탐한다. 인간의 욕망이란 무엇인가? 그득히 찬 것〔盈〕만을 좋아하고 텅 빈 것〔虛〕을 모르는 심리가 곧 욕망이 아닌가! 앞에서 읽은 현덕玄德이란 곧 무無의 덕이며 허虛의 덕이 아닌가!

벌어 놓은 돈을 흥청거리며 오래 쓰고 살자면 몸이 건강해야 한다. 이렇게 선언하면서 매일 헬스클럽에서 사는 사람들이 많다고 한다. 핸드폰 하나만으로 사업을 앉아서 다 한다는 그들은 주로 돈놀이꾼이라고 한다. 돈으로 돈을 버는 사람들은 세상을 돈으로만 바라본다. 본래 돼지 눈에는 돼지만 보이는 까닭이다.

그러나 그들도 죽으면 돈 한 푼 못 지니고 저승으로 간다는 것만은 안다. 그래서인지 몸이 건강해야 돈맛을 누린다고 칭얼대며 보약을 먹어 몸을 돌보아야 한다고 아우성인 것이다.

사채꾼들에게 어떤 사람이 부자냐고 물으면 돈이 많은 사람이 부자라고 잘라 말할 것이다. 그렇다면 돈 욕심이 제일 많은 자에게 부자가 될 수 있는 확률이 제일 높은 것이냐고 물으면 그렇다고 단언한다.

욕심이 없는 자가 부자이고 다툼을 하지 않는 자가 제일 강하다는 말은 거짓말이라고 외면되고야 만다. 운동을 하고 보약을 먹어 몸은 건강할는지 모르지만 마음속에는 돈 욕심이 그득히 차 빈틈이 없어 마음이 썩고 있음을 사채꾼은 모른다. 돈이 많으면 도둑이나 사기를 당할까 봐 마음이 불편해도 몸은 편하다고 돈부자들은 주장한다. 손톱 밑이 곪으면 당장 알아도 간장이 곪은 것은 오래 있어야 안다. 이처럼 텅 빈 마음이 건강하게 한다는 지혜를 거짓말이라고 믿는 자에게 무에 관해서, 허에 관해서 아무리 이야기를 들려주어도 보약인 줄 모른다.

우주 만물은 허중虛中에 있다. 우주가 허虛에 있으므로 움직일 수 있는 것이다. 태양도 돌고 지구도 돌고 달도 돈다. 모두 허공에 떠 있는 까닭이다.

무엇이 이렇게 돌게 하여 봄, 여름, 가을, 겨울을 주고 따뜻함과 추움을 번갈아 주면서 만물을 자라게 하는가? 그렇게 하는 것을 도라고 밝힌 자가 노자이다. 있는 것은 없는 것에서 생긴다〔有生於無〕고 우리들에게 가르쳐 주었던 노자는 무無의 작용 때문에 유有가 작용함을 밝혀 준 셈이다.

그러나 현대인은 이러한 지혜를 잊고 살기 때문에 욕망이란 감옥 속에서 스스로 옥살이를 하는 것이 아닌가! 자유를 원하는가? 그렇다면 먼저 마음속을 텅 빈 방처럼 간직하려고 하라.

원문의역

서른 개의 바퀴살이 모두 바퀴 구멍 주위로 모이고 바퀴 구멍이 있으므로 수레의 쓰임새가 있다. 진흙을 이겨서 그릇을 만드는데, 그릇 속이 비어 있으므로 그릇의 쓰임새가 있다. 벽을 뚫어 외짝문과 창을 내야 방이 되는데, 빈 곳이 있어야 방의 구실을 한다. 그러므로 있는 것으로써 이로움을 삼고, 없는 것으로써 작용을 삼는다.

〔三十輻 共一轂 當其無 有車之用 埏埴以爲器 當其無 有器之用 鑿戶牖 以爲室 當其無 有室之用 故有之以爲利 無之以爲用〕 삼십복 공일곡 당기무 유 차지용 연식이위기 당기무 유기지용 착호유이위실 당기무 유실지용 고유지이위리 무지이위용

도움말

제11장은 무위無爲의 작용이 무엇인가를 풀이해 주고 있다. 빈 것〔虛〕의 쓰임새를 빌려서 무위의 작용을 풀이하고 있다. 무위의 작용을 무지無之라고 하며 인위의 작용을 유지有之라고 한다. 있는 것〔有〕으로써 이로움〔利〕을 삼고 없는 것〔無〕으로써 작용〔用〕을 삼는다〔有之以爲利 無之以爲用〕는 것이 곧 무위의 작용이다. 제6

장의 곡신谷神과 현빈玄牝을 떠올리면 이해가 쉽다.

복輻은 수레바퀴의 살을 말한다. 삼십복三十輻은 바퀴 하나에 달린 서른 개의 살을 뜻한다.

곡轂은 바퀴 중앙의 빈 구멍을 말한다. 그 구멍에 축軸을 넣어야 수레바퀴는 굴러간다. 구멍은 빈 것[虛]이다. 빈 구멍이 없으면 바퀴는 쓸모가 없다.

기器는 겉은 있는 것[外有]이고 안은 없는 것[內無]을 말한다. 여기서 내무內無란 무엇을 담을 수 있게 그릇 안이 비어 있음을 뜻한다. 그릇의 내무가 없다면 그릇의 쓸모는 없다.

제12장 물욕物欲이 나를 망하게 한다

현혹당하지 마라

공작새는 제 꼬리를 뽐내다 동물원 우리 안에서 옥살이를 한다. 공작새 깃털의 색깔이 사람의 눈을 현혹하므로 사람들은 공작새를 사로잡아 우리 안에 넣어 두고 구경거리로 삼는다.

카나리아는 제 목소리를 뽐내다 조롱에 갇혀 옥살이를 한다. 카나리아는 목청이 고와 사람의 귀를 현혹하므로 사람들은 카나리아를 산 채로 잡아다 조롱에 넣어 거실에 걸어 두고 구경거리로 삼는다.

용봉이란 새는 고기맛이 일품이어서 그 씨가 말라 가고 있다. 용봉의 살맛이 향기로워 사람의 입을 현혹하므로 사람들이 용봉을 잡아다 용봉탕을 끓여 최상의 먹을거리로 삼는 통에 씨가 말라 간다.

색깔을 밝히다 공작새 꼬리처럼 되어 버린 인간형도 있고, 소리에 귀가 멀어 카나리아 신세처럼 험하게 망해 버린 인간형도 있고, 입맛에 혀가 녹아나 못할 일에 얽혀 용봉처럼 붙잡혀 신세를 험하게 망친 인간형도 많이 있다.

이처럼 외물外物에 사로잡혀 스스로 망해 가는 인간들이 이 세상에는 한없이 많다. 인간은 왜 이처럼 망해 가는가? 이에 대하여 노자는 다음처럼 진단을 내리고 있다.

오색은 사람의 눈을 멀게 하고[五色 令人目盲], 오음은 사람의 귀를 먹게 하며[五音 令人耳聾], 오미는 사람의 입을 버리게 한다[五味 令人口爽].

파랑[靑], 노랑[黃], 빨강[赤], 하양[白] 그리고 검정[黑] 등의 색깔을 오색五色이라고 한다. 눈은 무엇을 보기 위하여 자연히 생긴 것이다. 무엇은 보기가 좋고 무엇은 보기가 싫고, 이렇게 보기를 분별하는 것은 눈을 편견으로 이끌어 마음을 멀게 한다. 빛깔에 혹한 눈은 바깥 사물에 현혹될 뿐 마음의 눈이 멀어 가고 있는 줄을 모른다. 빛깔은 신기루와 같은 것이다. 겉일 뿐 속은 아닌 것이 빛깔이다. 겉만 보고 속을 보지 못하면 눈뜬 장님이나 다를 바가 없다. 속을 볼 수 있는 눈은 혜안慧眼이며 혜안은 빛깔을 탐하지 않는다. 마음의 눈을 멀게 하지 말라고 함이 곧 오색령인목맹五色令人目盲인 셈이다.

빛깔과 무늬에 눈이 현혹되지 않는다면 인간은 누구나 수수할 수 있고 꾸미려고 잔꾀를 부리지 않을 것이다. 여인들이 왜 얼굴에 화장을 하는 것일까? 그렇게 하면 예뻐 보이고 남의 시선을 끈다고 스스로 여기는 까닭이다.

주름투성이 얼굴에 아무리 분칠을 해도 그 주름살은 없어진 것이 아니다. 감춰지고 숨겨졌을 뿐이다. 있는 그대로를 감추고 없는 것을 있는 것처럼 하는 것은 허세고 허영일 뿐이다. 이러한 욕심이 없다면 이 세상에는 유행이란 것이 없을 것이다.

몸치장에 정신을 팔면 속이 없는 허수아비와 같다. 눈요기감으로 전락한 인간들은 빛깔과 무늬에 사로잡혀 제 눈에 안경을 쓰고 인생을 광대처럼 요리하고 있는 것이나 다를 것이 없다. 속이 영글고 단단한 사람은 겉치장 따위에는 신경을 쓰지 않는다. 겉치장은 거추장스럽고 불편할 뿐 마음을 편하게 해 주지 못한다. 멋있게 보이자고 스스로를 불편하게 하는 것보다 더 어리석은 족쇄는 없는 것이 아닌가! 겉눈이 밝으면 속눈이 장님이 된다는 것을 모르면 누구나 눈뜬 장님이 된다.

겉눈이 밝을 것이 아니라 마음속의 눈이 맑아야 한다. 빛깔에 혹해 볼 것을 그대로 보지 못하면 빛 좋은 개살구의 속뜻을 헤아릴 수 없으며 욕심이 앞서면 눈이 가려 있는 그대로를 볼 수가 없다. 이렇게 되면 밝은 눈이면서도 장님과 같다.

궁宮, 상商, 각角, 치徵, 우羽를 오음五音이라고 한다. 오음은 동양의 음악을 만들어 주는 소리이다. 그리고 오음은 이념화된 소리이다. 즉 궁은 흙의 소리[土聲]로 임금[君]을 나타내며, 상은 쇠의 소리[金聲]로 신하[臣]를 나타내며, 각은 나무의 소리[木聲]로 백성을 나타내며, 치는 불의 소리[火聲]로 일[事]을 나타내며, 우는 물의 소리[水聲]로 물物을 나타낸다. 이것이 오음, 오행五行과 오류五類의 이념이다.

그러나 자연의 소리는 이러한 이념에 국한되지 않는다고 보는 것이 노자의 생각이며 오음은 오히려 인위의 소리라고 여긴 셈이다. 허공에 바람이 불면 만물의 구멍들이 각각 소리를 내는 것처럼 자연의 소리를 있는 그대로 듣는 것이 자연히 생긴 귀이다. 아름다운 소리, 추한 소리 등으로 분별하면서 오음에만 사로잡힌 귀는 있는 그대로의 소리를 듣지 못한다. 마음의 귀를 편견으로 몰아 귀머거리처럼 하지 말라 함이 곧 오음령인이롱五音令人耳聾인 셈이다.

성질이 급하고 괄괄했던 자공子貢이 사을師乙을 만나 음악을 어떻게 들어야 하느냐고 물었다. 자공은 의義가 아니면 생각지도 말고 행하지도 말라는 뜻을 지키고 살았던 공자의 제자였다. 악공樂工이었던 사을은 덕성을 근본으로 하여 음악을 들어야 한다고 자공에게 밝혔다.

넓고 너그러운 마음은 송頌을 들을 수 있는 귀를 지녔고 너그럽고 관대한 마음은 아雅를 들을 수 있는 귀를 지녔으며 검소하고 정직한 마음은 풍風을 들을 수 있는 귀를 지녔다고 사을은 밝혀 주었다.

이처럼 소리를 마음으로 듣는 사람은 소리에 현혹당하지 않는다. 소리를 있는 그대로 들을 뿐 소리를 탐하지 않는 까닭이다. 마음속에 있는 귀가 소리를 들어야지 소리에 사로잡혀 귀를 팔아서는 안 된다. 귀가 얇은 사람은 말을 헤프게 듣고 헤프게 뱉는다. 이러한 말소리는 건성일 뿐 속이 들지 못해 뒤가 고르지 못한 법이다. 있는 그대로의 소리를 듣는 귀는 소리에 무슨 뜻을 얹어 욕심대로 듣는 것이 아니다. 아마도 사을은 이러한 속뜻을 담고 자공을 타일렀던 모양이다.

신맛[酸], 짠맛[鹹], 매운맛[辛], 단맛[甘], 쓴맛[苦]이 오미五味이다. 사람들은 이러한 맛들이 음식을 맛있게 한다고 여기면서 갖은 양념을 만들어 미식美食을 탐한다. 배가 고프면 먹고 싶고 배가 부르면 먹기가 싫어진다. 맛이 있다고 너무 많이 먹으면 탈이 나는 법이고 맛이 없다고 먹지 않으면 몸을 부지할 수 없게 된다. 자연이 마련해 준 입은 몸을 지탱하는 데 필요한 것만을 먹을 뿐이다. 그러나 인간은 맛 좋은 음식을 탐하려고 게걸스러워진다. 먹을 것이 없는 가난한 자는 무엇이든 배를 채우기 위하여 먹지만 권세나 돈이 많은 사람은 식도락食道樂을 한다며 추태를 부린다. 식도락은 먹이를 먹는 것이 아니라 맛보려고 하다가 입맛을 상하게 한다. 배가 고프면 먹고 싶고 배가 부르면 먹기를 그만두려는 것은 자연의 입이고 마음속의 입이다. 그래서 노자는 맛을 탐하다 자연의 입을 버리지 말라고 오미령인 구상五味令人口爽이라고 말한 셈이다.

가마우지는 식도락가食道樂家를 비웃는다. 둥지에서 먹이를 기다리는 새끼를 위하여 가마우지는 물속에서 고기를 잡아 뱃속을 채운다. 그리고 수십 리를 날아 둥지로 간다. 먹이를 달라는 새끼들이 어미의 부리에 모여들면 가마우지는 부리를 벌리고 뱃속의 먹이를 알맞게 토해 내 새끼들에게 먹인다. 새끼들의 배를 채워 주기 위하여 가마우지는 뱃속의 것을 토할 뿐 먹었던 것을 뱉어내는 것이 아니다.
그러나 식도락가는 맛을 즐기려고 음식을 먹는 것이지 배를 채우자고 먹는 것은 아니라며 손가락을 목줄에 넣어 욕질을 하고 삼킨 음식을 억지로 토해 내 뱉어내는 짓을 한다는 것이다. 입은 먹는 것으로 만족하면 된다. 그러나 맛을 탐하면 입을 잃어버리고 몸이 상하고 만다.

식도락가의 입은 사람을 괴팍하게 만들어 버린다. 맛을 탐하다 입맛을 잃어버리고 자연이 준 식욕을 상하게 하고는 몸을 망친다. 이 얼마나 어리석은 탐욕인가!

무엇이 사람을 미치게 하나

호랑이는 배가 고파야 사냥을 나서고 배를 채우면 으슥한 곳을 찾아가 몸을 쉬고 잠을 잔다. 매도 배가 고파야 새를 덮치거나 생쥐를 찾아 나서고 배를 채우면 벼랑의 바위 끝에서 날개를 접고 쉰다. 그러므로 호랑이나 매는 먹이를 찾아 먹을 뿐 살생하는 것은 아니다. 살생은 사람만이 하는 행위에 불과하다.

매 사냥꾼은 매를 굶긴 다음 사냥에 내보낸다. 배가 고파 꿩 한 마리를 잡으면 매 사냥꾼은 잽싸게 꿩을 낚아챈 다음 내장을 뽑아 약간만 사냥한 매에게 먹이로 준다. 배가 덜 차야 매가 다시 사냥을 하는 까닭이다. 매 사냥꾼은 가만히 앉아 매가 잡은 꿩을 갖지만 실은 살생을 하는 것이다. 매는 배가 고파 꿩을 잡았을 뿐이고 인간은 매 사냥이야말로 더할 수 없이 재미있는 사냥 놀이라고 말한다. 살아 있는 것을 죽이는 짓을 재미있다고 생각하는 것보다 인간의 마음이 더 미칠 수는 없다. 인간이 살생의 놀이로 미칠 대로 미쳐 버린 결과가 전쟁이다.

미치지 않고서는 사람이 사람을 총부리로 죽일 수 없는 것이 아닌가! 노자는 인간의 광증을 이렇게 밝힌다.

말을 타고 달리며 새나 짐승 사냥을 하는 짓은 인간의 마음을 미쳐 버리게 한다〔馳騁田獵 令人心發狂〕.

자기 삼촌인 비간比干을 죽인 은殷 나라 주왕紂王이나 제 계모의 이마가 찢어지도록 내동댕이쳤던 연산군보다 인간이 더 미칠 수는 없다. 임금의 자리를 사냥터쯤으로 여기고 백성을 사냥감으로 생각하지 않고서야 주왕이나 연산군이 어떻게 사람을 파리채로 파리를 잡듯이 죽일 수 있었을 것인가?

독일의 히틀러보다 더 미친 사람은 없을 것이다. 살생의 광란을 서슴없이 부려 유태인을 육백만 명이나 죽인 인종 사냥은 인간이 보일 수 있는 발광증의 한 절정인 셈이다. 히틀러는 인간의 모습을 했을 뿐 오소리 같은 살생꾼이었다.

오소리가 닭장 안에 들어가면 모든 닭을 물어 죽인다. 오소리는 먹을 만큼 죽이는 것이 아니라 모조리 죽여 놓은 다음 먹이를 주섬주섬 먹고는 달아난다. 주왕이나 연산군이나 히틀러는 오소리 같은 인간이며 살생의 발광증에 걸린 못난 인간의 살덩어리에 불과했다. 이처럼 인간이 발광하면 마음속이 성난 파도처럼 일렁이고 사람잡는 사냥꾼이 되어 버린다.

무엇이 사람을 비굴하게 하나

달면 삼키고 쓰면 뱉는다. 앞에서는 웃고 등 뒤에서는 욕한다. 이 속담들은 인간이 얼마나 작고 초라한지를 말해 준다. 어떤 인간이 초라한 인간일까? 강자에게 약하고 약자에게 강한 자가 아마도 제일 초라한 인간일 것이다. 사장에게 실적 미달이라고 질책을 받고 나온 부장이 차장에게 분풀이로 신경질을 낸다면 그 부장은 못나고 초라한 인간이다.

궂은 일일수록 한 매듭으로 묶어 버리는 것이 긁어 부스럼을 만들지 않는 법이다. 한탕주의보다 더 궂은 것은 없다. 가만히 앉아서 한 몫 잡자는 것은 결국 훔치고 속이자는 것밖에 아무것도 아니다. 도둑이 제 발 소리에 놀란다고 하듯이 재물의 탐욕에 물든 사람은 마음먹은 대로 행동에 옮기지 못한다. 결국 뒷덜미를 잡혀 쇠고랑을 차고 옥살이를 하게 된다. 감옥에 갇혀 가고 싶은 곳에도 못 가고 만나고 싶은 사람도 못 만나게 되는 것보다 더한 고통은 없을 것이다. 이처럼 재물의 욕심은 사람의 몸뚱이를 친친 감는 동아줄과 같다.

태종 때에는 날아가던 새도 잡을 만큼 세도를 부렸던 이숙번이 세종 때에는 귀양살이를 했다. 이숙번은 귀양살이에서 풀려나려고 세종 임금을 자주 독대할 수 있었던 김돈金墩에게 황금 허리띠를 뇌물로 주었다. 김돈은 매일 아침마다 황금 허리띠를 손으로 매만지며 이숙번의 귀양살이를 풀어 주기 위해 이 궁리 저 궁리를 하다가 입궁했다. 떳떳하고 당당했던 김돈은 황금 허리띠를 매만진 다음부터는 이숙번을 면죄해 줄 그럴 듯한 구실을 찾기에 혈안이 되어 기회를 엿보는 염탐꾼이 되고 말았다.

황금 허리띠가 몹시 탐이 나지만 이숙번의 청대로 일이 성사가 안 되면 입이 험한 이숙번이 천하에 소문을 내리라. 이렇게 생각한 김돈은 조바심이 치밀어 일할 맛도 나지 않았다. 세종에게 간청하리란 마음을 다지며 황금 허리띠를 매만진 다음 궁궐로 들어가 김돈은 임금께 나이도 많고 귀양살이를 할 만큼 했으니 이숙번을 풀어 달라고 간청했다. 세종이 풀어 줄 수 없다고 한마디로 거절하자 김돈은 앞이 캄캄했다. 그날 밤 김돈은 황금 허리띠를 매만지며 갖자니 망신을 당할 것이고 돌려주자니 아깝고 어찌할 바를 몰라 밤잠을 설쳤다. 새벽녘에야 황금 허리띠를 돌려주기로 마음을 굳혔다. 그제서야 김돈은 깊은 잠을 잘 수 있었고 옛날의 김돈으로 돌아가 눈치나 살피는 치졸한 인간의 굴레에서 벗어날 수 있었다.

남의 호주머니 속에 있는 돈을 훔치려는 소매치기는 몸을 사리고 옆사람들의 눈치만 살피며 피를 말린다. 받지 말아야 할 뇌물을 받은 관리는 발목이 잡히고 뇌물의 덫에 걸려들고 만다. 턱없이 이자를 많이 준다기에 돈을 빌려 주었던 사람들은 거의 원금을 떼이고 억울해하지만 사기꾼은 줄행랑을 쳐 이미 숨었고 남의 땅을 몰래 팔아 한몫을 잡은 토지 사기꾼들은 대낮에 거리를 다니지 못한다. 이렇게 행동을 마음 놓고 편안히 할 수 없는 사람들은 결국 따지고 보면 재물의 탐욕이 쳐 놓은 덫에 걸려든 까닭이다. 빠르기 이를 데 없는 족제비도 덫의 미끼를 탐하다 보면 앞발이 덫에 걸려 꼼짝 못하게 되고 만다. 재물의 탐욕이 곧 덫이라는 것을 깨우칠 수 있도록 노자는 다음처럼 말해 두었다.

얻기 어려운 재화는 사람의 행동을 방해하게 마련이다〔難得之貨 令人行妨〕.

성인은 겉치레를 않는다

꽃이 있으면 꽃을 보고 똥이 있으면 똥을 본다. 있는 그대로 그냥 본다. 이것이 성인의 눈이다.

향긋한 냄새라고 코를 대고 구린내라고 코를 막지 않는다. 냄새가 나면 나는 대로 맡는다. 이것이 성인의 코이다.

거문고 소리를 좋다 하고 자갈이 구르는 소리를 시끄럽다 하지 않는다. 소리가 나면 나는 대로 듣는다. 이것이 성인의 귀이다.

맛있는 음식을 탐하지도 않고 거친 음식이라고 멀리하지 않는다.

맛을 따지지 않고 언제나 감사하게 먹는다. 이것이 성인의 입이다.

마음을 고요하게 하고 맑게 지닐 뿐 마음을 사납게 하거나 광란하게 할 줄 모른다. 욕심을 멀리하므로 괴로워할 것도 없고 한이 없으니 상처를 입지도 않는다. 그래서 마음속이 항상 너그럽고 편안하다. 이것이 성인의 마음이다.

세종 때의 유관柳寬은 성인에 버금가는 인생을 살았던 모양이다. 음식은 배를 채우면 되므로 밥 한 그릇, 국 한 사발, 나물 한 가지면 족하다고 했던 유 정승은 아무리 귀한 손님이 와도 탁주 한 사발과 무쪽 안주로 대접했다.

성 밖의 집은 두 칸의 초막이었고 그것도 지붕이 낡아 비만 오면 샜다고 한다. 새는 비를 막자고 우산을 들고 방 안에 앉아 아내에게 우산이 없는 백성은 어떻게 할 거냐고 걱정을 했다는 유 정승은 청빈을 자랑하려고 그렇게 살았던 것이 아니라 인생을 만족스럽게 살자면 가진 것이 적을수록 좋다는 생각 때문이었던 것이다.

정승의 벼슬을 하면서도 신분을 가리지 않고 이웃 아이들을 불러다 날마다 글을 가르쳤던 유 정승은 입는 것, 먹는 것, 재산 따위에는 아무런 미련을 갖지 않았다고 한다. 그래서 유관은 겉치레 따위로 마음을 상할 이유가 없었던 것이다.

유 정승을 통해 노자가 밝힌 다음 말을 쉽게 헤아릴 수 있다.

성인은 배를 채울 뿐 겉치레를 하지 않는다[聖人爲腹 不爲目]. 그러므로 오색五色, 오미五味, 오음五音 등을 버리고 배부름을 택한다[故去彼取此].

허세虛勢, 허례虛禮, 허욕虛欲, 허영虛榮 따위로 밤잠을 설치며 마음을 태우고 조바심을 내는 현대인은 행복을 누릴 수가 없다. 성인은 배부름을 택한다는 노자의 말은 만족할 줄 아는 사람이 부자이다〔知足者富〕라고 밝힌 노자의 말로 바꾸어 들어도 틀릴 것이 없다.

원문
의역

오색은 사람의 눈을 멀게 하고, 오음은 사람의 귀를 먹게 하며, 오미는 사람의 입을 버리게 한다.
〔五色 令人目盲 五音 令人耳聾 五味 令人口爽〕 오색 영인목맹 오음 영인이롱 오미 영인구상

말을 타고 달리며 새나 짐승 사냥을 하는 짓은 인간의 마음을 미쳐버리게 한다.
〔馳騁田獵 令人心發狂〕 치빙전렵 영인심발광

얻기 어려운 재화는 사람의 행동을 방해하게 마련이다.
〔難得之貨 令人行妨〕 난득지화 영인행방

이러하므로 성인은 배를 채울 뿐 겉치레를 하지 않는다. 그러므로 오색, 오미, 오음 등을 버리고 배부름을 택한다.
〔是以 聖人爲腹 不爲目 故去彼取此〕 시이 성인위복 불위목 고거피취차

도움말

겉치레를 멀리하고 마음속을 검소하고 겸허하게 간직할 것을 깨우치게 하는 장이다. 무위無爲의 인생이 무엇이며 행복한 삶의 비밀이 무엇인가를 헤아리게 하는 장章이다.

오색五色은 파랑〔靑〕, 노랑〔黃〕, 빨강〔赤〕, 하양〔白〕, 검정〔黑〕 등의 다섯 가지 빛깔을 말한다. 그리고 오색은 현상을 말한다고 보아도 된다.

오음五音은 궁宮, 상商, 각角, 치徵, 우羽의 다섯 음율音律을 말한다. 오음은 오행五行과 오류五類와 밀접한 관계를 지니고 있으며 이것이 음악과 치세가 연관되어 있음을 보여 준다.

치빙馳騁은 말을 타고 달리는 것으로 이해하면 된다.

전렵田獵의 전田은 새 사냥을 뜻하고 엽獵은 짐승 사냥을 뜻한다고 이해하면 된다.

구상口爽의 상爽은 입병이 나서 입을 버린다는 뜻으로 새기면 된다. 상爽은 패敗로 통하므로 입맛을 망친다고 보아도 된다.

위복爲腹은 배를 채운다는 뜻으로, 착복하는 것이 아니라 마음의 만족으로 새겨들으면 된다.

불위목不爲目은 겉치레 따위에는 신경을 쓰지 않는다는 뜻으로 새기면 된다.

제13장 득실得失에 태연하라

총애를 두려워하라

얌전한 고양이가 부뚜막에 먼저 올라간다. 이 속담은 귀여워해 주면 버릇없이 생각하고 행동하는 인간형을 말한다. 실세實勢일수록 마음가짐을 겸허하게 할 줄 알아야 하고 측근側近일수록 몸조심을 해야 하는 것이다.

그렇게 하지 않고 실세實勢라고 우쭐대면 실세失勢의 벼랑에 매달려 망신을 당하게 마련이고 측근이라고 겁 없이 나돌면 세상의 눈총을 받아 모난 돌처럼 정을 맞는 법이다.

그러므로 위로부터 신임을 받을수록 은혜를 입었다고 경망하거나 오만하게 처신을 하면 오히려 위로부터 은혜를 입지 않은 것만 못하게 된다. 이러한 이치를 깨우쳐 주려고 노자는 다음처럼 말해 두고 있다.

총애를 받는 것도 황송하게 여기고 버림받는 것도 황송하게 여기고[寵辱若驚], 큰 근심 걱정을 내 몸같이 귀하게 하라[貴大患若身]. 총애를 받든 잃든 황송하게 여긴다는 것은 어떤 것인가[何謂寵辱若驚]? 총애는 위에서 주고[寵爲上] 버림은 아래서 받거늘[辱爲下], 총애를 받아

도 황송하게 여기고〔得之若驚〕 총애를 잃어도 황송하게 여긴다〔失之若
驚〕는 것이다.

김창용이 지프를 타고 용산 거리를 달리다 저격을 당해 피살되었다.
그렇게 되자 전국이 벌집처럼 어수선해졌다. 왜냐하면 김창용이란 장
군은 이승만 대통령의 신임 하나만 믿고 천방지축으로 거들먹거리며
거침없이 못할 짓을 맡아 권부의 악역을 서슴없이 자행했기 때문이다.
김창용을 저격했던 허태영이 붙잡혔다. 허태영 대령은 붙들린 다음 당
당하게 할 일을 했다며 태연했다. 살인한 사람을 세상이 동정하는 바
람이 불었다. 살인자를 감싸 주던 민심은 무엇을 말하는 것인가? 미친
개처럼 망나니 짓을 하는 인간을 민심은 쓰레기로 여기는 까닭이다.
김창용은 제 버릇 개 못 주는 놈이란 욕으로 백성의 입질에 오르내렸
다. 그는 일제 시대 때 만주 지역에서 제 동포인 독립 운동 투사들을
붙잡아 일본 헌병대에 넘기는 일을 일삼으며 일본군 개노릇을 했다.
그래서 만주벌 일본개는 김창용이고 한양벌 일본개는 노덕술이라는
백성의 입질이 자자했던 터였다. 이러한 김창용은 상전의 은혜를 황송
하게 여길 줄은 모르고 건방을 떨어도 되는 힘인 줄로만 알았던 탓으
로 생죽임을 당하고도 세상의 동정을 살 수 없었지만 그를 죽인 허태
영 대령은 세상의 동정을 샀다. 실세實勢라고 건방을 떨면 천 길 낭떠
러지로 떨어져 씻을 수 없는 욕을 먹는다.

칭찬을 받았다고 우쭐댈 것도 없고 비난을 받았다고 화를 끓일 것
도 없다. 한 번 맑으면 한 번 흐린 것이 하늘인 것처럼 인생에도 밝
음과 어둠이 서로 섞이고 바뀌어 일어날 뿐이다. 좋아라 웃을 것도

없으며 섧다고 통곡할 것도 없다. 몸가짐을 삼가면서 삶의 비탈을 만나면 황송하게 오를 것이며 삶의 내리막을 맞이하면 그 또한 황송하게 내려가면 그만이다. 삶이 자연스러우면 그 뜻 또한 자연스럽다.

굴욕을 황송해하라

개는 먹이를 주는 주인을 알아보고 꼬리를 치며 살랑거린다. 그러나 먹이를 준 적이 없는 타인이 오면 송곳니를 드러내고 짖는다. 이처럼 개는 먹이의 고마움을 알고 배반할 줄을 모른다. 그래서 충견忠犬이 충신忠臣보다 낫다는 말이 생겨났다.

사람은 이득을 따라 한패가 되기도 하고 떨어져 나가기도 한다. 입속의 혀처럼 뜻대로 되어 주는 인간은 찾기도 어렵고 얻기도 어렵다. 그래서 사람을 키운 것이 호랑이 새끼를 키운 것과 같다고 후회하는 경우가 허다하다. 득이 되면 앞에서 굽실거리고 해가 되면 뒤돌아서서 욕을 퍼붓는 인간들이 여기저기 수두룩한 까닭이다. 그래서 인간은 큰 근심 걱정을 제 몸같이 귀하게 하라〔貴大患若身〕는 노자의 말을 알아듣고 새길 줄 모른다. 그러나 다음과 같은 노자의 말을 새겨들으면 인간은 누구나 부끄러워진다.

큰 근심이나 걱정을 제 몸같이 귀하게 하라 함은 어떤 것이냐〔何謂貴大患若身〕? 나에게 큰 근심 걱정이 있다는 것은 내 몸이 있는 까닭이며〔吾所以有大患者 爲吾有身〕, 만일 나에게 몸이 없다면 어찌 나에게 큰 근심 걱정이 있겠는가〔及吾無身 吾有何患〕? 그러므로 제 몸을 위하는 것보다 천하를 귀하게 하는 자〔故貴以身爲天下者〕는 천하와 더불어 살 수가 있고〔可以寄天下〕, 제 몸을 위하는 것보다 천하를 사랑하는 자〔愛以身爲天下者〕는 천하를 맡을 수 있다〔可以託天下〕.

남명南冥 조식曺植 선생에게 선조 임금은 여러 차례 벼슬을 내렸다. 그러나 남명은 벼슬을 사양하고 지리산 밑 초야에서 선비로 살았다. 몇 번 벼슬을 내려도 거두기만 하는 남명을 선조가 불러들였다.

임금을 만난 남명은 바른 말을 다음처럼 서슴없이 올렸다.

"임금이 쪽배라면 백성은 강물과 같습니다. 강물이 평온하면 쪽배는 물길을 따라 가지만 강물이 노하면 쪽배는 뭍으로 밀려가 산산조각이 나고 맙니다."

이 말을 들은 선조는 대노했고 남명은 곧장 물러 나왔다. 고향에 내려온 남명은 초석을 깔고 선조 임금이 내릴 사약賜藥을 기다리며 석고대죄를 했다.

사약을 받는 것은 사형 선고나 같다. 남명은 사형 선고를 황송한 마음으로 기다린 셈이다. 임금의 노여움을 샀지만 남명이 아무런 변명이나 뒷말 없이 사약을 기다렸다는 것은 순리에 따라 말했던 것일 뿐이므로 변명할 생각도 없고 피할 생각도 없음이다. 목숨이 아까워 마음에 없는 말로 아첨하는 짓은 총애를 훔치려는 음모와 같다. 그러한 짓은 목숨을 더럽히고 제 몸을 욕되게 하여 험한 꼴을 당할 뿐이다. 그렇지 않고 남명처럼 욕됨을 황공한 마음으로 기다리는 사람에게는 대환大患이 일어날지라도 제 몸을 천하에 맡겨 두고 귀하게 할 수가 있다. 사약은 퇴계退溪 선생의 간청으로 거두어졌고 남명은 초야에 묻혀 목숨을 소중히 하며 살았다.

남명 선생은 유가의 길을 걷고 있었지만 자신을 더럽히지 않고 귀하게 했고 자기를 참으로 사랑하는 것이 무엇인지를 보여 준 셈이다. 대환을 만나서도 태연하게 기다릴 수 있었던 남명은 총애도 황송하게 받아들이고 굴욕도 황송한 마음으로 받아들이라는 노자의 말을 몸으로 행한 것이다. 어제의 동지가 오늘은 적이 되는 변절의 수령을 정치권이 파고 있는 현실을 보면 순리에 따라 산다는 것이 얼마나 귀하고 사랑스러운 것인가를 새삼 깨우칠 수가 있다.

원문
의역

총애를 받는 것도 황송하게 여기고 버림받는 것도 황송하게 여기고, 큰 근심 걱정을 내 몸같이 귀하게 하라. 총애를 받든 잃든 황송하게 여긴다는 것은 어떤 것인가? 총애는 위에서 주고 버림은 아래서 받거늘, 총애를 받아도 황송하게 여기고 총애를 잃어도 황송하게 여긴다는 것이다. 이를 총욕약경이라고 한다.
〔寵辱若驚 貴大患若身 何謂寵辱若驚 寵爲上 辱爲下 得之若驚 失之若驚 是謂寵辱若驚〕총욕약경 귀대환약신 하위총욕약경 총위상 욕위하 득지약경 실지약경 시위
총욕약경

큰 근심이나 걱정을 제 몸같이 귀하게 하라 함은 어떤 것이냐? 나에게 큰 근심 걱정이 있다는 것은 내 몸이 있는 까닭이며, 만일 나에게 몸이 없다면 어찌 나에게 큰 근심 걱정이 있겠는가? 그러므로 제 몸을 위하는 것보다 천하를 귀하게 하는 자는 천하와 더불어 살 수가

있고, 제 몸을 위하는 것보다 천하를 사랑하는 자는 천하를 맡을 수 있다.

〔何謂貴大患若身 吾所以有大患者 爲吾有身 及吾無身 吾有何患 故貴以身爲天下者 可以寄天下 愛以身爲天下者 可以託天下〕하위귀대환약신 오소이유대환자 위오유신 급오무신 오유하환 고귀이신위천하자 가이기천하 애이신위천하자 가이탁천하

도움말

진퇴進退를 분명히 하고 자기중심으로 이해득실을 따져 인생을 영위하지 말 것을 깨우치게 하는 장이다. 순리順理에 따라 처신을 한다는 것이 인생의 자연임을 헤아리게 한다.

총寵은 윗사람으로부터 은혜를 입는 것을 뜻한다.

욕辱은 버림을 받아 밀려나거나 험한 짓으로 징계를 받게 되는 것을 뜻한다.

경驚은 황송해하고 두려워함을 뜻한다.

대환大患은 마음속에 깃든 근심과 걱정을 뜻한다. 환患은 자기를 돌보여 귀하게 하려고 하다 생기고 화禍는 복福에서 비롯된다는 것을 사람들은 모른다. 참으로 자기를 귀하게 하는 것은 자연에 맡겨 두는 것이라고 헤아리면 된다.

유신有身은 욕망에 가득 찬 자기를 말한다.

무신無身은 욕망을 떠나 맑고 밝고 고요한 자기를 뜻한다.

귀貴는 얻는 것〔得〕도 없고 잃을 것〔失〕도 없는 것을 말한다. 애愛는 귀貴를 소중히 하는 마음이며 그러한 마음은 천하의 만물을 간직해 두었을 뿐 소유할 줄 모른다. 기탁寄託한다는 것은 소중히 간직했다가 되돌려 주는 것임을 헤아리게 한다.

제14장 도道는 시작도 끝도 없다

하나가 됨을 아는가

사실인가? 증거가 있는가? 객관적인가? 합리적인가? 이렇게 과학 정신은 인간에게 질문을 던지라고 한다. 이러한 과학 정신은 신비神秘를 미신이라고 일축하면서 인간을 사실의 동물로 변화시켰다. 그러나 우주 만물은 저마다 신비로운 존재들이다.

신비는 알래야 알 수 없는 것이다. 그러나 과학 정신은 미지未知의 것은 관찰의 대상이고 그 비밀은 벗겨지게 마련이며 실험을 통하여 확인되지 않으면 지식일 수 없다고 단언한다. 과학 정신은 분명 인간을 지식의 동물로 탈바꿈시키면서 지혜를 잃어 가게 하고 있다. 지식은 신비를 외면하지만 지혜는 신비를 떠나지 않는다.

땅에서 씨앗이 트고 떡잎이 자라 등걸도 되고 가지도 되고 잎도 되어 한 그루의 나무가 되는 것을 보면 신비롭기만 하다. 물론 생물의 성장은 과학적으로 설명하지만 무엇이 생명을 있게 하는가를 묻는다면 과학은 입을 닫는다. 그 무엇은 신비의 경지에 있는 까닭에 과학의 눈으로는 볼 수 없고 과학의 귀로는 들을 수 없으며 과학의 손으로는 잡을 수 없다. 심리心理는 관찰의 대상이 될 수 있겠지만 영혼은 관찰의 대상이 될 수 없다. 영혼은 분명 신비롭다.

생물학에서는 수백억 개의 세포가 인간의 몸을 이룬다고 한다. 그렇게 많은 세포들이 모여 한 사람의 몸을 만들어 내는 것은 무엇인가? 참으로 신비롭다. 이러한 신비를 무엇이 주관하는 것일까? 지식을 저울로 달아서 눈금을 정할 수는 없다. 노자는 도道를 지식의 눈금으로 가늠하지 말라고 다음처럼 말해 주고 있다.

보아도 보이지 않는 것〔視之不見〕을 이夷라고 한다〔名曰夷〕. 들어도 들리지 않는 것〔聽之不聞〕을 희希라고 한다〔名曰希〕. 잡으려 해도 잡히지 않는 것〔搏之不得〕을 미微라고 한다〔名曰微〕. 이 세 가지는 아무리 규명해 보아도 알 길이 없다〔此三者 不可致詰〕. 그러므로 혼연混然하면서도 하나이게 된다〔故混而爲一〕.

도를 말로 하면 이미 도가 아니며 도를 이름 지어 부르면 이미 도가 아니라고 노자는 밝혀 두었다. 말로 할 수 있는 것이나 이름을 지어 부를 수 있는 것은 그 이치를 따져 물어볼 수 있지만 도는 그렇게 해서 알 길이 없음을 노자는 밝히고 싶었던 것이다.

물은 무엇인가? 수소H 원자 두 개와 산소O 원자 한 개가 모여 물 분자를 이루고 이러한 분자가 수없이 모여 물이 된다고 하는 것은 과학의 해명이다. 무엇이 수소와 산소를 합쳐서 물이 되게 하는가? 이러한 문제를 과학은 답하지 못한다.

그러나 물은 존재한다. 물로 존재하게 하는 것을 도라고 하자는 것이 노자의 당부가 아닌가! 그러한 도는 눈으로 볼 수 없고 귀로 들을 수 없고 손으로 만질 수 없다고 노자는 타이른다. 이러한 말을 듣자면 우리는 생각을 바꾸어야 한다. 어떻게 바꾸어야 할까? 이에 대하여 장자는 다음처럼 정곡을 찔러 말해 주고 있다.

가을 짐승의 털끝이 가장 크고 태산이 가장 작다.

장자의 말은 지식으로 듣지 말고 지혜로 들어야 한다. 그러면 노자의 하나가 된다〔爲一〕는 도의 신비를 짐작해 볼 수 있다.

"매미는 가을과 겨울이 있는 줄 모르고 하루살이는 밤중과 새벽이 있는 줄 모른다." 이렇게 장자가 말했다. 이는 작은 지식이 큰 지혜를 알 수 없음을 말하고 있는 셈이다. "우물 속의 개구리가 바다를 어찌 알 것인가!" 장자는 이렇게 말하기도 했다.

인간은 우주를 지식으로 풀어 보려고 한다. 그러나 우주를 알 길이 없다고 한탄한다. 인간의 지적 능력에는 한계가 있고 그 한계 너머에 있는 사실을 인간은 알 길이 없다. 인간은 아는 것만 가지고 확인하려고 한다. 우주를 어떻게 실증할 것인가? 인간에게는 그렇게 할 수 있는 방법이 없다. 인간의 지식은 매미나 하루살이와 같다. 우주를 알 길이 없는데 우주의 시작을 만들어 준 도道를 어떻게 알 것인가!

하늘을 보라. 지구의 하늘만이 아니라 우주를 안고 있는 하늘을 생각해 보라. 그것은 하늘이 아니라 허虛라고 하는 편이 더 타당할 것이다. 우주가 둥둥 떠 있는 허는 어디가 시작인지 모른다. 시작을 모르므로 그 끝도 모른다. 하늘은 보이지만 볼 수가 없고 하늘 속에 있는 모든 것들이 돌고 있지만 그 소리를 들을 수가 없다. 하물며 허를 아무리 잡으려고 해도 잡을 수가 없다.

들을 수 없고 잡을 수 없으며 볼 수 없다고 하여 누구도 하늘이 없다고 말할 수는 없을 것이다. 그러나 하늘 안에 무수한 별들이 우주를 이루고 있다. 우주는 하나가 되어 있다. 우주를 하나이게 한 것을 도라고 생각하자는 것이 큰 지혜의 약속인 셈이다.

혼이위일混而爲一은 도의 모습을 말함이다. 흩어져 뿔뿔이 있는 것〔混〕이면서도 하나가 되어 있는 것〔爲一〕은 인간이 아무리 헤아려 보아도 알 길이 없다. 도道는 보아도 보이지 않는 것〔夷〕이고, 들어도 들리지 않는 것〔希〕이며, 잡을래도 잡히지 않는 것〔微〕이라고 노자가 밝힌 것은 존재의 생성과 소멸을 관장하는 그 무엇을 인간이 알 수 없음을 말한 셈이다. 과학 정신을 맹신盲信하면서 우주를 분석하겠다는 인간의 의지는 화롯가에 앉아 있는 어린아이처럼 인간을 위태롭게 한다.

무엇이 황홀한가

붉은 저녁노을을 보면 왠지 모르지만 황홀하다. 망망한 바다를 바라보면 두려우면서도 황홀하다. 밤하늘의 총총한 별을 바라보면 숙연하면서도 황홀하다. 눈앞에 분명히 전개되므로 노을을 보고 바다를 보고 별들을 보면 우주라는 것이 우리를 황홀하게 한다. 황홀한 순간만은 인간의 모든 것에서 벗어난다. 욕망의 세계를 완전히 떠나 자연 앞에 알몸으로 서 있는 것 같은 순간은 얼마나 자유롭고 황홀한가! 아무리 생각하고 사유思惟하며 명상冥想해 보아도 알 길은 없지만 눈앞에 분명히 드러날 때 인간은 황홀해한다. 이를 노자는 다음처럼 장엄하게 말하고 있다.

아무리 사유思惟해 보아도 밝혀지지 않는다〔其上不皦〕. 그러나 감성感性으로 만나면 분명하다〔其下 不昧〕. 이어지고 이어진 끈 같아라〔繩繩兮〕. 이름을 지어 부를 수 없지만〔不可名〕 무물無物로 되돌아오는구나

〔復歸於無物〕. 이를 일러 모습이 없는 것의 모습이라 하고〔是謂無狀之狀〕, 동작이 없는 것의 동작을 일러 황홀이라고 한다〔無象之象 是謂恍惚〕.

생각해 볼수록 아득한 것이 도道이고 느껴 볼수록 분명한 것이 도道라고 노자는 술회한다. 우주 만물 중에 어느 것 하나 도의 작용을 벗어나 있는 것은 없기에 이렇게 노자는 감탄했던 셈이다. 존재하는 모든 것에 시작〔生〕을 주고 끝〔死〕을 주어 생성의 매듭을 지었다가 소멸의 매듭을 푸는 존재의 모습〔狀〕과 존재의 작용〔象〕을 바라볼 때 도道가 하는 일〔用〕은 분명하지만 그 현상 너머에 숨어 있는 도道 그 자체〔體〕는 알 길이 없다고 노자는 실토한다. 나는 어디서 와서 어디로 가는가? 사람의 목숨은 하늘에 있다〔人命在天〕라고 하지 않는가! 그 천天은 곧 도道인 셈이고 그 도는 알 길이 없다. 노자의 도를 신神이라고 불러도 무방한 것이 아닌가!

천 년을 산 학鶴은 죽음 직전에 단 한 번 하늘을 향해 울고, 죽음이 임박해 오면 난초는 향기 짙은 꽃을 피우고 숨을 거둔다는 옛말이 있다. 죽음을 앞둔 학의 울음소리를 들을 수는 있겠지만 그 속뜻을 어이 알 것이며, 죽음을 앞두고 피우는 난초의 꽃 향기를 맡을 수는 있겠지만 그 향기의 속뜻을 어이 알 것인가! 이처럼 인간은 소멸消滅 너머의 세계를 하나도 모른다.

저녁 무렵에 대밭의 흙을 뚫고 올라온 죽순은 하룻밤 사이에 다섯 자나 쑥쑥 커 올라 사람의 눈을 놀라게 한다. 목련 꽃망울이 영글면 하룻밤 사이에 활짝 피어 탐스러운 꽃송이를 아침 햇살에 내놓는다. 죽순도 하룻밤 사이에 움직였지만 볼 수가 없고 목련 꽃송이가 벌어지는 동작도 눈으로 잡을 수는 없다. 움직이되 그 움직임을 볼 수가 없다.

물론 저속으로 촬영해서 고속으로 재생해 보면 자라는 순간의 모습을 눈으로 볼 수 있다고 과학 문명은 알려 주지만 우주 속의 만물이 그렇게 하는 것을 어찌 다 보여 줄 수 있을 것인가?

무엇은 모습이고 무엇은 모습이 없다고 말할 수 없다. 무엇은 움직이고 무엇은 멈추어 있다고 말할 수도 없다. 어떤 모습이든 있는 것이면 없어지게 마련이고 무엇이든 있는 것이면 움직이게 마련이다. 지구가 움직이니 그 속의 모든 것이 움직이고 우주가 움직이니 은하수인들 멈출 수 없는 것이다. 난초의 꽃대도 하룻밤 사이에 다섯 치 높이로 쑥쑥 솟고 죽순의 줄기도 하룻밤 사이에 다섯 자 높이로 치솟는다. 이렇게 치솟는 모습과 동작을 생각해 알 길은 없어도 눈앞에 전개된다. 이 얼마나 존재가 변화하는 절묘함인가! 이를 두고 황홀하다고 하는 셈이다.

모습이 있다[有狀]가 그 모습이 없다[無狀]로 바뀌고 그 무상無狀이 또한 유상有狀으로 돌아오니 매듭을 지었다 매듭을 푸는 것 같지 않은가[繩繩兮]! 없는 것으로 되돌아간다[復歸於無物]는 말은 무릇 있다는 것은 없다는 것에서 나온다[有生於無]와 통하며 도의 움직임은 되돌아오는 것[道之動 反者也]이란 말과 서로 통한다. 이처럼 노자는 도를 만물의 생성과 소멸을 들어서 밝히고 있는 셈이다.

태어남도 분명하고 사라짐도 분명하다. 그러나 생사生死의 명命을 어이 알 것인가! 그러한 명을 황홀하다고 했으니 우주는 하나의 극장이고 유무有無가 만물을 동원하여 연극을 하고 있다고 생각한다면 얼마나 황홀한가! 인간은 그 연극 중에서 무슨 배역을 맡아 우주 속에서 숨을 쉬고 있을까? 모를 일이다. 그래서 장자는 하늘과 땅은 달리는 한 마리의 말과 같다[天地一馬]고 후련하게 말해 버린 것이 아닌가! 우주여! 천지여! 참으로 황홀하구나! 장자도 이렇게 말하고 싶었던 모양이다.

도의 발자취는 분명하다

벗이 찾아오면 얼굴을 보고 반가워한다. 벗이 떠나면 그 뒷모습을 따라가며 서운해한다. 만남에 기뻐하고 이별을 슬퍼하는 것은 인간이 갖는 정이다. 그러나 자연의 도는 그러한 정으로 만물을 태어나게 하고 사라지게 하지 않는다. 이처럼 자연의 도는 있는 그대로 맞이해 주고 있는 그대로 떠나보낸다. 도가 맞이하는 것을 인간은 생生이라 하고 떠나게 하는 것을 사死라고 보며 인간의 정리情理는 생사를 달리 마주한다. 그러나 자연의 도는 한결같을 뿐 다름이 없다.

무엇이든 한 번 있는 것이면 이미 태어난 것이고 태어난 것이면 이미 소멸해 가는 것이다. 그러므로 생生이 사死의 시작임을 안다면 생사의 명命을 놓고 조바심을 낼 필요는 없다. 생을 통하여 소멸을 보라는 것이, 어쩌면 노자의 지극한 지혜가 아닌가 싶다. 노자는 도道를 아주 담담하게 다음처럼 실토한다.

도를 맞이해도 그 앞을 볼 수가 없고[迎之 不見其首], 도를 따라가도 그 뒤를 볼 수가 없다[隨之 不見其後]. 우주 만물이 있기 전의 도를 붙들고 간직하며[執古之道], 지금에 있는 것을 다스려 보면 맨 처음 시작되었던 것을 알아볼 수는 있다[以禦今之有 能知古始]. 이를 일러 도의 발자취라고 한다[是謂道紀].

산이 눈에 보이므로 산은 분명히 있다. 물소리가 귀에 들리므로 물소리도 분명히 있다. 손이 나무를 잡고 있으므로 나무는 분명히 있다. 이처럼 보고 듣고 맡고 만지고 느껴지는 것을 곧 있다고 단정을 내리고 만족하면 될까? 이러한 의문을 노자는 제기한다. 천지 만물이 있는 근원을 살펴보면 볼수록 아득히 멀어 그 근원을 인간이 알 수 없음을 알게 된다. 이를 궁극의 무지無知라고 여겨도 된다.

그러나 처음부터 있었던 것이 아니고 만물이 있기 전을 생각해 본다면 도道를 헤아려 볼 수 있다고 노자는 암시한다. 노자는 우주 만물이 있기 전을 허虛라고 했고, 또한 무無라고 했다. 허나 무를 도의 숨은 모습으로 보아도 된다. 그리고 실實이며 유有는 도의 드러난 모습이라고 보아도 된다.

우주 만물을 도의 발자취[道紀]라고 생각해 본다면 우주 만물은 도를 말해 주는 자손인 셈이다. 하나이게 한 것[道]이 있어서 만물이 있음이다. 만물이 그 하나이게 한 것으로 되돌아가 살필 수 있는 실마리는 어디에 있는가? 그 실마리는 바로 만물의 있는 그대로의 모습[自然]에서 찾을 수 있다. 노자는 이를 도기道紀라고 밝힌 셈이다.

달걀이 먼저냐 닭이 먼저냐를 놓고 사람들은 시비를 벌인다. 수탉과 암탉이 교미를 해서 알을 낳았으므로 닭이 먼저라고 주장하는 것도 인간이 짓는 하나의 시비이다. 달걀이 있어야 암탉이 나오고 수탉이 나온다고 주장하는 것 또한 인간의 시비에 불과하다.

수탉과 암탉이 교미를 해서 알을 낳는 것도 묘한 일이고 알껍질을 쪼아 내고 알에서 병아리가 나오는 것도 묘한 일이다. 물론 수탉이 없어도 암탉은 알을 낳는다. 그러나 암탉 혼자 낳은 알에서는 병아리가 나오지 못한다. 병아리가 될 수 있는 알은 유정란有精卵이고 병아리가 될 수 없는 알은 무정란無精卵이라고 이름을 지어 인간은 분별한다.
유정란은 병아리가 되고 병아리가 자라 암탉도 되고 수탉도 된다. 그러나 무정란은 그렇게 될 수가 없다. 유정란은 자연의 알이고 무정란은 자연의 알이 아니다. 이 얼마나 절묘한가!
우주 만물이 암탉과 수탉이 교미를 해서 낳은 유정란이라고 치고, 그 유정란 속에 도가 숨어 있다고 생각해 본다면 도의 발자취는 끊어지지 않는 매듭 짓기가 아닌가! 그 매듭 짓기는 닭이나 알이 있기 전에 이미 있었음을 헤아릴 수 있는 일이다.

도의 발자취를 살피면 지극한 평등이 무엇이며 무한한 자유가 무엇인지를 알 만도 하다. 사람만 귀하고 지렁이는 천하다고 자연의 도는 여기지 않는다고 한 말을 새겨들을 수도 있고 뿔뿔이 흩어져 있지만 하나이게 된다〔混而爲一〕가 왜 도기道紀의 실마리를 풀게 하는지를 짐작해 볼 수도 있게 된다. 도의 발자취를 따라가면 차별도 없고 분별도 없다. 있는 것이 없는 것으로 되고 없는 것이 있는 것이 되기도 하는 자연의 풀무질만 있을 뿐이라는 노자의 깊은 지혜를 터득하게 되고 인간은 시비의 멍에를 벗게 된다. 이 얼마나 자유롭고 편안한가!

원문
의역

보아도 보이지 않는 것을 이夷라고 한다. 들어도 들리지 않는 것을 희希라고 한다. 잡으려 해도 잡히지 않는 것을 미微라고 한다. 이 세 가지는 아무리 규명해 보아도 알 길이 없다. 그러므로 혼연하면서도 하나이게 된다.

〔視之不見 名曰夷 聽之不聞 名曰希 搏之不得 名曰微 此三者 不可致詰 故
混而爲一〕시지불견 명왈이 청지불문 명왈희 박지부득 명왈미 차삼자 불가치힐 고혼이위일

아무리 사유해 보아도 밝혀지지 않는다. 그러나 감성으로 만나면 분
명해진다. 이어지고 이어진 끈 같아라. 이름을 지어 부를 수는 없지
만 무물로 되돌아오는구나. 이를 일러 모습이 없는 것의 모습이라 하
고, 동작이 없는 것의 동작을 일러 황홀이라고 한다.

〔其上 不皦 其下 不昧 繩繩兮 不可名 復歸於無物 是謂無狀之狀 無象之
象 是謂恍惚〕기상 불교 기하 불매 승승혜 불가명 복귀어무물 시위무상지상 무상지상 시위
황홀

도를 맞이해도 그 앞을 볼 수가 없고, 도를 따라가도 그 뒤를 볼 수
가 없다. 우주 만물이 있기 전의 도를 붙들고 간직하며, 지금에 있는
것을 다스려 보면 맨 처음 시작되었던 것을 알아볼 수 있다. 이를 일
러 도의 발자취라고 한다.

〔迎之 不見其首 隨之 不見其後 執古之道 以禦今之有 能知古始 是謂道
紀〕영지 불견기수 수지 불견기후 집고지도 이어금지유 능지고시 시위도기

도움말

도의 작용은 사유하면 할수록 묘해서 알 수 없지만 감성적 측면에서 만물을 대
하면 도의 모습이 분명함을 밝히려는 장이다. 그리고 있는 것이면 도의 모습이
아닌 것이 없다는 지혜를 터득하게 한다. 이러한 지혜는 궁극의 근원을 헤아리
게 한다. 우주 만물은 그 근원의 발자취에 해당하고 그 발자취가 바로 도기道紀
인 셈이다.

치힐致詰의 힐詰은 묻고 물어서 알아보는 뜻으로 보면 된다.

혼이위일混而爲一의 혼混은 보아도 볼 수 없는 것[夷]과 들어도 들을 수 없는 것[希] 그리고 잡아도 잡히지 않는 것[微]이 따로따로 있음을 말하고 위일爲一은 그 셋이 하나로 된 것임을 말한다. 그러므로 위일爲一은 존재를 생산하는 것으로 보아도 된다. 우주 만물을 낳는 것을 도라고 한다. 위일爲一은 도의 작용을 통해서 도를 밝히는 말이다.

교교皦는 교皎와 통하는 자字이며 밝다는 뜻이다. 분명한 것으로 이해해도 된다.

매昧는 분명치 않는 것을 뜻한다.

무물無物은 물物이 없는 것을 말함이니 허虛로 새겨도 되고 무無로 파악해도 무방하다. 복귀어무물復歸於無物은 도道로 되돌아감을 뜻할 수 있다.

무상지상無狀之狀의 상狀은 모습의 꼴을 뜻하고 무상지상無象之象의 상象은 움직이는 모습을 뜻한다.

집고지도執古之道의 고지도古之道는 혼연히 있다가 하나가 되는 것[混而爲一]을 말한다고 보아도 된다.

어御는 철저하게 다스려 파악해 본다는 뜻으로 통한다.

도기道紀는 도가 작용한 발자취로 새겨도 된다.

제15장 선비의 옷에는 호주머니가 없다

선비는 무엇을 하나

공맹孔孟을 따르는 선비는 인륜人倫을 닦고 노장老莊을 따르는 선비는 자연自然을 누린다. 인륜을 닦는 것보다는 자연을 누리는 것이 더욱 어렵다. 왜냐하면 자연을 누리자면 욕망의 굴레를 완전히 벗어나야 하기 때문이다. 무릇 생명을 지닌 것치고 욕망을 버릴 수가 없다.

낚시에 걸린 물고기를 보라! 덫에 걸린 산짐승을 보라. 먹이를 탐하는 욕심이 미끼에 걸려 물고기는 낚싯바늘에 걸려들고 산짐승은 덫의 족쇄에 걸려들어 제 목숨을 빼앗기고 만다. 그러나 산목숨은 어떤 욕심이든 갖게 마련이다. 그 욕심이 있는 한 욕심의 종이 되거나 주인이 된다. 욕심의 종이 된 목숨은 욕심으로 제 목숨을 상하게 하고 욕심의 주인이 된 사람은 제 목숨을 성하게 누린다. 인륜은 욕심을 절제하라고 인간에게 요구하지만 자연은 욕심에서 완전히 떠나라고 한다. 그래서 자연을 누린다는 것은 참으로 어렵다. 그 어려움을 노자는 다음처럼 비유해 준다.

도의 경지에 들어간 선비가 된다는 것[古之善爲士者]은 그 모습이 미묘하고 깊고 깊어서[微妙玄通] 아무리 깊이 헤아려도 알 수가 없고[深不

可識〕 아무리 따져 보아도 알 수가 없다〔夫唯不可識〕. 그러나 억지로라도 그 모습을 비유해 본다면 다음과 같을 것이다〔故强爲之容〕. 추운 겨울 냇물을 건너기를 망설이는 코끼리 같구나〔豫兮若冬涉川〕! 사방을 두리번거리며 두려워 조심하는 개 같기도 하구나〔猶兮若畏四隣〕! 초대받아 손님으로 간 것처럼 엄숙하구나〔儼兮其若客〕! 앞으로 녹아 물이 될 얼음처럼 풀리는구나〔渙兮若氷之將釋〕! 그냥 있는 그대로의 나뭇등걸처럼 꾸밈이 없구나〔敦兮其若樸〕! 텅 빈 고을처럼 비어 있구나〔曠兮其若谷〕! 탁류에 휩쓸려 있는 것 같지만 맑은 물이구나〔渾兮其若濁〕!

호주머니의 입을 막아 버렸다는 사람도 있고 호주머니 밑을 터 버렸다는 사람도 있다. 무엇을 제 것으로 갖기를 원하지 않는다는 말이다. 그러나 이것은 온전히 욕심을 비운 것은 아니다. 왜냐하면 자연의 덕을 따라 도의 경지에 드는 선비의 옷에는 아예 호주머니란 것이 달릴 수 없기 때문이다.

장자는 이러한 모습을 고목 등걸처럼 앉아 있는 은자隱者에 비유했고 그러한 은자를 나를 여읜 나〔吾喪我〕라고 풀이하였다. 공맹孔孟의 선비〔士〕는 사람을 다스리는 군자君子의 길을 걸어 보려고 하지만 노장老莊의 선비는 길가에 핀 풀꽃처럼 되어도 좋고 길가에 버려진 헌 신짝처럼 되어도 좋다는 듯이 자기自己를 떠나 버린다. 그래서 공맹은 수기修己하라, 극기克己하라 하지만 노장은 나를 없애라〔無己〕, 나를 버리라〔舍己〕고 한다.

선비란 누구인가? 덕을 닦아〔修德〕 도에 드는〔入道〕 사람이다. 수덕입도修德入道는 갖가지 선비를 낳는다. 도道에 이르는 길이 여러 갈래라고 인간의 사상사思想史가 보여 주고 있는 까닭이다. 인륜人倫의 도를 닦는 선비를 군자라고 한다. 자연自然의 도를 닦는 선비를 은자隱

者라고 한다. 그리고 불법佛法의 도를 닦는 선비를 거사居士라고 한다. 선비가 걷는 길은 험난하다. 불붙어 타는 장작개비 같은 마음속을 다 타 버린 재가 되게 해야 하는 까닭이다. 그래서 선비는 만나기가 어렵다.

한 할아버지가 서울에서 내려온 초등학교 2학년짜리 손자를 데리고 들판 풀밭으로 갔다. 풀밭 가에서 그 노인은 신발을 벗고 맨발로 풀밭에 섰다. 그리고는 손자의 신발과 양말을 벗긴 다음 같이 풀밭을 걷자고 했다. 손자는 울상을 지었다. 할아버지가 왜 그러느냐고 물었다. 풀밭에서 벌레가 나오면 어떡하느냐고 손자가 투정을 부렸다. 할아버지는 빙긋이 웃으며 풀밭의 벌레들은 우리의 친구라고 말해 주었다. 그 말에 손자는 그만 놀란 눈빛으로 할아버지를 바라보았다. 그리고 풀밭에 가시가 있으면 찔린다고 다른 핑계를 대며 겁을 냈다. 그런 손자를 할아버지는 등에 업었다. 손자는 말을 탄 듯이 기뻐했다. 할아버지가 풀밭 한가운데에 이르자 등에 업힌 손자를 내려놓았다. 풀 위에 선 손자는 발바닥이 간지럽다고 엄살을 부렸다. 할아버지는 조금만 서 있으면 풀잎이 발바닥을 시원하게 해 준다고 타일렀다. 할아버지는 풀밭을 여기저기 거닐며 손자에게 풀밭 속을 구경하라고 했다. 손자는 할아버지가 하는 대로 따라 걸었다. 조금 지나자 손자는 풀밭 위를 걷는 것이 무척 재미있다며 좋아했다. 발바닥이 간지럽느냐고 할아버지가 물었다. 손자는 고개를 저으며 풀밭이 폭신하다고 했다. 풀밭 속에서는 검정 개미들이 이리저리 기어다니고 있었다. 개미 떼를 보라며 손짓하는 손자가 놀란 기색을 보였다. 할아버지는 빙그레 웃었다. 풀밭에서는 많은 개미들이 먹이를 찾는다. 풀이 없으면 개미들은 밟혀서 죽을 것이다. 그러나 풀잎들 덕으로 개미들은 우리가 걸어다녀도 마음 놓고 다닌다. 개미는 일하러 다니는 것이지 사람의 발을 물려고 다니는 것은 아니다. 이렇게 할아버지는 손자에게 말해 주었다.

손자는 이제 풀밭을 아스팔트 위처럼 편하게 다녔다. 할아버지는 개미집 근처에 있게 마련인 개미귀신이 숨어 있는 곳을 발견했다. 손자에게 작은 사발처럼 움푹 패인 모래구덩이 속을 들여다보게 했다. 개미한 마리가 그 구덩이에 빠져 허우적거리고 있었다. 올라오려고 해도가는 모래알에 밀려 구덩이 가운데로 개미는 자꾸 미끄러져 내려갔다. 그러나 모래 속에서 무엇이 잽싸게 개미를 낚아채 모래알 속으로 끌어들였다. 손자는 놀란 표정을 짓고 할아버지를 보았다. 손자에게 할아버지는 모래 속에 개미귀신이 숨어 있노라고 말해 주었다. 손자는 귀신이 있느냐고 하면서 겁이 나 할아버지 품안으로 숨었다.

개미귀신을 무서워 마라. 사람이 밥을 먹는 것처럼 개미귀신은 개미를 밥으로 먹는다. 너는 하늘에 나는 잠자리를 보았지. 개미귀신은 자라서 잠자리가 되어 하늘을 날아다닌다. 개미귀신이 잠자리가 된다는 말에 손자는 놀란 표정을 지으면서도 신기해했다.

할아버지와 손자는 풀밭을 맨발로 걸어서 장다리 밭으로 갔다. 노랑나비들이 날아다녔다. 손자가 노랑나비를 잡으려고 애를 썼다. 그러나나비는 잡히지 않았다. 할아버지가 장다리 잎에 붙어 있는 애벌레 한마리를 잡아 손자에게 살짝 쥐어 보라고 했다. 징그럽다면서 손자는질색했다. 이에 할아버지는 손자에게 노랑나비는 징그럽지 않느냐고물었다. 손자는 노랑나비는 예뻐 보이고 할아버지의 손에 들린 벌레는더럽다고 했다. 할아버지는 빙그레 웃으며 이 벌레가 자라면 노랑나비가 된다고 말해 주었다. 그러자 손자는 할아버지에게 그것을 탈바꿈이라고 한다면서 뽐내며 할아버지에게 탈바꿈이 무엇인지 아느냐고 물었다. 할아버지가 말이 없자 손자는 할아버지는 참 무식하다고 흉을 보았다. 손자를 보며 할아버지는 빙그레 웃고선 신발이 있는 곳으로 가자며 손자에게 업히라고 했다. 그러자 손자는 풀밭을 걸어갈 수 있다면서 편안하게 걸어갔다. 할아버지는 손자의 뒤를 바라보면서 빙그레 웃었다.

풀밭을 무서워했던 손자가 풀밭과 친해진 것처럼 노자는 할아버지처럼 자연과 친해 보라고 타이른다. 망설이지 말고, 머뭇거리지 말고 자연의 도에 가까이 가라고 한다. 덕을 닦는 일〔古之善〕은 처음에는 한겨울에 얼어붙은 강가에 선 코끼리처럼 망설여지기도 하고 사방 변두리를 겁내는 개처럼 머뭇거릴 수 있겠지만 덕德은 순박하게 하며〔敦〕, 겸허하게 하고〔儼〕, 맺힌 것을 풀어 주고〔渙〕, 텅 비게 하며〔曠〕, 맑게 한다〔渾〕고 노자는 할아버지처럼 여러 갈래로 비유해 이야기를 들려준다. 이러한 이야기를 들으면 노자가 바라는 선비에게는 무엇을 넣어 둘 호주머니를 마음속에 감추거나 숨겨둘 생각을 하지 않을 것이 아닌가! 살이 찌면 몸이 무거운 것처럼 욕심이 많으면 마음이 무거워지는 법이다. 마음을 가볍게 하자면 노자가 바라는 길을 선비가 밟는 것이 으뜸일 것이다.

탁류濁流에서도 물은 맑다

맹자는 인간은 태어나면서부터 선하다고 했다. 그러나 순자는 인간은 본래 악하게 태어난다고 이의를 달았다. 한쪽은 선하다 하고 다른 쪽에서 악하다 하면 시비가 일어나게 마련이다. 이러한 시비를 노자는 부질없는 짓거리라고 여긴다. 자연의 입장에서 보면 선악이 분별될 수가 없다. 도의 소산所産인 만물은 하나같이 선한 까닭이다.

벌은 제 목숨을 소중히 하려고 독침을 꽁무니에 달고 있는 것이지 사람을 쏘려고 감추고 있는 것은 아니다. 건드리지 않는 한 벌은 사람을 쏘지 않는다. 꿀벌은 꿀을 주니까 선하고 건드리면 쏘아 대는 벌은 악하다고 하는 것은 사람들이 그렇게 결정하고 있을 뿐이다. 자연의 입장에서 보면 인간과 벌은 다 같은 존재이다.

악한 짓을 따지자면 인간보다 더한 존재는 없다. 자연을 도둑질하는 존재는 인간밖에 없다. 인간을 제외하면 물질을 아는 존재는 하나도 없다. 노자가 밝히는 선비는 물질을 제일 무서워할 줄 안다. 그래서 노자가 기리는 선비는 옷을 입어도 호주머니를 달지 않는다. 이러한 선비는 탁류濁流에서도 맑은 물이 된다. 인생의 탁류를 누가 맑게 할 것인가? 이에 대하여 노자는 다음처럼 말하고 있다.

누가 탁류에 머물러〔孰能濁以止〕, 가만히 있으면서도 서서히 맑게 할 것인가〔靜之徐淸〕? 누가 편안히 영주하면서 활동해 서서히 맑음을 살아나게 할 것인가〔孰能安以久 動之徐生〕? 이러한 도를 간직한 자〔保此道者〕는 무엇을 채울 욕심을 부리지 않으며〔不欲盈〕, 무슨 일이 있어도 채울 욕심을 내지 않는다〔夫唯不盈〕. 그러므로 그러한 이는 있던 것을 버리고 새것을 이룩하려고 하지 않는다〔故能弊不新成〕.

홍수가 나면 탁류가 범람한다. 탁류라고 해서 물이 탁한 것은 아니다. 물은 여전히 맑고 투명할 뿐이다. 맑고 투명한 마음을 허심虛心이라 하고 무심無心이라고 한다. 허심이나 무심은 명경지수明鏡止水로 비유된다. 맑은 물이 멈추어 거울처럼 된 물은 만물을 비추되 갖지 않는 까닭이다. 그러나 탁류는 아무것도 비추어 주지 않는다. 탁류처럼 된 마음은 무엇이든 간직하고 감추어 숨겨두려고 마음속을 열지 않는다. 마음을 탁류로 바꾸어 버리는 것은 무엇일까? 욕심이다. 욕심은 마음에 자물쇠를 걸어 둔다. 그 자물쇠를 어떻게 하면 열까? 노자는 열쇠를 찾지 말고 자물쇠를 아예 마음에서 떼어내 버리라고 한다.

순舜 임금이 산속으로 백이白夷를 찾아가 임금의 자리를 맡아 달라고 간청했지만 백이는 이를 거절하고 더러운 소리를 들었다며 맑은 시냇물에 귀를 씻었다. 소에게 물을 먹이려고 냇가로 소를 데리고 왔던 숙제叔齊는 더러운 말을 들은 백이가 시냇물에 귀를 씻었다는 소식을 듣고서는 물이 더러워졌다며 소를 다른 시냇물로 데려가 물을 마시게 했다. 이러한 이야기가 몇천 년을 거쳐서 잊혀지지 않고 전해 오고 있다.

순 임금은 백이나 숙제를 잘못 알고 있었던 셈이다. 그들은 인간을 다스리는 길을 걷고 있던 군자가 아니라 자연의 길을 걷고 있던 은자隱者였음을 순 임금은 몰랐다. 치세治世의 길을 밟는 자에게는 임금의 자리가 탐나겠지만 자연의 길을 밟는 자에게는 더러운 탁류와 같아 보이는 것을 순 임금은 몰랐다.

만일 노자가 백이나 숙제를 만났다면 뭐라 했을까? 더러운 귀를 왜 씻어서 맑고 깨끗한 물을 더럽히느냐고 핀잔을 주었을 것이다. 임금의 자리가 탁류와 같다면 그 탁류 속으로 들어가 맑은 물이 되게 할 수는 없느냐고 반문했을 것이다. 은자에게는 욕심의 호주머니가 마음속에 없으므로 어디를 가든 욕심으로 더러워진 탁류를 외면하지 말라고 노자는 말해 주었을 것이다.

임금의 자리가 더러운 것이 아니라 임금의 마음속에 더러운 욕심의 앙금들이 있어서 더러운 것이므로 욕심을 채울 호주머니가 없다면 임금이 된들 무슨 탈이냐고 노자는 백이와 숙제를 빈정댔으리라. 욕심을 채울 생각을 아예 하지 않는 선비는 어디에 앉든 더러운 탁류의 욕망을 서서히 가라앉히고 마음속은 맑은 거울이 되어 백성의 마음들을 꿰비추어 준다. 귀를 씻은 백이는 얼어붙은 강을 건너기를 망설이는 코끼리와 같고 숙제는 사방을 두리번거리며 조심만 일삼는 개와 같다고 노자는 웃었을 것이다.

누가 탁류 속에 머물러 탁하게 하는 욕심의 앙금을 진정시켜 맑게 할까? 누가 탁류 속을 떠나지 않고 편안히 머물러 앙금을 치우는 일을 해 서서히 맑음이 소생할 수 있게 할까? 이렇게 반문한 다음 노자는 욕심을 채우려고 하지 않는 선비라고 밝힌다. 이러한 지적은 인생이 있고 치세를 해야 하는 한 귀담아 들어 두어야 한다.

우리가 살고 있는 세상이 험하고 문란한 것은 욕심의 호주머니가 너무나 크고 많은 탓이다. 관가官街를 왜 복마전이라고 하는가? 권세를 자기 욕심의 하수인으로 삼는 자들이 많은 까닭이다. 그래서 치세의 흐름이 더러운 탁류가 되어 세상을 흔들고 백성을 아프게 한다. 노자는 이를 맑은 치세로 하자면 치세의 자리에 앉은 인간들은 욕심의 호주머니를 달아 탐욕의 앙금을 채우지 말아야 하며 자연의 길을 밟는〔古之善〕 은자를 치세의 선비로 삼자고 했다. 은자는 누구인가? 산속에 숨어사는 사람이 아니라 욕심을 채울 줄 모르는 마음을 지닌 사람이면 누구나 다 은자隱者가 아닌가!

도의 경지에 들어간 선비가 된다는 것은 그 모습이 미묘하고 깊고 깊어서 아무리 깊이 헤아려도 알 수가 없고 아무리 따져 보아도 알 수가 없다. 그러나 억지로라도 그 모습을 비유해 본다면 다음과 같을 것이다. 추운 겨울 냇물을 건너기를 망설이는 코끼리 같구나! 사방을 두리번거리며 두려워 조심하는 개 같기도 하구나! 초대받아 손님으로 간 것처럼 엄숙하구나! 앞으로 녹아 물이 될 얼음처럼 풀리는구나! 그냥 있는 그대로의 나뭇등걸처럼 꾸밈이 없구나! 텅 빈 고을처럼 비어 있구나! 탁류에 휩쓸려 있는 것 같지만 맑은 물이구나!

〔古之善爲士者 微妙玄通 深不可識 夫唯不可識 故强爲之容 豫兮若冬涉川 猶兮若畏四隣 儼兮其若客 渙兮若氷之將釋 敦兮其若樸 曠兮其若谷 渾兮其若濁〕고지선위사자 미묘현통 심불가식 부유불가식 고강위지용 예혜약동섭천 유혜약외사린 엄혜기약객 환혜약빙지장석 돈혜기약박 광혜기약곡 혼혜기약탁

누가 탁류에 머물러, 가만히 있으면서도 서서히 맑게 할 것인가? 누가 편안히 영주하면서 활동해 서서히 맑음을 살아나게 할 것인가? 이러한 도를 간직한 자는 무엇을 채울 욕심을 부리지 않으며, 무슨 일이 있어도 채울 욕심을 내지 않는다. 그러므로 그러한 이는 있던 것을 버리고 새것을 이룩하려고 하지 않는다.

〔孰能濁以止 靜之徐淸 孰能安以久 動之徐生 保此道者 不欲盈 夫唯不盈 故能弊不新成〕숙능탁이지 정지서청 숙능안이구 동지서생 보차도자 불욕영 부유불영 고능폐불신성

도움말

자연의 도에 따르는 것[古之善]을 실천하는 자가 진정한 선비임을 제15장은 밝히고 있다. 사물을 어떻게 대하고 만날 것인가를 제15장은 불욕영不欲盈으로 하라고 한다. 그리고 제15장은 유가儒家의 군자와 도가道家의 은자를 서로 견주어 보게 한다. 특히 제15장의 고지선古之善은 제14장의 혼이위일混而爲一을 떠올려 주고 나아가 제10장의 재형포일載形抱一을 연상시켜 도의 작용을 헤아려 보게 한다.

예혜豫兮의 예豫는 동물의 이름으로 코끼리를 나타낸다. 코끼리가 물을 건널 때 처음에는 망설이다가 건너간다는 것을 비유한 것이다.

유혜猶兮의 유猶는 동물의 이름으로 개의 일종이다. 개가 꼬리를 감추고 사방을 두리번거리며 조심하는 모습을 비유한 것이다.

엄혜儼兮의 엄儼은 겸허하고 얌전함을 뜻한다.

환혜渙兮의 환渙은 녹아 풀린다는 뜻이다.

돈혜敦兮의 돈敦은 순박하여 꾸밈이 없음을 뜻한다.

광혜曠兮의 광曠은 공空으로 통하며 비어 있음을 뜻한다.

혼혜渾兮의 혼渾은 화和로 통하며 맑고 빛남을 뜻한다.

정지서청靜之徐淸의 정지靜之는 탁류에 머물러 있음을 암시하고 동지서생動之徐生의 동지動之는 자연의 도를 따라 실천하는 것을 암시해 준다. 동지動之는 제10장의 맑게 씻어 서서히 맑은 거울이 됨[滌除玄覽]을 연상하게 한다.

불욕영不欲盈의 영盈은 제4장의 빈 것을 쓰되 때로는 꽉 채우지 않는다[道沖而用之或不盈]를 떠올려 준다.

능폐불신성能弊不新成의 폐弊는 자연을 버린다는 뜻으로 통할 수 있으며 신성新成은 인위적人爲的으로 만들어 낸 것을 암시해 주고 있다.

제16장 무엇이든 고향으로 돌아간다

나를 비워 내면 고요해진다

작은 그릇은 큰 그릇 속으로 들어가지만 큰 그릇이 작은 그릇 속으로 들어가지는 못한다. 그래서 부엌 안에서 제일 큰 그릇은 설거지 통이게 마련이다. 어쩌면 우주는 만물의 설거지 통인지 모른다. 그리고 노자가 밝히는 자연의 도의 모습을 허虛나 무無라고 부르고 도의 작용을 위일爲—이라고 새길 때 그 허나 무는 설거지 통과 같은 셈이고 그 위일은 설거지를 하는 손일는지 모른다.

내가 우주라는 부엌에 있는 하나의 그릇이라면 나는 설거지 통에 들어가야 말끔하게 씻겨지게 된다. 나에게 묻어 있는 때를 무어라 할까? 편견이라 해도 될 것이고 편애라 해도 될 것이며 시비나 분별의 유식有識이라고 해도 될 것이다. 이런저런 땟국들을 모조리 합쳐서 욕망의 의지意志라고 불러도 될 일이다. 내 마음속에 치렁치렁 붙어 있는 땟국을 어떻게 지워 내서 나를 참으로 편안하고 안락하게 할 수 있을까? 고달프고 답답할 때 이렇게 자문하면 노자가 빙그레 웃으며 내 마음속 귀에다 다음처럼 속삭여 준다.

비워 내고 비워 내 텅텅 비게 하라〔致虛極〕. 고요하고 고요해 도타움을 지켜라[守靜篤]. 만물이 모두 아울러 이루어지는구나[萬物竝作]! 내가 그 만물이 되돌아감을 가만히 살펴볼 때[吾以觀其復] 무릇 무엇이나 무럭무럭 피어나[夫物芸芸] 저마다 본래의 뿌리로 되돌아가는구나[各歸其根].

노자는 왜 허虛와 정靜을 지극하게 내세우는가? 노자는 허정虛靜을 생물의 고향이라고 보았기 때문이다. 허는 만물이 태어나는 자궁처럼 생각해도 되고 정靜은 만물이 저마다 갖고 태어나는 품질쯤으로 보아도 된다. 생명은 무엇이나 허하고 정한 것에서 비롯되므로 그 시작은 유약柔弱한 셈이다. 어떤 떡잎이든 어떤 새끼든 연약하다. 생명은 만물이 조화造化되는 모습이 아닌가!

그러나 생명이 소멸을 향해 간다는 진실을 인간은 한사코 외면하려고 한다. 인간은 마치 영생할 것처럼 갖가지 욕심을 부린다. 강해지려고 하고 억세게 되려고 발버둥을 친다. 그러나 인간은 제 생명을 힘하게 하고 더럽고 추하게 소모하는 어리석음을 미처 모른다. 노자는 이를 안타까워해 만물이 되돌아가는 곳을 살펴 주고 있는 셈이다.

태어나자마자 갓죽은 아기가 가장 오래 산 것이고 칠백 년을 살다 죽은 팽조彭祖는 요절한 것이라고 장자가 말했다. 생사의 사이를 몇 년 며칠로 계산하여 그 기간이 길수록 오래 산 것이고 짧을수록 요절한 것이라고 여기지 말라는 것이다. 한 번의 생사生死일 뿐 인간들이 만든 시간의 길고 짧음을 두고 생사를 저울질 말라 함이다.

진시황은 늙지 않고 영원히 살 수 있는 약을 찾아오라고 신하를 삼천 명이나 사방으로 보냈다지만 진시황은 저 살 만큼 살다가 갔다. 그는 천하를 정복했지만 생명을 제 것으로 정복할 수는 없었다. 내 목숨이라고 하지만 목숨은 내 것이 아니다. 목숨은 소유되는 것이 아니다. 그러나 인간들은 목숨을 소유한다고 착각한다. 이러한 착각을 실實이요, 정情이라고 보아도 된다. 이러한 실과 정이 인간을 가장 고통스럽게 한다.

치허극致虛極의 허虛와 수정독守靜篤의 정靜이 왜 인간을 자유롭게 하고 편안하게 하는지를 헤아릴 수가 있을 것이다. 인간이 욕망으로부터 완전히 떠난다면 그것이 곧 허요, 정이다. 맑고 밝은 마음이라면 무엇을 두려워하고 무엇을 안타까워할 것인가? 당당하고 떳떳할 뿐 거리낌없이 생을 누릴 수 있는 자유보다 더한 자유는 없다. 그리고 그러한 자유를 누리다 하염없이 돌아갈 곳이 있음을 깨우친다면 태어났다고 기뻐할 것도 없고 죽었다고 슬퍼할 것도 없다.

우리는 어디서 와서 어디로 가는가? 이에 대하여 노자는 도에서 와서 도로 되돌아간다고 한다. 그 말씀이 각귀기근各歸其根이며 기근其根을 허정虛靜이라 해도 될 것이고 무위無爲라 해도 될 것이며 자연自然이라 해도 될 것이다. 즉 기근其根은 도道인 셈이다. 도의 움직임〔道之動〕은 되돌아가는 것〔反者也〕이라고 노자가 말한 것과 같다. 생명의 자궁인 도道에서 태어나 다시 도道의 자궁으로 되돌아간다. 그래서 노자는 곡신불사谷神不死라고 했던가!

너그럽게 끌어안는 마음

목숨이 있는 것을 생生이라 하고 목숨이 없는 것을 사死라고 한다.

있는 것을 유有라 하고 없는 것을 무無라고 한다. 무릇 만물萬物은 생성되고 소멸된다고 한다. 이를 명命이라고 한다. 이러한 명을 인간이 어떻게 할 수가 없다는 것을 인간은 일찍 알았다. 그래서 천명天命이란 생각이 나왔다. 천명을 쥐고 있는 것을 도道라고 여겨도 된다.

있는 것은 무엇이든 움직인다. 작은 먼지도 움직이고 태산도 움직인다. 있는 것이면 가만히 멈추어 있지 않다. 생동生動이라고 하지 않는가! 숨을 쉬며 움직이던 몸이 숨을 멈추고 싸늘히 식는다. 숨을 쉬고 움직이던 것이 생生이요, 숨을 멈추고 싸늘한 것은 사死인 셈이다.

인간은 왜 사악하고 간악하며 잔인할까? 이러한 문제를 노자에게 물어본다면 아마도 생生만을 생각할 뿐 죽음[死]을 잊은 탓이라고 대답할 것 같다. 선량하고 부드럽고 안온하게 현명한 인간이 되자면 어떻게 하느냐고 물으면 노자는 다음처럼 대답해 준다.

뿌리로 되돌아가는 것을 고요함이라고 한다[歸根曰靜]. 고요함을 명에 따르는 것이라고 한다[靜曰復命]. 명에 따르는 것을 변함이 없는 것이라고 한다[復命曰常]. 변함이 없는 것을 아는 것이 밝음이라고 한다[知常曰明]. 변함이 없는 것을 모르면 경망스러워 흉한 짓을 범한다[不知常 妄作凶]. 변함이 없는 것을 아는 것을 포용이라고 한다[知常容].

대인大人이나 지인至人이라고 할 때 그는 마음이 넓고 큰 사람이라는 것을 뜻한다. 장자莊子는 덕이 지극한 사람은 자기가 없다[至人無己]고 했다. 자기가 없다는 말은 무슨 뜻일까? 제 욕심을 앞세워 저만 알고 남을 모를 때 자기중심自己中心의 인간이 되고 만다. 가장 불행한 사람은 천하가 자기를 위해서 있다고 착각하는 사람이다. 그리고 가장 행복한 사람은 욕심이 적은 사람이고 가장 부유한 사람은 만족할 줄 아는 사람이다. 목숨을 소중히 하라는 것은 제 목숨만을 소중히 하라는 것이 아니라 모든 목숨을 소중히 하라 함이다. 불가佛家의 자비慈悲나 유가儒家의 인의仁義도 도가道家의 무기無己와 서로 통한다. 자비든 인의든 무기든 모두 자기를 사랑하기 전에 먼저 남을 사랑하라는 길을 트고 있는 까닭이다. 이러한 길을 밟아야 만물을 있게 한 도의 명命을 받고 또 그 명命으로 되돌아갈 수 있음을 노자는 위와 같이 밝히고 있다.

초등학교 4학년에 다니는 쌍둥이 손자들이 말다툼을 하다가 주먹다짐을 하게 되자 할아버지가 그 틈에 끼어들어 싸움을 말렸다. 두 놈이 다 서로 눈살을 찌푸리고 할아버지를 중간에 둔 채 씩씩거렸다. 할아버지가 웃으며 형제가 싸우면 되느냐고 타일렀다. 쌍둥이 형제지만 형은 키가 너무 크고 동생은 키가 너무 작았다.

왜 싸우게 되었느냐고 할아버지가 물었다. 그러자 큰놈이 할아버지의 이야기 때문이라고 쏘아붙였다.

"할아버지가 무슨 이야기를 했는데?"

"할아버지가 신선神仙 이야기를 하면서 신선은 작다고 했지?"

할아버지가 그랬노라고 시인했다. 그러자 동생이 형을 쏘아보며 기고만장했다.

형이 "아니야" 하고 소리를 질렀다. 할아버지가 신선은 크다고 말하지 않았느냐고 형이 따졌다. 할아버지가 그랬노라고 시인했다. 이번엔 형이 동생을 쏘아보며 기고만장했다. 한참을 그렇게 쌍둥이는 서로 버티다가 할아버지에게 다그쳤다.

"도대체 할아버지는 누구 편이야?"

할아버지는 빙그레 웃으며 쌍둥이 편이라고 대답하고는 너희들이 나

중에 어른이 되면 신선은 왜 크면서 작은지를 알 수 있을 것이라고 타일렀다.

신선의 몸집은 도토리보다 작고 신선의 마음은 하늘보다 크다는 내용을 어린 것들은 알 수 없는 일이라고 할아버지는 중얼거렸다.

마음이 욕심의 창고가 되면 마음은 욕심이 빌수록 커지고 욕심이 찰수록 작아진다. 창고에 물건이 그득하면 창고의 빈자리는 줄어들고 물건이 나가면 빈자리가 늘어난다. 이처럼 마음 속에 욕심이란 것이 차면 찰수록 마음은 좁아지고 마음이 좁아질수록 조바심이 나 폭풍을 만난 바다처럼 풍랑이 치게 마련이다.

그러나 마음속이 텅 비게 되면 빈방처럼 누가 드나들어도 걱정이 없다. 도둑맞을 것이 없는 까닭이다. 이처럼 만물을 하나같이 대하는 도의 부름[命]을 따르는 마음은 더할 나위 없이 편안하다고 노자는 밝힌다. 편안한 마음이므로 고요한 바다처럼 된다. 그래서 도로 되돌아가는 마음을 고요하다고 한 셈이다.

제 욕심을 버리면 마음이 텅 비게 되고 텅 빈 마음은 고요할 뿐이다. 이러한 마음이면 이는 곧 도의 명命을 따르는 것이고 욕심을 떠난 마음은 변덕을 부리지 않으므로 변함이 없게 된다. 변함없는 텅 빈 마음은 도의 명命을 복종하는 것과 같지 않은가! 욕심이 수작을 부리고 꾀를 부리면 흉한 꼴을 당하게 된다. 왜 인간은 거짓말을 일삼는가? 자기를 위하려는 욕심 때문이다. 그러나 제 욕심을 버린 마음은 변함이 없으므로 불어오는 바람이든 불어가는 바람이든 맞이하는 잎새처럼 마음속이 흔들린들 상처를 입지 않는다. 누구의 편도 아니고 쌍둥이 편이라고 빙그레 웃는 할아버지처럼 모든 것을 끌어안아 주되 숨기거나 감추지 않는다. 이렇게 큰 마음속을 용容이라고 새겨도 무방한 셈이다.

나는 우주이고 우주는 나이다

나와 너를 주객主客으로 보는 것은 서구西歐의 생각이다. 나와 너를 대립으로 보는 것 또한 서구의 판단이다. 서구의 사고思考는 사다리를 타는 것과 같다. 그러나 동양의 사고는 바퀴를 타는 것 같아 나와 너는 서로 함께하고 의지할 뿐 대립하지 않는다. 도가道家의 유무상통[有生於無]이나 불가佛家의 공색불이空色不二는 바퀴처럼 동양의 사고가 전개되는 것을 잘 말해 주고 있다.

나는 나이고 너는 너이다. 이렇게 분별하고 차별하지 마라. 존재하는 것이면 하나를 안고 있는 것[載形抱一]이며 개나 지렁이에게도 불성이 있다[衆生佛性]고 동양의 사고는 보는 까닭이다. 이러한 사고에서는 대립 관계는 있을 수 없고 상호 관계相互關係가 있다. 도道가 있으므로 내가 있고 나는 다시 도로 되돌아간다고 하는 것이 곧 노자의 귀근歸根이며 복명復命이고 반자反者가 아닌가! 만물을 별개로 보지 마라. 존재의 생사를 생각하면 나는 만물이며 우주이므로 나와 너라고 분별할 것은 없다. 나와 너 이렇게 갈라놓을 것이 아니라 나와 우리가 원둘레를 이룬다고 생각하자고 노자는 다음처럼 밝혀 준다.

변함없음을 아는 것은 두로 통하는 것이며[容乃公], 두루 통하는 것은 왕복하는 것이고[公乃王], 왕복하는 것은 하늘이며[王乃天], 하늘은 어디서나 통하는 길이고[天乃道], 그 길은 영원하다[道乃久]. 그러면 몰락하게 하려는 것이 있다 해도 자신은 위태롭지 않다〔沒身不殆〕.

6.25때 오대산 월정사에 큰스님이 한 분 있었다. 인민군은 후퇴하면서 월정사를 불질러 없애려고 했다. 그러자 큰스님은 법당을 불질러 없애려는 무리를 향해 큰소리를 질렀다.
"내가 법당 안으로 들어간 다음 불을 질러라."
그리고 큰스님은 법당 안으로 들어갔다.
인민군들은 불을 법당에 지르지 못했다. 그래서 지금까지도 오대산에 월정사가 그대로 남아 있게 되었다. 큰스님은 중생을 구하는 법당을 자기 몸과 하나로 여겼던 것이다. 제 몸 하나가 귀중해 산속 어디론가 숨었더라면 법당과 그 안의 불상은 소실되었을 것이다. 큰스님에게 법당은 건물로 보이지 않았고 불상은 조각품으로 보이지 않았던 것이다. 법당을 태우는 것은 중생이 모조리 불살라지게 된다는 큰 마음에서 제 몸을 던져 중생을 구했던 것이다. 스님의 생각이나 노자가 밝힌 몰신불태沒身不殆나 다를 바가 없다.

개체個體는 단독자가 아니라 전체全體의 하나이다. 그 하나는 홀로 있는 것이 아니라 전체와 더불어 있다. 6.25때 월정사를 구했던 큰스님은 자기自己가 곧 중생衆生이며 중생은 우주 만물인 공公으로 보았던 셈이다. 전체와 더불어 있는 개체는 용容이며 개체를 포용하는 전체는 공公이다. 그러므로 개체성個體性을 보편성普遍性과 별개의 것으로 분별하지 마라. 이것이 용내공容乃公이다. 내가 우리이고 우리가 나라는 것이 노자의 포일抱一이고 장자의 제물齊物이 아닌가! 우주 만물의 묶음을 공公으로 보아도 된다. 나〔自己 : 容〕는 우주宇宙:

公요, 우주는 곧 나이다. 이처럼 개체〔容〕와 전체〔公〕가 서로 통하고 있으며 보편성과 특수성이 서로 통한다.

이러한 발상發想이 동양적 사고의 특징이므로 동양 사상에서는 대립을 통한 발전보다 중화를 통한 변화를 추구하게 된다. 두루 통하는 공公은 하늘과 같다. 하늘은 크다. 그래서 공내왕公乃王의 왕王은 우주 만물의 생성과 소멸의 모습을 말하고 있는 것이다. 만물은 모두 오고 가는 것이 아닌가! 이를 노자는 왕내천王乃天이라고 했으며 이를 두루 통하는 것은 크다〔周乃大〕라고도 한다.

큰 것은 도이다〔大乃道〕. 도는 보려고 해도 보이지 않아 이夷라고 이미 노자는 말했다. 이夷는 크고〔大〕 또한 크다〔大〕는 뜻을 담고 있는 이대二大가 아닌가! 이를 일러 장자는 털끝이 가장 크고 태산이 가장 작다고 말했다. 자연의 도道가 크고〔大〕 변함이 없음〔常〕으로 영원한 것〔久〕이 아닌가!

사람은 어떻게 하면 큰가? 마음이 크고 텅 빈 그릇 같으면 인간은 대인이 된다. 노자는 큰 것을 허虛라 했고 정靜이라고 했다. 참으로 큰사람은 누구인가? 마음속을 욕심 없이 텅 빈 그릇처럼 지닌 사람이다.

작은사람은 누구인가? 마음속이 제 욕심으로 가득해 저만 알 뿐 남을 모르고 만물이 함께 더불어 있음을 모르는 자이다. 속이 좁고 옹색한 사람은 어려운 일을 당할 때면 반드시 제 몸을 험하게 하고 더럽게 하여 위태롭게 하고야 만다.

그러나 대인은 하늘이 무너진들 솟아날 구멍이 있는 법이다. 이를 노자는 몰신불태沒身不殆라고 했다. 왜냐하면 마음이 허정虛靜한 사람은 도道의 슬하에서 목숨을 누리기 때문이다.

비워 내고 비워 내 텅텅 비게 하라. 고요하고 고요해 도타움을 지켜라. 만물이 모두 아울러 이루어지는구나! 내가 그 만물이 되돌아감을 가만히 살펴볼 때 무릇 무엇이나 무럭무럭 피어나 저마다 본래의 뿌리로 되돌아가는구나.

〔致虛極 守靜篤 萬物竝作 吾以觀其復 夫物芸芸 各歸其根〕치허극 수정독 만물병작 오이관기복 부물운운 각귀기근

뿌리로 되돌아가는 것을 고요함이라고 한다. 고요함을 명에 따르는 것이라고 한다. 명에 따르는 것을 변함이 없는 것이라고 한다. 변함이 없는 것을 아는 것이 밝음이라고 한다. 변함이 없는 것을 모르면 경망스러워 흉한 짓을 범한다. 변함이 없는 것을 아는 것을 포용이라고 한다.

〔歸根曰靜 靜曰復命 復命曰常 知常曰明 不知常 妄作凶 知常容〕귀근왈정 정왈복명 복명왈상 지상왈명 부지상 망작흉 지상용

변함없음을 아는 것은 두루 통하는 것이며, 두루 통하는 것은 왕복하는 것이고, 왕복하는 것은 하늘이며, 하늘은 어디서나 통하는 길이고, 그 길은 영원하다. 그러면 몰락하게 하려는 것이 있다 해도 자신은 위태롭지 않다.

〔容乃公 公乃王 王乃天 天乃道 道乃久 沒身不殆〕용내공 공내왕 왕내천 천내도 도내구 몰신불태

도움말

제16장은 성인聖人을 체험하게 하는 장이다. 그 성인을 지인至人이라 해도 되고 대인大人이라고 불러도 된다. 마음이 텅 비어 고요하면 인간은 대인이 된다. 그리고 크고 변함없는 도의 슬하에서 삶을 누리는 자가 성인이다. 성인은 누구일까? 자기가 곧 우주이고 우주가 곧 자기인 사람이다. 이는 공사公私가 따로 없다고 보는 큰 마음〔容〕이 우주와 더불어 있음을 말한다고 보아도 된다.

허虛는 무상無象을 뜻한다. 상象은 움직이는 모습이므로 심상心象은 마음의 움직임이다. 무엇 때문에 마음이 움직이는가? 욕심 탓으로 마음이 동하게 된다. 그러므로 인간과 허의 관계를 이해하자면 욕심의 유무有無를 통하여 이해하면 쉽다.

치허致虛는 하늘의 도이며 수정守靜은 땅의 도이다. 하늘이 비어 있으므로 우주 만물이 떠 있고 땅이 변덕스럽지 않으므로 만물이 산다. 천지가 인간처럼 변덕스럽다면 아무것도 있을 수가 없다는 의미로 치허와 수정을 이해하면 무방하다.

귀근歸根은 만물의 시작을 말하고 복명復命은 만물의 끝을 말한다. 시작을 태어남〔生〕이라 하고 끝을 죽음〔死〕이라고 하여 만물의 생성 소멸生成消滅을 귀근과 복명이 밝혀 준다.

용容은 개체個體, 자아自我, 자기自己 등으로 헤아려도 되고 공公은 전체全體, 우주宇宙, 만물萬物 등으로 이해해도 무방하다. 용내공容乃公의 내乃는 서로 통한다〔相通〕는 뜻으로 새겨도 된다.

제17장 폭정暴政일수록 떠들썩하다

치자治者의 서열을 매겨라

사자는 힘이 강해 홀로 밀림을 다녀도 공격을 받지 않는다. 그러나 사슴은 힘이 약해 초원을 홀로 다니면 사자의 밥이 된다. 체력만으로 생존을 따진다면 인간은 사자가 아니라 사슴에 속할 것이다.

사람의 기관器官도 보잘것이 없다. 사람의 눈은 솔개의 눈에 비한다면 눈뜬 장님에 불과하다. 천 길 높이의 하늘에서 땅바닥에 숨은 생쥐를 솔개의 눈은 찾아낸다. 사람의 귀는 부엉이의 귀에 비하면 벽창호에 지나지 않는다. 벼랑 위에 앉아서도 벼랑 밑 흙 속에서 생쥐가 움직이는 소리를 부엉이의 귀는 듣는다. 사람의 코는 사냥개의 코에 비한다면 없는 것이나 같다. 산짐승의 발자국에서 냄새를 맡고 사냥개는 산짐승이 숨어 있는 곳을 찾아낸다. 사람의 촉감은 나비의 더듬이에 비한다면 둔하기가 짝이 없다. 멀리 떨어져 있어도 수나비는 암나비의 체온을 느낄 수가 있다. 이처럼 인간의 몸집은 다른 생물에 비해 보잘것이 없다. 그러나 인간은 다른 짐승이 흉내낼 수 없는 머리를 지녔고 두뇌를 굴려 만물의 영장이라고 뽐낼 수가 있다.

개미나 꿀벌이 사회생활을 한다지만 인간처럼 정치 제도를 만들지는 못한다. 인간은 몸집은 약하지만 두뇌가 뛰어나 집단을 만들어 조직하고 다스리는 쪽과 다스려지는 쪽을 정해 정치 생활을 한다.

정치 조직은 옛날에는 임금과 신하, 백성이 상하로 구분되었고 현재는 행정 · 입법 · 사법으로 삼권이 분립되었지만, 옛날에 임금이 우두머리였던 것처럼 지금도 대통령이 우두머리가 되어 정치 생활이 영위된다.

훌륭한 임금이 있으면 백성이 잘살 수 있었던 것처럼 지금도 훌륭한 대통령을 둔 국민은 편안히 살 수가 있다. 정치 제도만 바뀌었을 뿐 통치자統治者의 품성에 따라 나라 살림이 좌우된다는 것은 예나 지금이나 다를 바가 없다. 그러나 정치의 솜씨는 아주 달라졌다. 옛날은 덕치德治를 으뜸으로 두었고 법치法治를 부끄럽게 여겼지만 지금은 덕치를 잊었고 법치가 으뜸이라고 앞세운다. 못난 인간들이 되어서 형법으로 세상을 얽어매야 할 지경에 이르렀다고 치자들은 으름장을 놓는다. 법에 어긋나기만 하면 척결하겠다는 치자는 노자의 다음과 같은 말을 귀담아 들어 두어야 한다.

더할 바 없이 훌륭한 임금은 임금 노릇을 하고 있다는 것조차 백성이 모르게 한다[太上 不知有之]. 그 다음으로 훌륭한 임금은 임금 노릇을 친절하게 하여 백성들로부터 명예를 얻는다[其次 親之譽之]. 그 다음보다 못한 임금은 임금 노릇을 두렵게 하고[其次 畏之], 아주 못난 임금은 임금 노릇을 부끄럽게 하여[其次 侮之] 백성의 신뢰를 얻지 못해서[故信不足] 불신을 당한다[有不信].

8.15광복이 되자 조선조의 왕가는 입을 열지 못했다. 나라를 팔아먹었으니 입이 열 개라도 할 말이 없었던 것이다. 그래서 임금은 없어지고 대통령이 그 자리를 대신하게 되면서 대한민국은 민주 국가

가 되었다. 우리가 모신 대통령은 어떤 부류에 드는 치자治者일까? 태상太上의 서열에 오를 대통령이 없었다는 것은 분명하다. 차상次上의 대통령도 없었던 것이 분명하다. 어느 대통령이나 그 끝이 험했던 까닭이다.

이 대통령은 노욕老欲만 버렸더라면 차상次上의 대통령은 되었을 것이다. 죽을 때까지 대통령 자리를 고집하면서 나 아니면 안 된다는 아집我執 때문에 병은 시작되었고 못난 간신들을 업었던 탓으로 곪아 터져 자리에서 쫓겨나고 말았다. 차상으로 시작해서 꼴지 대통령의 서열을 얻었던 이 대통령은 끝을 험하게 하고 말았다.

윤 대통령은 약은 짓을 하려다 맥없이 밀려난 다음 '나는 정신적 대통령'이란 유행어만 남기고 자진해서 꼴찌를 택해 대통령 노릇을 부끄럽게 했고, 최 대통령은 투전판의 개평꾼처럼 대통령 자리를 주웠다가 놓치게 되어 망신스럽게 물러났으니 서열에 들 것도 없다.

박 대통령은 꼴찌로 시작하여 보릿고개를 넘게 한 덕으로 '경제 개발 대통령'이란 이름을 얻었지만 총칼로 대통령 자리를 훔쳤고 종신토록 총통이 되려고 욕심을 부려 경찰 국가를 만든 탓으로 백성을 두렵게 해 결국 제 부하의 총에 맞고 마지막을 험하게 했다. 박 대통령은 꼴찌로 시작해서 꼴찌로 끝내고 말았다.

첫 단추를 잘못 잠그면 모든 것이 비뚤어지게 되고 마지막 단추는 단춧구멍이 없어서 옷섶을 찢어 억지로 구멍을 내야 한다. 전 대통령은 마지막 단추 구실을 자청했지만 단춧구멍을 억지로 뚫다 보니 말이 많았다. 대통령 자리를 명예롭게 물려주고 떠난다고 했지만 억지 구멍에 다시 들어간 단추 때문에 옷매무새를 제대로 할 수가 없었다. 그래서 전 대통령은 심산의 절간으로 가서 수모를 당해야 했다.

이렇게 되돌아볼 때 대통령 노릇을 두렵게 하고 부끄럽게 한 서열에 앉아야 할 대통령만 광복 이후 줄곧 만났으니 어찌 한국 백성들이 정치를 믿고 좋아할 수 있겠는가! 통치의 정통성은 어디서 나오는가? 백성에서 나오고 그 백성을 하늘이라고 했던 옛날은 여전히 변치 않는 진리임에 틀림없다. 태상太上은커녕 차상次上의 대통령만 있어도 밤새 안녕하냐는 인사말은 없어질 것이 분명하다.

태상太上은 덕치德治를 행하는 치자治者이다. 그러한 치자라면 임금이 되어도 좋고 대통령이나 수상이 되어도 좋다. 태상은 백성의 손발과 같이 정치를 한다. 몸에 손발이 있지만 있는 줄 모르고 사는 것을 말한다. 이러한 정치를 하는 것을 노자는 다스리고 있어도 그런 줄 모른다〔不知有之〕고 했다.

백성이 치자治者를 친히 여기고 자랑스러워할 때 그러한 치자는 선정善政을 베푸는 자이다. 백성이 아쉬워하고 아파하는 것이 무엇인가를 찾아내 백성이 원하는 대로 고쳐 주는 치자는 효자손과 같다고 할 수 있다. 간지러운 곳을 찾아 긁어 주는 효자손은 안타까움을 시원하게 풀어 주지 않는가! 이러한 정치를 노자는 임금 노릇을 친히 하고 명예롭게 한다〔親之譽之〕라고 했다.

그러나 백성의 심이 되는 치자는 백성을 두려워한다. 백성을 두려워하는 치자를 백성은 무서워한다. 이를 독재자라고 부르고 독재자의 정치를 폭정暴政이라고 한다. 폭정을 노자는 임금 노릇을 두렵게 한다〔畏之〕라고 밝혔다. 폭정이 심하면 학정虐政이 된다. 학정은 백성을 후려치는 몽둥이 짓을 서슴지 않아 백성을 신음하게 하고 공포에

질리게 한다. 이러한 학정은 부끄럽기 짝이 없는 횡포이므로 백성의
신뢰를 잃고 망할 수밖에 없다. 이를 노자는 모지侮之라 했다. 공자도
모난 그릇이면 물이 모나게 담기고 둥근 그릇이면 물도 둥글게 담긴
다[孟方水方]라는 말을 남겼다. 성군이면 백성은 업어 모시고 폭군이
면 결국 백성의 발길에 차인다. 이를 노자는 백성의 믿음을 잃었다
[有不信]라고 해 두었다.

선정善政은 덕치德治의 아우뻘이다

치자가 덕치를 하기는 어렵다. 다스리는 마음이 허정虛靜해야 되는
까닭이다. 허정한 마음은 욕심을 남김없이 버려서 그 속이 텅 빈 방
과 같음이다. 성인이 아니고서는 사람이 그렇게 되기는 어렵다. 성인
이 치자가 되어 본 적은 없다. 태평성대는 전설 속의 현실일 뿐이다.
그러나 치자가 마음 두기에 따라 선정을 베풀 수는 있다. 허정의
경지는 아닐지라도 자기의 욕심을 줄이고 야심을 버린다면 선정은
가능하다. 덕치의 태상太上은 못될지언정 선정의 차상次上이 되려면
어떻게 하면 될까? 이러한 물음에 대하여 노자는 다음처럼 대답해
주고 있다.
말을 귀하게 하니 다스림이 유연하구나[猶兮其貴言]! 덕을 쌓아 이
룩하고 말없이 무위로 이루고 다해[功成事遂] 백성은 모두 저마다 스
스로 그냥 저절로 이르게 된다고 한다[百姓皆謂我自然].
백성을 위하는 마음으로 세상을 다스리면 저절로 선정은 이루어진
다. 다스림을 돋보이게 하려고 수작을 부리거나 꾀를 내면 낼수록 선

정은 멀어지고 정치는 거짓을 범하게 된다. 거짓이란 인위人爲의 잔
꾀에서 비롯되는 법이다. 그래서 노자는 정치를 인위人爲로 하지 말
고 무위無爲로 하라고 한 것이다. 공성功成은 덕德을 쌓아 이룩하라는
것이다. 덕이란 무엇인가? 목숨을 이롭게 하고 공치사를 하지 않는
것이 곧 덕이다. 사수事遂는 다스리는 일〔事〕을 나아가게 하고〔進〕 이
루게 하며〔成〕 잘 갖추어〔具〕 자라게 할 것〔生〕이며 모자람이 없이 다
하라〔盡〕는 뜻을 두루 간직한 수遂와 더불어 해야 함을 암시하고 있
는 셈이다.

제2차 세계 대전에서 처칠은 패망으로부터 영국을 구한 영웅이었고
드골은 점령당한 조국의 백성들을 좌절로부터 이겨내게 한 레지스탕
스의 영웅이었다. 전쟁이 승리로 끝나자 영국 사람들은 처칠 수상을
환호했고 프랑스 사람들은 개선장군이 되어 돌아온 드골을 열렬히 환
영했다.
그러나 전쟁이 끝난 다음 하원 의원에 입후보했던 처칠은 낙선을 했고
드골은 종전 뒤 국가 원수를 하다 스스로 실정失政을 인정하고 물러났
다. 물러난 처칠은 고향에서 수채화를 그렸고 낙향한 드골은 독서와
집필로 은둔 생활을 했다.
다시 백성이 그들을 찾게 되었을 때 아무런 말 없이 부름에 따라 나라
의 병든 곳을 치유하는 정치를 해 백성의 걱정을 덜어 주었다. 이처럼
처칠이나 드골은 백성이 부르면 치자의 자리를 부끄럽지 않게 하였고
백성이 물러가라 하면 아무런 말 없이 물러갔다.
드골이나 처칠이 선정을 베푼 치자였다는 것은 아무도 부정하지 않는
다. 그래서 영국 백성들은 처칠을 자랑스러워하고 프랑스 사람들은 드

골을 우러러 존경하며 자랑한다. 이처럼 선정은 백성을 어린아이처럼 즐겁게 한다.

그러나 독일의 히틀러를 생각해 보라. 통치를 웅변의 주제로 생각하면서 모든 백성으로 하여금 '하이 히틀러'를 외치게 했고, 폭정으로 세상을 겁에 질리게 했고, 백성을 전쟁터로 내몰아 멍에를 짊어진 소나 말처럼 부려 먹었던 히틀러는 결국 제 손으로 제 목숨에 총질을 하고 말았다.

처칠과 드골이 서거했을 때는 온 백성이 슬퍼하고 애도했지만 히틀러가 자살을 했다고 했을 때 세상 사람들은 모두 시원하다고 했다. 이처럼 선정의 치자와 폭정의 치자는 그 마지막에 이르면 백성이 분명하게 판정한다.

덕치德治와 선정善政은 무위無爲의 정치라고 노자는 밝힌다. 그러나 폭정暴政과 학정虐政은 인위人爲의 다스림이 빚어내는 탈이라고 노자는 새겨보게 한다. 치자가 세상을 다스리지만 백성들은 누가 다스리는지 모를 정도로 정치에 무관심하고 마음 편하게 살 수 있다면 그러한 다스림을 무위無爲의 정치라고 보아도 된다.

국민을 괴롭히고 겁먹게 하고서는 호주머니를 털어 사리사욕을 채우는 치자가 있다면 나라를 훔쳐 가는 도둑을 상전으로 두고 있다는 생각 때문에 백성은 못난 정치를 무서워하면서 잘못되어 가는 정치에 신경을 쏟게 된다. 정치에 민감하게 반응하는 세상일수록 정치가 잘못되어 가고 있다는 것을 증명하는 것이다.

이를 꿰뚫어 보았던 노자는 무위로 정치를 하라고 당부했다. 무위의 정치란 무엇인가? 정권욕이나 권력의 야망을 자기 욕심으로 채우지 않으려고 하면 무위의 정치는 시작되는 것이다.

더할 바 없이 훌륭한 임금은 임금 노릇을 하고 있다는 것조차 백성이 모르게 한다. 그 다음으로 훌륭한 임금은 임금 노릇을 친절하게 하여 백성들로부터 명예를 얻는다. 그 다음보다 못한 임금은 임금 노릇을 두렵게 하고, 아주 못난 임금은 임금 노릇을 부끄럽게 하여 백성의 선뢰를 얻지 못해서 불신을 당한다.

〔太上 不知有之 其次 親之譽之 其次 畏之 其次 侮之 故信不足 有不信〕
태상 부지유지 기차 친지예지 기차 외지 기차 모지 고신부족 유불신

말을 귀하게 하니 다스림이 유연하구나! 덕을 쌓아 이룩하고 말없이 무위로 이루고 다해 백성은 모두 저마다 스스로 그냥 저절로 이르게 된다고 한다.

〔猶兮其貴言 功成事遂 百姓皆謂我自然〕 유혜기귀언 공성사수 백성개위아자연

도움말
제17장은 이상적인 치자治者를 밝혀 주고 있다. 무위의 정치가 곧 덕치의 근본임을 노자는 밝히고 있다.
치자治者를 세 갈래로 나누어 두고 있다. 덕치를 하는 치자는 다스리면서도 백성이 다스린다는 생각을 갖지 않도록 세상을 편하게 하는 치자이며, 선정을 베푸는 치자는 다스림을 백성과 친밀하게 하여 치자를 백성이 자랑스럽게 여기게 하고, 폭정이나 학정을 일삼는 치자는 정치를 부끄럽게 하고 백성으로부터 수모를

당한다는 것이다.

유혜獨兮는 유연하다고 새겨도 되고 자연스럽다고 보아도 된다.

공성功成은 무위의 덕을 쌓아 이룩함을 뜻하는 것으로 통한다.

사수事遂는 일을 하되 말없이 다해 백성을 가르친다는 뜻으로 새겨도 무방하다.

제18장 인간이 자연을 버린 뒤로 혼란해졌다

우주는 인간의 것이 아니다

인간의 고통과 고뇌, 그리고 절망은 어디서부터 그 싹이 텄을까? 이러한 물음에 대하여 노자는 간명하게 말하고 있다. 자연을 버리면서 그러한 싹이 트기 시작했다고 단언하는 까닭이다.

불가佛家의 여래如來도 인생을 고苦라고 단언했지만 여래의 견해와 노자의 견해가 일치하는 것은 아니다. 여래는 생로병사生老病死를 고苦라고 보았지만 노자는 생로병사를 자연의 생사生死로 보았고 그 생사를 복명復命으로 보았다. 앞에서 보았듯이 복명을 귀근歸根과 더불어 자연의 도에서 나왔다가 자연의 도로 되돌아가는 것으로 생각했던 노자의 관점을 연상하면 알 수 있다. 그러므로 인생의 고苦는 인간에 의해서 빚어지는 것이지 자연의 도가 고苦와 낙樂을 분별하는 것은 아니다.

인간의 불행은 어디서 왔는가? 인간 자신이 자연을 버리면서부터 시작되었다고 노자는 단언한다. 이러한 관점은 장자에서도 분명하다. 무위無爲:自然는 무엇인가? 이러한 물음에 대하여 장자는 소와 말의 네 다리이다[牛馬四足 是謂天]라고 잘라 대답했고 인위人爲:文化에 대해서는 말의 자갈과 소의 코뚜레이다[駱馬首 穿牛鼻 是謂人]라고 대답했다. 소나 말에게 네 다리가 없다면 얼마나 불편하고 고통스러울 것인가! 말의 입에 물린 자갈이 없고 소의 코를 뚫고 걸린 코뚜레가 없다면 소는 얼마나 편할 것인가! 말하자면 인간의 의지意志와 욕망欲望에 맞추어 우주 만물을 만나기 시작하면서부터 인간의 모든 불행은 그 싹을 틔우게 되었다는 것이 노장의 관점인 셈이다. 노자는 그러한 관점을 다음처럼 분명히 하고 있다.

자연의 도를 버리자 인의가 있게 되었고[大道廢 有仁義], 인간의 지혜가 나타나자 엄청난 속임수가 있게 되었으며[智慧出 有大僞], 육친이 서로 화합하지 못하게 되자 효도와 자애를 강조하게 되었고[六親不和 有孝慈], 나라가 혼란해지자 충신이 있게 되었다[國家昏亂 有忠臣].

유가儒家는 사람과 짐승은 다르다[人獸之辨]고 주장한다. 인간에게는 인의仁義라는 인륜人倫이 있지만 짐승에게는 그러한 것이 없다고 유가는 주장하면서 인간을 본위로 세상을 다스려야 함을 앞세웠다. 그러나 노자는 목숨은 사람의 것이나 짐승의 것이나 다를 바가 없다고 보았다. 목숨은 사람의 것만 소중한 것이 아니라 벌레의 목숨도 다 같이 소중하다고 보는 것이 노자가 밝힌 재형포일載形抱一이 아닌가! 인간을 사랑한다고 말하지 마라. 자연을 사랑하라. 이것이 자연의 도를 따라 걷는 삶이다. 하지만 유가가 주장하고 있는 인의仁義는 천하의 질서가 사람에 의해서 다스려진다는 생각을 떠날 수 없다. 그러나 인간은 인의仁義를 말하면서도 불인不仁과 불의不義를 범하지 않는가? 이렇게 노자는 우리 인간에게 반문한다.

잔인하고 잔혹한 것. 이것이 불인不仁이다. 불인을 범하면서도 이유를

앞세워 변호하려는 잔꾀가 불의不義이다. 인간이 세상을 다스린다고
여기면 이러한 불인과 불의는 그칠 날이 없다. 인간의 역사를 보라. 하
루도 인생이 편한 적이 있었는가?

부정·부패·횡령·사기·강간·살인 등 이루 헤아릴 수 없는 인생의
아픔들이 얼룩져 현실을 이룬다. 왜 인생은 이렇게 되어 가는가? 인간
과 인간이 서로 다투고 싸우는 까닭이며 천지가 마치 인간을 위하여
있는 것처럼 착각하기 때문이다.

자연의 도를 버리고〔大道廢〕 인간 중심의 길을 따라가면서 인간은
무수한 문물제도를 만들어 인생을 고달프게 하고 있다. 그러한 고달
픔이 이제는 절정에 달해 만물이 더불어 살아야 하는 천지가 인간의
전리품처럼 되어 자연을 잃어버리고 물질만 알아 인간은 천지를 도
둑질하면서 신음한다. 노자가 밝힌 대도폐大道廢를 곰곰이 생각해 보
면 문명의 말기 현상이 어떠하리라는 것을 미리 점칠 수 있다.

알아서 탈이고 모르면 약이다. 이러한 속담이 생겨난 것은 좁은 소
견이 세상을 막막하게 하는 까닭이다. 우물 안 개구리는 바다를 모르
고 적도의 밀림에 사는 새는 북극의 얼음을 모르는 것처럼 인간이 안
다는 것은 참으로 작은 부분일 뿐이다. 조금 아는 것을 가지고 모든
것을 다 아는 것처럼 행세를 하면서 인간은 자신이 얼마나 무모한가
를 짚을 줄 모른다. 권모술수權謀術數로 세상을 고칠 수 있다고 생각
한다면 돌팔이 의사가 중병을 고친다고 여기는 것이나 다를 바가 없
다. 노자는 인간의 지혜가 생선 가게의 고양이 같다고 여겼다. 그래
서 노자는 지혜출 유대위智慧出 有大僞라고 단언하고 있다.

배가 고파 남의 집 부엌에 들어가 밥 한 그릇을 훔쳐 먹은 좀도둑은 불쌍한 인간이다. 칼을 들고 남의 집 안방으로 쳐들어가 보석함이나 돈궤를 터는 도둑은 못난 인간이다. 사기를 쳐서 남의 호주머니를 터는 놈은 머리가 비상한 도둑이다.

그러나 가장 큰 사기는 권모술수權謀術數에서 나온다. 권세는 본래 썩은 고깃덩이 같아 불개미 떼가 몰려들기 쉽다. 불개미 떼를 쫓지 못하면 권부는 결국 그 무리의 밥이 되고 만다.

조선조 중종中宗 때의 기묘사화己卯士禍는 기막힌 음모로 시작되었다. 조광조趙光祖가 왕도王道를 부르짖으며 부패한 보수 세력을 궁궐에서 쓸어 내자고 외쳤다. 보수파는 위기를 느꼈고 조광조, 김정金淨, 김식金湜 등의 신흥 세력을 제거할 음모를 꾸미기 시작했다.

홍경주洪景舟의 딸 희빈熙嬪이 중종을 옆에서 모시고 있었다. 보수파의 사주를 받은 희빈은 이불 속 송사를 시작했다. 백성들을 앞세워 조광조가 장차 임금이 되려고 한다는 소문이 자자하다고 희빈은 중종에게 밤마다 고자질을 했다.

그뿐만이 아니었다. 보수파들은 은밀하게 궁궐 안 나무 잎새에다 '앞으로 조씨가 왕이 되려고 한다〔走肖爲王〕'는 글귀를 꿀을 발라 써 두었다. 벌레들이 그 꿀을 빨아먹으면서 잎새의 살마저 갉아먹어 음모의 글귀가 잎새에 자연스럽게 새겨질 수 있었다. 이 잎새를 중종에게 갖다 바쳐 왕마저 위기 의식을 통감하게 했다.

그리고 잎새의 글귀가 하늘이 알려 주는 징표라고 입질을 했다. 중종은 결국 보수파의 잔꾀에 넘어갔다. 결국 신흥 세력은 모조리 귀양을 갔고 대부분은 사약을 받았다. 보수파의 무리들은 후환을 없애고 권세의 잎새를 갉아먹을 수 있었다. 나뭇잎 하나로 사람의 목숨을 빼앗고 부귀영화의 밥통을 훔치는 술수는 천지에 없는 인간의 지략智略이 아 닌가!

지혜智慧가 생겨난 뒤로 엄청나게 큰 사기 행각이 있게 되었다〔智慧 出 有大僞〕는 노자의 말을 곰곰이 생각해 보면 천하에 못된 짓은 무엇 을 좀 안다는 무리들에 의해서 저질러져 왔다는 것을 헤아려 볼 수가 있다. 영악하고 탐욕스런 인간의 지략智略이 없다면 세상이 태평하리 란 것은 짐작하고도 남는다. 지혜출 유대위智慧出 有大僞는 인위人爲가 짓는 무수한 상처들을 곰곰이 살펴보게 한다.

부모, 형제, 자매는 서로 사랑으로 얽힌 핏줄이다. 아랫사람은 윗 사람을 모셔야 한다. 이것이 효孝이다. 윗사람은 아랫사람을 따뜻이 보살펴야 한다. 이것이 자慈이다. 아랫사람이 윗사람을 넘보게 되자 효孝를 강조하게 되었고 윗사람이 아랫사람을 학대하고 천대하게 되 자 자慈를 강조하게 되었다고 노자는 보았다. 육친六親 사이에 불화不 和가 생겨난다면 남과 남 사이야 두말할 필요가 없을 것이다.

왜 인간은 오손도손 살지를 못하고 서로 헤집고 싸우며 상처를 내 고 아프게 사는가? 인위의 욕망이 인간을 그렇게 몰고 간다는 생각 을 버릴 수가 없다. 인위의 욕망 중에서 가장 게걸스럽고 무서운 것 이 곧 물욕物欲이다. 물욕은 사탕처럼 달아 사람을 미쳐 버리게 하는 독이 있다. 그 독침을 맞으면 천하에 돈밖에 아무것도 보이지 않게 된다. 그리고 제 몫을 한 푼이라도 더 챙겨 두려고 굶주린 개가 밥통 을 긁어 구멍을 내듯이 혈육血肉도 서슴없이 잘라 버리려고 한다.

한 가장이 엄청난 재산을 남기고 죽었다. 아내는 남편이 남긴 재산이 제 것이라고 주장했고 아들 또한 재산이 모두 자신의 것이라고 맞섰다. 모자는 유산을 놓고 미친 개처럼 군침을 흘렸다.

아들이 먼저 변호사를 사서 소송을 걸었다. 합법적으로 상속을 받을 권리를 법정의 판결로 확보하겠다는 자식에 대하여 그 어머니도 변호사를 사 법정에서 맞섰다.

유산을 두고 서로 차지하겠다는 모자를 흙 속에 묻힌 가장이 다시 살아 나와 본다면 뭐라 할까? 상상해 보면 앞이 막막해질 것이다. 재산이 뭐길래 이렇게 사람을 염치없게 하고 모자의 정마저 법정에서 저울질당하게 하는가? 살맛이 싹 없어져 버린다.

‘유산을 놓고 모자가 법정에 서다.’ 한때 이러한 기사가 큼직하게 신문 사회면을 장식한 일이 있었다. 엄청난 재산을 남기고 눈을 감은 그 가장은 차라리 거지로 살다가 죽은 것만 못하다는 흉을 잡히게 되었고 유산을 놓고 법정 투쟁을 벌였던 그 모자母子는 계모와 전처 자식 간은 남남보다 못하다는 욕을 먹었다. 이렇게 가족을 갈라놓은 것이 무엇인가? 인간의 욕망이 아닌가! 인간의 불화는 욕망에서 나온다. 이러한 욕망을 아무리 절제하자고 외쳐도 아무런 실효가 없는 이유는 무엇일까? 인간이 인위의 덫에 걸려들어 자연스럽게 사는 길을 벗어난 탓이라고 노자는 보았다. 그래서 육친불화 유효자六親不和 有孝慈라고 했다.

인간이 자연의 길[大道]을 벗어난 뒤로 세상은 혼란스럽게 되었다. 사랑하라[仁]고 하지만 미워하는 일들[不仁]이 줄을 잇고 당당하고 떳떳하게 살라[義]고 외치지만 부끄럽고 수치스런 일들[不義]이 판을 친다.

아무리 자녀를 사랑으로 보살펴 주라고〔慈〕 하지만 부모가 자식을 골목에 내버리는 일이 일어나 고아원이 생겼다. 아무리 부모를 잘 모시라〔孝〕고 하지만 자식이 부모를 내쫓아 양로원이 생겼다.

나라를 깨끗하고 맑게 다스려야 한다고 하지만 부정·부패·사기·횡령·착복 등의 범죄가 밤낮으로 일어나 감옥은 빌 날이 없다. 강하면 약한 것을 주워 먹고 약한 것은 별의별 잔꾀를 부려 살아남을 술수를 쓴다. 그렇게 되어 나라는 어지럽고 편안할 날이 없다. 권세를 고깃덩이로 여기고 들러붙는 쇠파리 떼가 간신 노릇을 일삼게 되면 그 쇠파리를 쫓아내자고 파리채를 든 자가 충신忠臣이 되는 역사는 얼마든지 있다. 간신이 없으면 충신도 없을 것이 아닌가!

왜 나라가 어지러운가? 인간의 욕망과 야망이 겹쳐서 나라마다 어지럽게 흔들리고 있는 까닭이다. 하늘에 둥둥 떠가는 구름처럼 인간이 유유하게 산다면, 낮은 곳으로 향하는 물길처럼 순리대로 인간이 산다면 인간도 수풀 속의 새들처럼 살 수 있는 일이 아닌가! 이처럼 노자는 외치고 있다.

原文
의역

자연의 도를 버리자 인의가 있게 되었고, 인간의 지혜가 나타나자 엄청난 속임수가 있게 되었으며, 육친이 서로 화합하지 못하게 되자 효도와 자애를 강조하게 되었고, 나라가 혼란해지자 충신이 있게 되었다.

〔大道廢 有仁義 智慧出 有大僞 六親不和 有孝慈 國家昏亂 有忠臣〕 대도폐

유인의 지혜출 유대위 육친불화 유효자 국가혼란 유충신

도움말

제18장은 무위無爲의 세상과 인위人爲의 세상이 어떻게 다른지를 살펴보게 한다. 인간이 겪는 갖가지 혼란의 아픔은 우주 만물을 인간 중심으로 여기는 오류에서 빚어진다는 생각을 하게 하는 장이다.

대도폐大道廢의 폐廢는 인간이 자연의 도를 버렸음을 뜻한다.

유인의有仁義는 《노자》란 책이 공맹孔孟 이후에 만들어진 것이 아니냐는 의문을 제기하고 있는 구절이다. 왜냐하면 공맹 이전에는 인의仁義를 주장한 적이 없다고 보는 견해가 있기 때문이다.

지혜출智慧出의 지혜智慧는 인간의 지략智略을 뜻한다.

유효자有孝慈의 효孝는 아랫사람이 윗사람을 사랑하는 것이며 자慈는 윗사람이 아랫사람을 사랑하는 것이다.

제19장 나를 작게 하고 욕심을 줄여라

어떻게 하면 행복할까

쥐구멍에도 볕 들 날이 있다. 음지가 양지로 되고 양지가 음지로 된다. 이러한 속담들은 있지만 인간의 삶에서 선악이 제대로 분별되는 경우는 별로 없다. 그러나 인간은 무엇이 선이고 무엇이 악인지 분간하려고 노력한다. 하지만 인간이 세상을 다스리고자 별의별 문물제도들을 만들어 놨지만 생선 가게에 고양이를 앉혀 놓은 꼴이 되는 경우가 허다했다. 그래서 백성은 허리띠를 졸라매고 권부에 있는 자들은 부귀영화를 독점하는 일들이 역사를 꿰뚫어 왔다.

공자孔子는 썩은 세상을 고쳐 보려고 천하를 돌아다녔다. 이 나라 저 나라의 임금을 찾아가 덕을 베푸는 정치를 하라고 간청했지만 번번이 따돌림을 당하고 냉대를 받았다. 공자가 수기치인修己治人을 외쳤지만 권세를 탐하는 자들은 나를 닦는 것〔修己〕은 제쳐 두고 남을 다스리는 것〔治人〕에만 눈독을 들이고 천하를 제 것인 양 착각했다. 왕도王道를 입으로 뱉으면서 폭정暴政이 아니면 학정虐政을 일삼아 백성은 살아가기가 고달팠다. 노자는 공자가 안타까워하는 것을 부질없다고 여겼던 모양이다. 왜냐하면 공자가 주장했던 내용들은 노자에 의해서 다음처럼 무참하게 부정당했기 때문이다.

성인이 된다는 것을 끊어 버리고 지모를 버린다면 백성은 백 배로 이롭게 되리라〔絶聖棄智 民利百倍〕. 어질다는 것을 끊어 버리고 옳다는 것을 버린다면 백성은 사랑하는 마음으로 돌아가리라〔絶仁棄義 民復孝慈〕. 기교를 끊어 버리고 이익을 버린다면 도적이 생겨나지 않으리라〔絶巧棄利 盜賊無有〕. 이 세 가지는 인간의 것으로 해결하기는 부족하다〔此三者 以爲文不足〕.

중이 제 머리를 못 깎고 제 얼굴은 제가 볼 수 없는 법이다. 인간이란 존재의 운명은 인간의 것이 아닌데도 제 것인 양 생각하는 것이 모든 고통의 원인이라고 노자는 보았다. 인간의 지식욕知識欲, 인간의 출세욕出世欲, 인간의 소유욕所有欲 등이 인仁을 앞세워 불인不仁을 저지르며 의義를 앞세워 불의不義를 범하지 않는가? 남보다 높아지고 남보다 부자가 되고 남보다 더 힘을 가지려고 발버둥치는 인간이란 군상을 노자는 아마도 불인 줄 모르고 뛰어드는 불나방처럼 보았던 모양이다. 제 꾀에 제가 넘어가는 인간의 어리석음은 어디에 있는가? 노자는 이러한 물음에 대하여 위와 같이 말해 두었다.

박 대통령 시절 빈익빈貧益貧 부익부富益富라는 말이 바람처럼 떠돌았다. 권세를 치부의 수단으로 삼는 무리들이 황금충이 되어 너도나도 미다스 왕이 되어 보려고 입질을 하기 시작하면서 생겨난 말이다. 황금을 원하다가 만지는 것이면 무엇이나 황금이 되어 곤혹을 치렀다는 이야기 속의 미다스 왕처럼 황금충은 권력을 도둑질의 면허증쯤으로 여기면서부터 가난뱅이는 더 가난해지고 부자는 더욱 부자가 되는 꼴로 접어들게 되었다.

그리고 떡고물이란 유행어도 생겼다. 나라 살림을 떡으로 생각하고 떡을 만들다 보면 고물이 손에 묻게 마련이라는 것이다. 그러나 참외 밭에 가서는 갓끈을 고쳐 매지 말라고 했으며 창랑의 물이 맑으면 갓끈을 씻고 더러우면 발을 씻는다고 하지 않았던가!

이른바 지도급 인사들이 나라 살림을 제 밥상처럼 여긴다면 그 나라는 싹이 노란 것이다. 너도나도 돈벌레가 되면 태양을 제 것으로 만들어 팔아먹겠다고 벼르는 과부跨夫 같은 인간이 되고 말며 출세욕에 미친 사람은 세조世祖의 장자방이었던 한명회韓明澮를 닮는 법이 아닌가! 이처럼 인간은 모두 잘난 사람이 되고 싶어할 뿐 겸허하고 수수하게 될 줄을 모른다. 인간이 겪는 고통은 바로 여기서 나온다.

공자는 순舜 임금을 성군聖君의 모범으로 삼고 있지만 열자列子에 보면 순 임금은 임금의 자리를 지키기 위하여 육친의 불화를 겪었다. 순 임금은 제 자식을 내치거나 죽이고 임금의 자리를 보전했었다고 열자는 비웃고 있다. 열자의 말대로라면 어찌 순 임금이 성군일 것인가! 덕이 지극하다고 자부하는 짓을 버려라. 이것이 곧 노자의 절성絶聖이다.

두더지는 덫에 걸리지 않는다. 어디서나 땅을 파고 열심히 자기가 먹을 것을 찾는 까닭이다. 그러나 영악한 족제비는 미끼에 혹해 덫에 걸린다. 족제비는 훔쳐먹는 짓을 타고났기 때문이다. 두더지처럼 사는 사람은 제 먹을 밥만큼만 탐하므로 쇠고랑을 차는 일이 없지만 족제비처럼 사는 사람은 영악하게 굴면서 겉으로 영리한 체하다가 꼬리가 잡혀 쇠고랑을 차고 감옥으로 간다.

재주만 믿고 수작을 부리지 마라. 이것이 곧 노자의 기지棄智이다.

노자의 절성기지絶聖棄智가 세상에 퍼지게 된다면 백성이 백 배로 이롭게 될 것은 분명하다. 치자의 횡포와 탐획이 없어져 너도나도 속을 터넣고 세상을 살 수 있을 것이기 때문이다. 위정자爲政者라면 거짓의 탈을 쓴 위정자爲政者가 되지 말라 함이 노자의 절성絶聖이며 기지棄智가 아닌가!

독재자의 초상은 언제나 미소를 짓는다. 인자한 미소 뒤에는 잔인하고 잔혹한 속임수가 숨어 있다. 개처럼 말을 잘 들으면 미끼를 던져 주고 말을 듣지 않으면 족쇄를 걸어 지하에 가두거나 심하면 목숨을 빼앗아 권좌를 누리는 것이 독재자의 습성이다. 겉으로는 사랑하는 체하면서 뒤로는 증오의 씨앗을 뿌리는 짓을 하지 마라. 이것이 곧 노자의 절인絶仁이다.

살인도 증거만 없다면 무죄가 될 수 있다고 생각하며 완전 범죄를 노리는 인간은 무슨 짓이라도 한다. 세상을 다 속일 수 있으므로 마음속에만 감추어 두면 어떤 음모든 탄로가 나지 않는다고 여기는 인간도 무슨 짓인들 할 수가 있다. 동기야 구린내가 나더라도 결과만 번듯하면 된다고 여기는 무리도 무슨 짓인들 범할 수가 있다. 속임수로 올바른 척하면서 뒤로는 못된 짓을 꾸미고 범하지 마라. 이것이 곧 노자의 기의棄義이다.

인간이 참으로 사랑을 행한다면 사랑한다고 말할 것은 없다. 인간이 참으로 옳게 산다면 올바름을 강조할 것도 없다. 사랑하지 않으므로 사랑하라고 주장하게 되며 옳지 못하므로 옳게 되라고 독려하게 된다. 이는 다 인간이 자연을 떠난 탓이라고 노자는 생각했다. 자연의 품에 안기면 사랑 아닌 것이 없고 옳지 않은 것이 없다. 자연인自然人이 되면 백성은 서로 사랑하고 올바르게 된다는 것이 노자의 절인기의絶仁棄義가 아닌가!

원숭이도 나무 위에서 떨어진다. 혹을 떼려다 혹을 하나 더 붙인다. 제 손에 든 도끼로 제 발등을 찍는다. 이러한 속담이 있지만 기교를 부리려고 발버둥을 치다가 나무 위에서 떨어지는 원숭이가 되기도 하고 욕심을 사납게 부리다 도끼로 제 발등을 찍는 짓을 인간은 멈추지 않는다. 천하에서 제일 무서운 도둑은 무엇인가? 욕심이다. 닭 잡아먹고 오리발을 내놓지 마라. 이것이 곧 노자의 절교絶巧이다. 사나운 욕심으로 탈을 내지 마라. 이것이 곧 노자의 기리棄利이다.

갓난아이는 도둑이 될 수 없다. 욕심을 사납게 부릴 줄 모르는 까닭이다. 도둑질이란 사나운 욕심에서 생기는 것일 뿐 도벽盜癖은 본능이 아니다. 그래서 배고파 훔쳐 먹은 밥도둑은 용서하라고 하지 않는가! 욕심을 채우고〔利〕 그것을 위하여 수작을 부리는 짓〔巧〕을 하지 마라. 이것이 노자의 절교기리絶巧棄利가 아닌가!

명예욕에서 덕을 파는 성聖, 명예욕에서 능력을 파는 지智, 출세욕에서 사랑을 파는 인仁, 출세욕에서 정의를 부르짖는 의義, 재물욕에 사나운 교巧, 그리고 재물욕에 미친 이利 등은 노자의 관점에서 본다면 인위人爲의 뒤탈에 속할 것이다. 이러한 뒤탈을 다시 인위로 제거하거나 고친다는 것은 불가능하다고 노자는 보았다. 이위문부족以爲文不足의 문文은 이를 암시하고 있는 셈이다.

공자는《논어》에서 문질빈빈文質彬彬이라고 했다. 보기 좋고 아름답게 꾸미는 것이 문文이며, 꾸미는 것을 떠나 있는 그대로를 질質이라고 한다. 문은 문화요, 문명이며 갖가지 제도를 수렴하고 있는 것이고 질은 자연의 모습을 뜻하는 셈이다. 그러므로 문은 인간의 것이고 질은 자연의 것이다. 공자가 문이 질을 이겨도 안 되고 질이 문을 이겨도 안 된다고 보았던 것이 빈빈彬彬이다. 그러나 노자는 인간의 병을 인간이 짓는 약으로는 고칠 수 없다고 보았던 셈이다. 즉 노자는 인위를 버리고 자연으로 돌아가 안기라고 갈파했다.

인간을 아프게 하고, 인간을 사납게 하며, 인간을 영악하게 하는 병을 고칠 수 있는 약을 어떻게 구한단 말인가? 이에 대하여 노자는 다음처럼 처방을 내리고 있다.

그러므로 인간이 따르게 할 본분이 있다[故令有所屬]. 소박한 것을 찾아 지니게 할 것이며[見素抱朴], 사사로움을 적게 하고 욕심을 줄이게 하는 것이다[少私寡欲].

견소포박見素抱朴은 있는 그대로 마음을 쓸 것이며 있는 그대로 행동하라는 말로 통한다. 성인인 체 돋보이게 하지 말 것이며, 지모가 뛰어나다고 자랑하지 말 것이며, 어질다고 외치지 말 것이며, 정의롭다고 주장할 것도 없고 갖은 수작을 다 부려 욕심을 채우려고 발버둥칠 것도 없다.

스스로 자기를 소박素朴하게 하라. 그러면 인간은 자기를 작게 하고 제 욕심을 사납게 부리지 않을 줄 알게 될 것이다. 이것이 인간을 아프게 앓고 있는 병을 고칠 수 있는 처방이다. 심한 후유증에 시달리고 있는 현대문명은 이러한 노자의 말을 경청하게 한다. 언제 인간은 노자의 이러한 당부에 고개를 숙일까? 남극의 하늘에 오존층이 뚫려 구멍이 났다고 한다. 천공을 둘러싸고 있는 오존층에 왜 구멍이 났을까? 노자의 처방을 들어 보면 분명하게 헤아릴 수 있는 일이 아닌가!

성인이 된다는 것을 끊어 버리고 지모를 버린다면 백성은 백 배로 이롭게 되리라. 어질다는 것을 끊어 버리고 옳다는 것을 버린다면 백성은 사랑하는 마음으로 돌아가리라.

기교를 끊어 버리고 이익을 버린다면 도적이 생겨나지 않으리라.

이 세 가지는 인간의 것으로 해결하기는 부족하다.

〔絶聖棄智 民利百倍 絶仁棄義 民復孝慈 絶巧棄利 盜賊無有 此三者 以爲文不足〕 절성기지 민리백배 절인기의 민복효자 절교기리 도적무유 차삼자 이위문부족

그러므로 인간이 따르게 할 본분이 있다. 소박한 것을 찾아 지니게 할 것이며, 사사로움을 적게 하고 욕심을 줄이게 하는 것이다.

〔故令有所屬 見素抱朴 少私寡欲〕 고령유소속 견소포박 소사과욕

도움말

인간의 것을 비판하고 있는 장이다. 자연으로 돌아가 인간의 존재를 소박하게 영위할 것을 요구하는 장이다.

절絶은 인위적인 것들을 근절하라는 뜻이고 기棄는 인위적인 것을 버리라는 뜻이다.

견소포박見素抱朴의 소素와 박朴은 있는 그대로의 모습을 뜻하므로 자연, 무위 등으로 이해해도 된다.

소사과욕少私寡欲은 자기중심, 인간 중심 사상에 대하여 비판한다고 보아도 된다. 제멋에 산다는 생각은 오만하고 경박하며 세상을 가볍게 보는 태도와 연결된다. 하늘을 무서워할 줄 알 것이며 스스로 검소하고 겸허하게 살라는 뜻으로 새겨도 된다.

제20장 나 스스로 바보라고 여기면 편하다

행복을 누리는 자는 누구인가

기는 것 위에 뛰는 것 있고 뛰는 것 위에 나는 것 있다. 기는 것이 되고 싶어하는 사람은 아무도 없다. 뛰는 것이 되었다 싶으면 나는 것이 되려고 아우성치는 것이 인간이다. 올라갈 수 없는 나무는 쳐다 보지도 말라는 말을 새겨 두려고 하는 사람은 드물다. 말 타면 마부를 두고 싶은 것이 인간의 바람이고 보람이 아니냐? 이렇게 반문하는 사람들이 태반이다. 억울하면 출세를 하라. 이것이 오늘날의 시류時流이다.

못 배우면 망하고 배워야 살아남는다. 아는 것이 힘이 아닌가! 지성인은 지식을 추구해야 하고 과학 지식을 갖추어야 기술 시대를 헤쳐나갈 수 있고 경쟁에서 뒤지지 않는다. 지식과 명예와 부富를 동시에 거머쥘 수 있게 되려면 많은 것을 배우고 알아 두어야 한다. 이것이 곧 정보화 시대를 살고 있는 현대인의 강박관념이다.

지식욕은 명예욕으로 이어지고 명예욕은 출세욕으로 이어져 출세하면 스타가 되는 것이 아닌가? 저마다 이러한 욕심 때문에 밤잠을 설친다. 이 얼마나 살기가 고달프고 긴장되고 애가 타는가! 이렇게 인간은 한탄할 줄 알면서도 벗어날 줄을 모른다. 그러나 따지고 보면 이 모두가 인간 자신이 스스로 지고 있는 무거운 짐에 속한다. 무거운 짐을 어떻게 하면 벗어 버릴 수 있을까? 이 물음에 대하여 노자는 시원하게 밝혀 준다.

지식욕을 없애면 근심 걱정은 없어진다〔絶學無憂〕.

모르는 것이 약이고 아는 것이 병이다. 왜 이러한 속담이 생겨났을까? 욕심을 채우려고 지식만을 탐한다면 탈을 내고야 마는 까닭이다. 근심 걱정은 남이 시켜서 하는 것이 아니다. 스스로 그렇게 하여 마음을 졸이고 가슴을 태울 뿐이다.

하는 일이 원하는 대로 되지 않으면 속을 앓고 바라는 대로 되지 않으면 분을 참지 못해 씩씩거린다. 몸에 열이 나면 병인 줄 알면서도 마음에 열이 나면 병인 줄 모르는 것이 인간이다. 마치 손톱 밑에 가시가 들면 단번에 아픔을 알지만 심장이 곪으면 한참 뒤에야 겨우 알게 되는 경우나 마찬가지로 인간은 작은 것을 크다고 여기고 큰 것을 작다고 여기는 억지를 부린다. 목숨보다 더 큰 것이 어디 있단 말인가! 욕심 탓으로 밤낮을 지새우는 근심 걱정은 목숨을 태우는 불길과 같다.

절학무우絶學無憂의 학學은 배우면 배울수록 탈이 되고 병이 되는 것을 말할 뿐이다. 인간의 지모智謀를 강화시키는 지식만을 배우려고 한다면 노자는 그러한 학學을 잘라 버리라고 한다. 그러나 노자는 인간도 다른 만물과 마찬가지로 자연의 존재임을 터득하라고 밝힌다.

나는 홀로 다른 사람들과 다르고 나를 먹여서 길러 준 어머니를 귀하게 여긴다〔我獨異於人 而貴食母〕. 인위人爲를 배우지 말고 자연을 배워라. 이렇게 노자는 타이르고 있는 것이 아닌가!

욕심 많은 부부가 첫아들을 초등학교에 넣어 놓고 어린것에게 엄청난 짐을 지게 했다. 커서 훌륭한 사람이 되어야 한다고 아들에게 요구했던 것이다. 아이는 훌륭한 사람이 어떤 사람인지 알지 못했지만 그러겠다고 천진하게 대답하곤 했다. 그때마다 젊은 부부는 어른의 욕심에 맞추어 키워야 한다고 더 다짐해 갔다.

학년이 점점 올라가면서 아이는 부모가 요구하는 훌륭한 사람은 어떻게 해야 된다는 것을 어렴풋이 알아차리게 되었다. 모든 시험에서 백점을 받아야 하고 반에서 일등을 하고 전교생 중에서도 일등을 해야 훌륭한 사람이 된다는 것임을 알게 되었다.

어린 마음은 근심 걱정으로 가득 차게 되었다. 치는 시험마다 백 점은 커녕 90점도 받을 수 없었고 일등은 할래야 할 수 없는 먼 곳에 있다는 것을 어린것은 알았다. 그러나 집에만 가면 왜 그렇게 공부를 못하냐고 핀잔을 들었고 부모의 성화는 날이 갈수록 심해졌다.

결국 어린것은 마지막 결심을 했다. "어머니 아버지, 공부를 잘 못해 죄송합니다." 이 짤막한 유서를 남기고 그 불쌍한 어린것은 아파트 베란다에서 몸을 날려 자살하고 말았다.

자살한 어린것을 놓고 부모들이 아무리 통곡해도 소용없다. 공부만 잘하라고 욕심을 부렸던 젊은 부모는 어릴 때는 마음껏 뛰고 놀아야 한다는 인간의 본성을 몰랐다. 인간의 본성은 인간의 것이 아니라 자연의 것인 줄은 더더욱 몰랐다.

위의 이야기는 우화寓話가 아니다. 서울에서 일어났던 실화實話이다. 공부를 잘해야 좋은 대학에 간다. 좋은 대학에 가야 출세를 하고 명예를 얻는다. 황소가 못될 바에는 수탉이라도 되어야 하지 않느냐? 이렇게 다그치며 자식을 공부벌레로 만드는 것이 자녀를 행복하게 하는 것이 아님을 우리는 모르고 산다. 오히려 근심 걱정을 하게 만들고 결국 좌절하고 절망하게 하여 제 자식을 신경 쇠약에 걸리게 하는 짓은 농사를 망치고 이삭을 줍는 것만도 못한 짓이다.

절학무우絶學無憂는 학學을 무조건 부정하는 것은 아니다. 지식욕에 미쳐 버리게 하는 배움을 끊어 보라는 것이다. 마음을 맑게 하고 깨끗하게 하는 것을 터득하며 눈치를 살피고 실속을 차릴 수 있는 비방을 배우려고 아등바등할 것이 아니라 좀 더 마음을 담담하게 지니고 영악하고 차가운 지성만을 추구하려는 것을 끊어 버리란 것일 뿐이다. 그래서 노자는 스스로를 둔하고 천덕스럽게 보일지라도 마음 편한 쪽을 택한다고 실토하고 있다.

어떻게 하면 마음을 편하게 할 수 있을까? 먹여 주고 키워 주는 어머니를 귀하게 하는 것[貴食母]을 배워 두라고 노자는 당부하고 있다. 어머니는 누구일까? 노자는 곡신谷神이라고도 불렀고 현빈玄牝이라고도 불렀다. 곡신은 텅 빈 고을처럼 무엇이든 껴안을 수 있는 자연의 도道를 말한 것이고 현빈은 우주 만물을 낳는 암컷의 자궁이라고 도를 비유한 것이 아닌가! 그러한 어머니를 사랑할 줄 안다면 지는 것이 이기는 것이고 이기는 것이 지는 것이란 역설逆說을 헤아릴 수 있는 일이다.

겉만 깔끔하고 속은 더럽고 너절한 인간과 겉은 누추할지라도 속이 말끔한 인간 중에서 어느 쪽을 택할 것인가? 노자는 뒤쪽의 인간을 스스로 택하라고 한다.

겉으로만 싹싹하고 세련되게 내숭을 떠는 인간과 겉과 속이 한결같고 수수하며 티를 내지 않는 인간 중에서 어느 쪽을 택할 것인가?

노자는 뒤쪽의 인간을 스스로 택하라고 한다.

출세욕, 명예욕, 소유욕의 노예가 되어 버려 스스로를 학대하거나 과신하는 인간과 누울 자리를 보고 다리를 뻗고 욕심을 부릴수록 덫에 걸린다는 것을 알고 스스로를 낮출 줄 아는 인간 중에서 어느 쪽을 택할 것인가? 노자는 뒤쪽의 인간을 스스로 택하라고 한다.

욕심을 사납게 부리지 마라. 수수하게 하고 허욕을 부리지 마라. 자신을 소박하게 하라. 이러한 것들을 앞 장에서 노자는 견소포박見素抱朴이라 했고 소사과욕少私寡欲이라 했다.

이러한 충고를 줄여서 다시 밝힌 것이 곧 귀식모貴食母라고 새겨 둔다면 서로 상대하면서 경쟁하려고만 하는 현대인의 기질은 거칠어지는 쪽보다 부드러워질 것이다. 그러면 근심 걱정은 삶에서 멀어질 것이 아닌가! 그래서 노자는 절학무우絶學無憂라고 했으며 이를 실천하는 것을 귀식모貴食母라고 한 셈이다.

原文
意譯

지식욕을 없애면 근심 걱정은 없어진다.

〔絶學無憂〕 절학무우

윗사람에게는 존대하고 아랫사람에게는 반말을 한다고 하지만 귀에 들리는 소리일 뿐이라고 여긴다면 '예'라고 답하든 '하게'로 답하든 그 얼마나 다르단 말인가? 보기 좋은 것이 있고 보기 싫은 것이 있다지만 눈으로 보는 것일 뿐이라고 한다면 그 무엇이 다르단 말인가?

사람들이 두려워하는 바를 나 또한 두려워할 수밖에는 없다.

〔唯之與阿 相去幾何 善之與惡 相去何若 人之所畏 不可不畏〕 유지여아 상거
기하 선지여악 상거하약 인지소외 불가불외

마음의 중심을 잡지 못해 어디인지 모르게 이리저리 헤매는 것 같아
황망하구나! 사람들은 봄 언덕에 올라 쇠고기와 양고기를 마음껏 먹
으며 회포를 풀면서 잔치 기분에 들떠 있다네.

〔荒兮其未央哉 衆人熙熙 如亨太牢 如登春臺〕 황혜기미앙재 중인희희 여형태뢰
여등춘대

하지만 나 홀로 그럴 줄 몰라 홀가분해 아직 웃을 줄도 모르는 갓난
아이 같구나! 방랑이 길어 돌아갈 곳이 없는 것 같구나!

〔我獨泊兮其未兆 如嬰兒之未孩 乘乘兮若無所歸〕 아독박혜기미조 여영아지미해
승승혜약무소귀

사람들은 가진 것들이 많아 여유롭게 살지만 나만 홀로 무엇을 잃어
버린 것 같구나! 나는 천하에 바보 같아 순진하기가 이를 데 없구나!

〔衆人皆有餘 而我獨若遺 我愚人之心也哉 純純兮〕 중인개유여 이아독약유 아우
인지심야재 순순혜

사람들은 시비를 가리는 데 분명하고 똑똑하지만 나 홀로 멍하니 있
는 것 같구나! 사람들은 꼼꼼하고 세심하지만 나만 홀로 담담하다.
덤덤해 소금기 없는 바다 같구나! 이리저리 흘러다녀 멈출 곳이 없
는 것 같구나!

〔衆人昭昭 我獨若昏 衆人察察 我獨悶悶 澹兮其若海 飂兮若無所止〕 중인

소소 아독약혼 중인찰찰 아독민민 담혜기약해 요혜약무소지

사람들은 모두 잘 적응하고 쓸모가 있지만 나만 홀로 완고하고 누추

하구나! 나 홀로 남들과 달라 나를 먹여 주고 길러 주는 어머니를 귀

하게 여긴다.

〔衆人皆有以 而我獨頑且鄙 我獨異於人 而貴食母〕 중인개유이 이아독완차비 아

독이어인 이귀식모

도움말

제20장은 도가道家의 본질이 무엇인가를 말하고 있다. 세상 사람들은 모두 똑똑

하고 영악하며 실속을 철저하게 차려 풍족하게 살지만 그렇게 살기 위하여 마음

을 졸인다. 그러나 도가道家의 길을 가는 제20장의 나〔我〕는 그런 사람들〔衆人〕들

과 다르다. 어떻게 다른가? 바보처럼 보이고 앞뒤가 꽉 막혀 융통성이 없는 것

처럼 보이고 고루해 보인다. 그러나 도가의 길을 밟는 사람은 자연自然: 食母을

귀하게 여길 줄 알아 마음속이 걸림 없고 근심 걱정할 것이 없다. 이렇게 제20장

은 도가의 본질을 풀이하고 있다.

절학무우絶學無憂의 학學은 인간의 욕망을 성취하려는 지식의 추구를 뜻한다고

보면 된다.

유지여아唯之與阿의 유지唯之는 윗사람에게 대답하는 '예'를 뜻하고 아阿는 아랫

사람에게 대답하는 '하게' 등의 반말을 뜻한다.

선지여악善之與惡의 악惡은 추한 것〔醜〕을 뜻한다.

미앙未央은 제 자리를 아직 잡지 못한 것으로 생각해도 된다.

희희熙熙는 오락娛樂 등을 연상해도 된다.

태뢰太牢는 소나 돼지, 양 등의 고기를 뜻한다.

박혜泊兮의 박泊은 고요한 것과 통한다.

해孩는 어린아이의 웃음을 뜻한다.

소소昭昭는 밝히고 따지는 것을 뜻한다.

유이有以의 이以는 쓰임새를 뜻한다.
식모食母는 자연을 뜻하고 현빈玄牝을 떠올려 준다.

제21장 태어나 산다는 것은 황홀하다

도의 나타남을 덕이라 한다

하늘에 해가 없고 땅이 없다면 무슨 목숨이 존재할 것인가? 아무것도 살아남을 수가 없다. 잎새가 해를 맞이하고 땅이 뿌리를 품고 있으므로 초목草木이 무성하다. 천지는 초목의 밥이고 초목은 갖가지 짐승의 밥이다. 초목은 천지를 밥상으로 삼고 동물이나 인간은 초목을 밥상으로 삼는다. 묘하기 짝이 없는 먹이 사슬이 아닌가!

사자는 풀을 먹지 못하고 사슴은 고기를 먹지 못한다. 고래는 물속에서 살고 코끼리는 땅 위에서 산다. 이렇게 저마다 목숨이 있는 것이면 먹는 것이 다르고 사는 곳이 다르다. 이것은 천지가 저마다 목숨을 누릴 수 있는 보금자리를 마련해 주는 까닭이다. 지구에 사는 생물은 화성에 가서는 살 수 없다. 지구의 환경이 생물에게 알맞은 조건을 갖추었다고 말할 수도 있겠지만 우주 속에 무엇이 얼마나 존재하고 있는지는 아무도 모른다. 그러나 무엇인가 한없이 존재한다는 것은 분명하다. 밤하늘에 반짝이는 별들이 그렇다는 사실을 분명하게 보여 준다. 우주 속에 만물이 있다는 것은 얼마나 황홀한가!

우주를 존재하게 하는 이치는 무엇일까? 우주를 움직이게 하는 힘은 무엇일까? 이렇게 반문해 보면 인간사人間事에 얽혀 있는 자질구레한 일 따위로 마음을 태우고 졸이며 밤잠을 설치는 일에서 좀 멀어져 나갈 수가 있고 그렇게 하는 만큼 마음의 자유를 얻어 인간은 그만큼 커질 수가 있다. 속이 좁은 인간에서 속이 트이고 넓게 되어 큰 인간으로 변화한다는 것은 얼마나 황홀한가! 서로 치고 받고 아우성치며 너 죽고 나 죽자는 식으로 발버둥칠 것이 뭐가 있단 말인가!

우주의 품안에 든 만물 중의 하나란 생각에 이르면 아군이 어디 있으며 적군이 어디 있겠는가. 노자는 인간에게 이렇듯 크게 보고 크게 듣고 크게 생각하라고 한다. 아마도 이러한 마음가짐이 인간과 인연되는 허虛일 것이다. 그러한 순간을 맛본 사람은 노자의 다음과 같은 어려운 말을 조금이나마 짚어 볼 수 있을 것이다.

오로지 도에 의해 크고 텅 빈 덕의 움직임은 따른다〔孔德之容 唯道是從〕. 도의 작용인 덕으로 만물이 된다〔道之爲物〕. 황홀하고 황홀하다〔惟恍惟惚〕.

창조된 만물 앞에 노자는 황홀해한다. 무엇이 우주의 만물을 창조하고 있는가? 노자는 도가 그렇게 한다고 밝히며 황홀해한다. 도의 작용〔道之〕을 덕德이라고 한다. 그러므로 덕은 도道를 따라 있으며 도를 벗어나면 덕은 없어진다. 천지가 만물을 품고 있는 것〔容〕이 곧 공덕孔德이다. 이러한 공덕을 닮아 인간을 사랑하는 사람을 성인聖人이라고 한다. 인간이 짓는 부덕不德은 공덕孔德을 깨는 짓에 불과하다. 이러한 부덕을 노자나 장자는 인위人爲라 했고 공덕에 따르는 것을 무위無爲라 했다. 공덕의 입장에서 보면 인간 중심의 사고思考와 행위行爲는 가장 무서운 부덕이다. 그래서 장자는 문화를 소의 코를 뚫어 코뚜레를 거는 것〔穿牛鼻〕과 같다고 했다.

천지는 공덕의 그릇이므로 더불어 만물과 함께 있어야 한다. 그러나 인간은 마치 만물이 인간을 위해 있는 것처럼 마구 남용하면서 천지의 만물을 물질物質이라고 단언한다. 물질문명은 노자가 맛본 황홀恍惚을 여지없이 파괴하고 있는 중이다.

새가 날 수 없는 하늘이 되거나 물고기가 살 수 없는 물이 되면 사람도 살 수가 없다. 새가 들이쉬는 산소나 인간이 들이쉬는 산소는 같은 것이며 물고기가 마시는 물이나 사람이 마시는 물은 다 같은 물이다. 공기를 썩게 해 놓고 인간만 살자고 청정기를 만들어 돈을 주고 공기를 사서 숨을 쉬고, 물을 썩게 만들어 놓고 정수기를 만들어 돈을 주고 물을 사서 마시는 짓을 인간은 서슴없이 범하고 있다. 이것은 공덕孔德을 파괴하여 부덕不德을 행하고 있는 것이므로 생존의 위기가 분명하다. 노장은 이러한 것을 인위人爲의 탈이 된다고 이미 몇천 년 전에 지적해 두었다.

인위란 무엇인가? 공덕을 부정하는 부덕不德이다. 부덕은 절망하게 하고 공덕은 황홀하게 한다. 공덕孔德이란 무엇인가? 무위無爲요, 자연自然이다. 공덕은 만물을 하나로 안고 품어 주며 한결같이 사랑하고 보살펴 준다. 그러므로 목숨을 소중하게 하고 이롭게 해 주는 것이 덕이라고 한다. 도는 이러한 덕으로 작용을 한다. 그러한 도의 작용을 창조라 해도 되고 암컷의 자궁과 같다고 비유해도 된다. 이를 두고 노자는 우주를 풀무로 삼고 풀무질을 하며 만물을 낳는다고 말했다.

봄볕에는 며느리를 내놓고 가을볕에는 딸을 내놓는다. 이 속담은 시어머니와 어머니가 서로 다름을 말해 준다. 봄볕은 살갗을 까칠까칠하게 하고 가을볕은 살갗을 토실토실하게 한다. 내가 낳은 딸은 귀하고 남이 낳은 딸은 귀하지 않다고 여기는 것은 텅 빈 마음에서 나오는 것이 아니라 욕심사나운 마음보에서 나온다.

몇 년 전 서울에서 일어난 일이다. 한 소녀가 길가에 쓰러져 있었다. 그 아이를 발견한 시민들이 그 아이를 병원으로 옮겼다. 병원에서 진단한 결과 영양실조 탓으로 쓰러졌다는 것을 알았다. 그리고 아이의 온몸에 있는 꼬집혀 생긴 멍자국은 보기가 딱할 지경이었다. 겨우 깨어난 아이에게 왜 온몸에 멍이 들었느냐고 물어보았으나 입을 다물고 울기만 했다. 그 아이의 집을 알아보니 넉넉한 집안이었지만 계모가 그 아이를 못살게 학대한다는 소문이 이웃에 돌고 있었다.

영양실조에 걸려 학교에서 돌아오다 골목에서 쓰러졌다는 사실이 이웃에 퍼져 나갔다. 이웃 사람들은 사발통문을 돌려 그 아이의 계모를 고발하였다.

전처의 소생을 미워한 나머지 계모는 그 아이에게 밥도 제대로 먹이지 않았고 남편이 없을 때면 수시로 때리고 꼬집었다고 한다. 이런 사정을 까맣게 모르고 있었던 그 아이의 애비는 이웃들로부터 망신을 당했다. 계모는 학대죄로 쇠고랑을 찼으며 그 아이의 아버지는 독한 후처를 내쫓아 버렸다. 그 후 아이는 아버지와 살면서 마음 편하게 학교를 다닐 수 있었다.

그러나 전처의 소생을 미워했던 그 여자는 절창 신세를 겼고 소박당한 여자가 되었으니 이를 두고 부덕婦德을 잃고 부덕不德을 범해 소박당한 여자라고 하는 것이다. 제 것만 귀하고 남의 것은 천하다고 여기는 것은 결국 따지고 보면 사나운 욕심에서 나온다. 명예욕, 출세욕, 그리고 소유욕 등은 인간을 욕심의 동물로 만들고 욕심의 동물이 되면 항상 쫓기는 심정으로 인생을 꾸려 가게 마련이다. 아이를 학대하다 세상의

눈총과 미움을 산 그 후처도 욕심이 지은 부덕不德에 걸려들어 험하게
된 꼴이다.

공덕孔德은 크고 텅 빈 덕이란 말이다. 그러한 덕으로 움직이는 모
습이 용容이다. 도가 만물을 존재하게 하는 것을 이름하여 공덕지용
孔德之容이라고 노자가 밝히고 있는 셈이다. 우주 만물을 한품에 안고
한결같이 하나로 맞이해 주는 것을 용容이라고 새겨도 된다.

　도의 움직임을 기氣라고 하는 것은 우주의 만물을 낳고 거두어 가
는 명命을 지닌 까닭이다. 탄생하는 것도 인간이 결정할 수 없고 사
망하는 것도 인간이 간여할 수 없다. 목숨은 하늘에 있다고 하지 않
는가!

　조화造化의 법칙은 이理이고 조화의 힘은 기氣라는 해석이 있고 이
기理氣가 있어 조화造化가 이룩되고 조화는 동정動靜의 작용을 하는
음양陰陽의 묘妙라고 풀이하기도 한다. 그리고 만물의 변화인 음양의
조화에는 때가 있고 질서가 있다고 풀이하기도 한다.

　이러한 풀이들은 도의 작용을 인간들이 해석해 보려는 몸부림에
해당된다. 노자는 이러한 몸부림을 치면서 무엇을 좀 알게 되었노라
고 우쭐대지 말라고 한다. 차라리 우리들 앞에 전개되는 우주라는 무
대 위에서 맡은 바 배역을 열심히 연기하는 만물 앞에 황홀해하라고
한다.

　우주 만물을 바라보라. 얼마나 황홀한가! 이렇게 노자는 자연의
품에 안기라고 한다. 그리고 노자는 자연을 파헤쳐 인간의 욕심대로
난도질을 하지 말라고 한다.

　이러한 충고로 공덕지용孔德之容을 현대인이 새긴다면 가슴속에 숨

겨 둔 사납고 험한 욕심을 비워 내고 마음속을 텅 비게 하면 할수록
행복해지는 것을 알 수 있는 일이다.

나를 한 줄기 푸성귀라고 치자

있으면서도 없고 없으면서도 있다. 마음이 이러한 경지에 이르면
황홀하다고 한다. 황홀함은 시비是非를 넘고 선악善惡을 넘는다. 근심
걱정을 넘어 슬퍼할 것도 없고 기뻐할 것도 없다. 마냥 후련하고 시
원하며 그냥 상큼할 뿐 아무런 걸림도 없는 마음속이라면 그 자체가
황홀함이 아닌가! 이렇게 지극한 열락悅樂은 생사生死의 사이에서 끊
임없이 일어나는 울고 웃는 일도 나를 얽어맬 수가 없다. 그리고 작
은 것이 크고 큰 것이 작다는 묘한 신비를 맛보게 된다. 그 맛은 무
엇일까? 욕심이 크면 내 마음속은 작아지고 욕심이 작으면 내 마음
속은 커진다. 이렇게 묘한 것이 바로 노자가 말하는 허虛가 아닐까?
이러한 물음에 도달한다면 아마도 노자가 말하는 다음 말을 황홀하
게 들을 성싶다.
　공덕 가운데 움직이는 모습이 있으니 얼마나 황홀한가〔惚兮恍兮 其中
有象〕! 공덕 가운데 만물이 있으니 얼마나 황홀한가〔恍兮惚兮 其中有物〕!
공덕 가운데 만물의 정수가 있으니 얼마나 아득하고 깊은가〔窈兮冥兮
其中有精〕! 그 정수는 절대의 진리〔其精甚眞〕여서 그 진리 가운데 진실
이 있다〔其中有信〕.
　노자의 요명窈冥은 불가佛家의 있고 없음이 둘이 아니라 하나라는
것〔眞空妙有〕을 연상케 해 준다. 진공묘유眞空妙有는 아득하고 깊어 알

래야 알 수 없는 경지를 두고 찬탄하는 말씀이 아닌가! 삼라만상森羅萬象은 바라보면 볼수록 신비롭다. 이를 노자는 요명窈冥이라고 황홀해하고 있는 셈이다.

물物이란 무엇인가? 있고 없음이 하나임을 보여 주는 상象이다. 있다가 없어질 것이 생生의 명命이요, 없다가 생기는 것이 사死의 명인 것이 바로 물物의 정수精髓라고 새겨들어도 될 것이다. 태어나기만 하고 죽음이 없다면 천지에 빈 곳이 없어 아무것도 있을 수가 없다. 있기만 하고 없어지는 것이 없다면 있는 것도 불가능하다. 이렇게 있고 없음을 조절하는 질서를 명命이라고 한다.

이러한 명命은 만물에 두루 통할 뿐 무엇 하나를 정해서 편애하지 않는다. 왜 하루살이는 하루 낮을 살고 노송老松은 천 년을 사느냐고 묻지 마라. 하루살이의 한낮은 짧고 노송의 천 년은 길다고 여기는 것은 사람의 생각일 뿐이다. 자연의 도道는 그렇게 계산하지 않는다. 있고 없음은 서로 맞물려 있을 뿐이다. 이것이 곧 공덕孔德의 명命이요, 상象이다. 상象은 역易이 아닌가! 역易은 변화가 아닌가! 변화는 움직임이 아닌가! 그렇게 움직이고 변화하게 되어 있는 것이 명命이니 이를 통틀어 노자는 용容이라고 한 셈이다. 그래서 노자는 있는 것은 없는 것에서 생긴다〔有生於無〕고 했고 장자는 갓난아이가 가장 오래 살았고 칠백 년을 살았다는 팽조彭調가 요절한 것이라고 했다.

밤골에 한 노인이 살았다. 밤나무가 많아서 그런 골짜기 이름이 생겼다. 그 노인은 산속에서 약초를 뜯어 연명하였다. 해마다 가을이 되면 그 노인은 밤숲으로 내려와 가을이 되면 그 노인은 열심히 그곳을 지켰다. 욕심사나운 사람들이 밤나무에 올라가 알밤을 억지로 털어 가는 것을 왜 막느냐고 물었다. 그러면 그 노인은 사람들이 심은 밤숲이 아니고 저절로 이루어진 밤숲이 아니냐? 밤이 다 익으면 밤송이는 알아서 알밤을 땅에 떨어뜨려 주지 않는가? 이렇게 반문하곤 했다. 다람쥐가 알밤을 무척 좋아하지만 올라가서 밤송이 속의 밤을 훔치는 다람쥐를 보았느냐고 조용히 타이르곤 했다.

"땅에 떨어진 산밤을 줍는 것이 좋다. 밤송이의 밤이 영글 대로 영글면 아무런 미련 없이 땅에 떨어진다. 그것을 주워다 먹으면 된다. 산밤은 들밤보다 살찌진 않지만 밤맛이 달고 고소해 말려 두면 양식도 된다. 그러나 다 영글기도 전에 산밤을 털어 간다면 산에 사는 다람쥐는 무엇을 먹고살겠느냐?" 약초를 뜯으며 사는 노인은 밤 털이꾼을 만나면 이렇게 타일렀다. 워낙 욕심이 없는 노인으로 온 고을 사람들이 알고 있었던 터라 그 노인의 말을 되받아칠 사람은 아무도 없었다.

그 후 밤골의 산밤 숲에는 가을이 오면 알밤을 줍는 사람들은 많아도 누구 하나 밤나무를 털어 밤송이째로 훔쳐 가려는 욕심을 부리지 않았다. 아무런 욕심 없는 사람이 말을 하면 그 말은 곧 진실이 되어 듣는 사람을 깨우치게도 하고 뉘우치게도 한다.

산밤나무가 알밤을 땅으로 떨어뜨려 주면 주워 먹으면 되지 밤나무에 올라가 밤송이를 억지로 털어서 밤을 훔칠 것은 없다. 땅에 떨어진 알밤을 사람도 먹고, 다람쥐도 먹고, 청설모도 먹고, 들쥐도 먹고, 더러는 땅에 묻혀 새로운 밤나무로 다시 태어나기도 하고……. 이러한 것이 만물이 서로 더불어 살다 사라져 가는 사실이요, 진리가 아닌가! 약초를 뜯어 병든 사람을 고쳐 주던 밤골의 그 노인이 비록 노자를 알지 못했는지는 모르지만 누구보다도 노자를 잘 알고 살았던 할아버지인 것은 분명하다.

현대인은 자연을 잃은 지 오래이고 잊은 지도 오래이다. "산은 산이요, 물은 물이로다." 이렇게 한 스님이 말을 하자 세상 사람들이 무슨 뜻이냐며 많은 호기심을 보였다. 자연을 상실하고 사는 탓으로 그러한 말이 새삼스럽게 들렸던 것이다.

땅을 땅으로 보지 못하고 평당 시세를 따져 보고 물을 물로 보지 못하고 오염된 물은 아니냐고 의심해야 하는 현대인은 만물과 더불어 살아가는 황홀함을 잊은 지 너무나 오래되었다. 그리고 인간은 욕심사나운 기계처럼 우주 만물을 물질의 자원이라 생각하고 물욕物欲의 종살이를 하면서 노자의 말을 듣지 않으려고 한다.

원문
의역

오로지 도에 의해 크고 텅 빈 덕의 움직임은 따른다. 도의 작용인 덕으로 만물이 된다. 황홀하고 황홀하다.

〔孔德之容 唯道是從 道之爲物 惟恍惟惚〕 공덕지용 유도시종 도지위물 유황유홀

공덕 가운데 움직이는 모습이 있으니 얼마나 황홀한가! 공덕 가운데 만물이 있으니 얼마나 황홀한가! 공덕 가운데 만물의 정수가 있으니 얼마나 아득하고 깊은가!

〔惚兮恍兮 其中有象 恍兮惚兮 其中有物 窈兮冥兮 其中有精〕 홀혜황혜 기중유상 황혜홀혜 기중유물 요혜명혜 기중유정

그 정수는 절대의 진리여서 그 진리 가운데 진실이 있다. 예부터 지

금까지 그 이름이 사라진 적이 없었고, 만물이 펼쳐져 온 내력을 알 수 있다.

〔其精甚眞 其中有信 自古及今 其名不去 以閱衆甫〕 기정심진 기중유신 자고급금 기명불거 이열중보

내가 만물이 그렇게 되는 내력을 어떻게 알게 되는가? 위와 같이 도의 공덕의 작용을 터득해서 알게 되었다.

〔吾何以知衆甫之然哉 以此〕 오하이지중보지연재 이차

도움말

제21장은 도가道家의 덕德과 유가儒家의 덕이 어떻게 다른가를 헤아려 보게 하는 장이다. 도가가 밝히는 덕은 도의 움직임〔容〕으로 인간에 의해서 닦여지는 덕이 아니다. 그러나 유가는 인간이 능히 도를 넓힐 수 있다〔人能弘道〕고 보았으므로 덕을 넓힐 수 있다고 주장한다. 그래서 유가는 수기修己나 극기克己를 주장하고 도가는 무기無己와 사기舍己를 앞세운다. 도가의 덕은 나를 버리는 것으로 가능하고 유가의 덕은 나를 닦는 것으로 성취된다고 보았다.

공덕지용孔德之容의 공덕孔德은 크고 텅 빈 덕을 뜻한다고 보면 된다. 텅 빈 덕이란 인간의 욕망을 떠난 덕을 말함이다. 도가 만물을 존재하게 하는 것을 덕이라고 보아도 된다. 만물을 존재하게 하는 작용의 움직임을 용容이라고 이해하면 된다. 황홀恍惚은 시비是非, 분별分別의 경지를 넘어 있고 없음이 한뿌리〔有無本一〕라는 것을 터득하는 데서 오는 지극한 즐거움〔悅樂〕이다.

기중유상其中有象의 기其는 공덕孔德을 나타내고 상象은 움직임〔容〕의 모습을 나타낸다고 보아도 된다. 그러나 용容을 상象으로 풀이한 것은 해명할 수도 없고 이름을 붙여 부를 수도 없기 때문에 상象이라고 한 셈이다. 상象을 역이다〔易也者〕라고 한 것은 조화造化의 변화를 암시하고 있다.

요명窈冥은 아득하고 신비해 알래야 알 수 없음을 나타낸다.

기중유정其中有精의 기중其中은 물物을 뜻하며 물物을 있게 한 것을 정精이라고 새겨도 된다. 즉 정精은 공덕지용孔德之容의 준말이라고 여겨도 된다.

기정심진其精甚眞의 진眞은 욕심 없이 충실하고[誠], 하늘[天]같이 넓고 크지만, 내 몸[身]같이 분명히 있는 경지를 뜻하는 것으로 새겨도 된다. 즉 진리眞理이며 그 진리는 확실히 믿어도 되는 진실[信]이다.

이열중보以閱衆甫의 열閱은 검열檢閱해서 잘 아는 것으로 새겨도 되며, 중衆은 만물萬物이며 보甫는 그 시초始初를 뜻한다고 보아도 된다. 그러므로 중보衆甫는 만물의 내력來歷으로 이해하면서 만물의 근원을 헤아려 보면 된다.

제22장 자연은 순리를 감추지 않고 보여 준다

어떻게 자연은 하나가 되는가

이것은 크고 저것은 작다. 이것은 좋고 저것은 싫다. 이것은 싸고 저것은 비싸다. 이렇게 인간들은 별의별 시비를 걸고 이런저런 우열을 따져 달면 삼키고 쓰면 뱉으려고 한다. 그래서 인간은 오류를 범하고 착오를 범하며 편견과 편애, 독단을 버릴 수 없어 아집我執의 포로가 된다.

인간은 왜 절망하고 고뇌하게 되는가? 따지고 보면 인간은 저마다 자기를 돋보이게 해야 하고 분에 넘치게 선택받은 존재가 되어야 한다는 욕망이나 야심 탓으로 그렇게 되는 것이 아닌가! 인간의 욕망이나 야심은 항상 남의 밥에 있는 콩은 커 보이고 제 밥의 콩은 작다는 용심用心에서 싹이 트고 뿌리를 내린다. 왜 인간은 이러한 용심을 부리는가? 내 몫이 따로 있고 남의 몫이 따로 있다는 판단 때문에 그렇게 되고 내 것이 남의 것보다 좋아야 한다는 바람의 고집 때문에 그렇게 된다. 말하자면 인간이 공덕孔德의 절대 진리를 버린 탓으로 그렇게 되었다는 것이다. 노자는 공덕을 잊지 말고 또한 자기 소모自己消耗를 말라고 다음처럼 밝혀 준다.

휘어진 것이면 온전하게 한다[曲則全]. 굽은 것이면 곧게 한다[枉則直]. 움푹 패인 것이면 채우게 한다[窪則盈]. 못 쓰게 되면 새것이 되게 한다[弊則新]. 적으면 얻게 하고[少則得], 많으면 잃게 한다[多則惑]. 이러하므로 성인은 하나를 품어 천하의 법이 되게 한다[是以 聖人抱一 爲天下式].

앞 장에서 밝힌 공덕지용孔德之容을 위와 같이 풀이하고 있는 셈이다. 포일抱一의 일一은 도道를 말함이요, 나아가 공덕지용孔德之容을 뜻한다고 보아도 된다. 도는 불편부당하며 편애하지 않는다. 도의 움직임은 크고 텅 빈 덕인 까닭이다.

도는 우주 만물을 서로 어울리게 하되 패를 짓게 하지는 않는다. 쥐구멍에도 볕 들 날이 있다고 하지 않는가! 음지는 항상 음지이고 양지는 항상 양지이게 하지 않는 것이 도의 풀무질이다. 그리고 좋은 일이 생기면 마가 끼어든다고 하지 않는가! 어느 쪽은 항상 좋게 해 주고 다른 쪽은 항상 나쁘게 해 주지 않는 것이 도의 풀무질이다. 노자가 말하는 도는 우주 만물을 하나같이 낳고 품어 주고 길러 주는 존재인 어머니와 같다. 생이 있으므로 사가 있고 사가 있으므로 생이 있는 것이 곧 도의 움직임인 공덕이며 그 공덕은 만물에 두루 통하는 덕인 것이다.

똥 묻은 개가 겨 묻은 개를 흉본다. 이 속담을 어떻게 생각하느냐고 시골 할아버지가 한 지성인에게 물었다. 겨 묻은 개는 똥 묻은 개를 흉보아도 된다는 뜻이라고 지성인이 그 속담을 풀었다. 할아버지는 빙그레 웃고 아무런 말이 없었다.

똥은커녕 겨도 묻지 않아 깨끗한 개는 무엇을 흉보겠느냐고 다시 할아버지가 물었다. 깨끗한 개라면 흉볼 것이 뭐가 있느냐고 지성인이 되받았다. 역시 할아버지는 빙그레 웃기만 하고 아무런 말이 없었다. 그러나 지성인이 다시 말문을 열고는 다음처럼 토를 달았다.

"털어서 먼지 안 나는 개가 어디 있겠습니까?"

이 말을 듣고도 할아버지는 빙그레 웃기만 했다.

지성인이 할아버지에게 왜 웃기만 하고 말을 하지 않느냐고 물었다. 그러자 노인은 다음처럼 중얼거렸다.

"똥 묻은 개가 아니라 똥 묻은 인간이며 겨 묻은 개가 아니라 겨 묻은 인간이오. 털어 먼지 안 날 개가 어디 있느냐고 말하지 마시오. 털어 먼지 안 날 인간이 어디 있느냐고 말해야 하오. 호주머니를 차고 있는 개를 보지 못했고 내가 옳다거니 네가 틀렸다거니 시비를 걸면서 싸움질하는 개를 보지 못했소."

이 말을 듣고 지성인은 어이가 없다는 듯이 웃었다.

"제 허물은 감추어 두고 남의 허물을 들추어낼 줄 아는 것이 인간이오. 나는 항상 이겨야 좋고 남은 항상 져야 좋다고 용심을 부리는 것이 인간이오. 그래서 사촌이 논을 사면 내 배가 아픈 것이 아니오?"

이에 지성인은 잔소리 많은 할아버지라고 여기면서 빙긋이 웃었다.

"노인께서는 자신을 어떤 인간이라고 여기시오?"

이렇게 지성인이 물었다.

"나야 똥 묻은 인간이오. 겨 묻은 개를 만나면 부러워하는 인간이오."

이렇게 할아버지는 중얼거릴 뿐 지성인을 바라보지는 않았다.

"그러면 할아버지께서는 흉볼 줄을 모르겠네요?"

"흉을 잡히기에 바빠 흉볼 틈이 없지요."

"왜 흉을 잡히나요?"

"내 얼굴이 주름이 많다고 손녀가 흉을 봅니다. 그러면 내 손녀의 어린 얼굴을 그리워하오. 내 이가 다 빠졌다고 내 손자가 흉을 본다오. 그러면 내 손자의 튼튼한 이를 부러워하지요. 내 아내는 굽은 내 허리를 흉본다오. 그러면 내 아내의 덜 굽은 허리를 부러워한다오."

"노인장께서는 젊었던 때를 부러워하는 것이오?"

"아니오. 나도 한 번은 젊었던 때가 있었으니까 기억하고 부러워하는 것이지 욕심을 내는 것은 아니외다."

무엇을 많이 안다고 속으로 자부하고 살아온 지성인은 무식해 보이는 할아버지를 부러워하게 되었다. 그리고 지성인은 할아버지를 바람에 흔들리는 수양버들 같기도 하고 느티나무 씨앗 같기도 하다고 여기게 되었다. 바람따라 흔들리므로 버들가지가 꺾이지 않고 온전하며 느티나무 씨앗은 아주 작아 천 년을 누릴 수 있는 매우 큰 느티나무가 된다는 것을 알게 되었다.

서로 이기고자 하면 싸움이 붙는다. 한쪽이 져 주면 싸움은 없어진다. 그러나 져 준 쪽이 진 쪽이라고 할 것은 없다. 맞은 놈이 발뻗고 잘 수 있는 까닭이다. 이는 지고도 이기는 것이다. 이것이 곡즉전曲則全이 아닌가!

뇌물로 가지고 온 금화金貨는 뿌리치면서도 신물로 들고 온 술병은 서절하지 않으면 서로 따뜻하게 된다. 맑기만 한 물에는 고기가 살지 못한다. 굽힐 줄 모르는 옹고집은 튀고 부러진다. 곧을 줄도 알고 굽힐 줄도 안다면 이는 곧 왕즉직枉則直으로 통하지 않는가!

물은 멈출 곳이면 멈추고 흘러갈 곳이면 흘러간다. 물은 억지로 멈추려고 하지 않으며 억지로 흐르려고 하지 않는다. 움푹 패인 웅덩이가 있으면 물은 머물러 채운 다음 고르게 흐른다. 사람의 욕심이 이러한 물길 같다면 이는 곧 와즉영窪則盈이 아닌가!

낡고 헌 것이라고 버릴 것은 하나도 없다. 쓰레기를 만들어 버리는 것은 인간밖에 없다. 낙엽은 낡아서 버려지는 것이 아니라 다음의 새 잎을 위하여 땅으로 떨어져 거름이 된다. 낙엽이 새로 돋아날 떡잎의 밑거름이 된다는 것을 아는 사람은 낡은 것이 있으므로 새것이 있다는 것을 안다. 이것이 곧 폐즉신弊則新이 아닌가!

솔씨는 적지만 천 년 노송으로 불어날 것이고 솔가지에 붙어 있는 솔잎은 많지만 솔가리로 떨어져 줄어들게 된다. 적으면 보태지고 많으면 줄어드는 것이 공평한 것이다. 치우치지 않고 넘치지 않아 알맞은 것이 곧 천지 사이의 질서이다. 이러한 질서를 아는 사람은 많고 적음을 두고 제 몫을 따져 저울질을 않는다. 이것이 곧 소즉득少則得이며 다즉혹多則惑이 아닌가!

혹을 떼려다 혹 하나를 더 붙이고 그냥 두면 괜찮을 것을 긁어 부스럼을 내는 짓은 모두 인간들이 제 몫을 차지하려는 욕심에서 빚어지는 탈이다. 그러나 공평무사公平無私한 공덕의 질서를 따른다면 혹이 날 일도 없고 긁을 일도 일어나지 않는다. 이러한 공덕이 곧 천하의 법인 것을 성인은 알고 몸으로 행하므로 행복과 불행의 명암에서 벗어나 산다.

물러설 줄 알면 온전하다

모란꽃은 호사롭지만 향기가 없고 민들레꽃은 초라하지만 향기가 짙다. 노루는 달리는 힘을 뽐내다 포수의 불질을 당하고 표범은 털 때문에 사냥감의 표적이 된다. 이처럼 뽐낼 수 있는 것이 빛 좋은 개살구 같게 되고 만다. 어디 이뿐인가? 모난 돌은 정을 맞고 쪼개지게 마련이다.

　잘난 사람은 시선을 끌려고 요란하지만 된사람은 깊은 물처럼 조용하다. 영근 사람의 입은 천 근이 나가는 성문과 같아 함부로 열리지 않는다. 촉새처럼 나서기 좋아하는 사람은 입을 사납게 놀려 많은 사람의 눈총을 받는다. 똑똑한 척하지만 돌려놓고 보면 어리석기 짝이 없다. 공작새처럼 되고 싶어하는 자는 조롱 속에 갇히게 마련이고 수수한 뱁새처럼 사는 사람은 눈에 띄지는 않으나 마음 편하게 산다. 그러나 인간은 저마다 스타가 되고 싶어 안달이다. 이러한 상황에서 한 발 물러나 설 줄 안다면 노자가 다음처럼 밝혀 주는 성인의 이웃에 살 수 있다.

　성인은 자기를 과시하지 않으므로 총명하고[不自見故明], 제 주장만 옳다고 고집하지 않으므로 옳게 드러나며[不自是故彰], 자기 자랑을 일삼지 않아 공을 이루고[不自伐故有功], 자기를 뽐내지 않아 많은 사람의 존경을 받으며[不自矜故長], 다툴 마음이란 아예 없으므로 천하의 어느 누구와도 다툴 수가 없다[夫惟不爭 故天下莫能與之爭]. 옛날에는 이러한 것들을 휘어진 것이면 온전하다[曲則全]고 일컬었다[古之所謂曲則全者]. 어찌 이 말을 거짓이라 할 것인가[豈虛言哉]! 더할 바 없이 온전하면 도로 돌아가는 것이다[誠全而歸之].

　멧돼지 덫은 아주 간단하다. 석 자 길이의 참나무 몽둥이 중간에 철사 줄을 꼬아 만든 올가미를 묶어 멧돼지 키 높이로 정한다. 그리고 덫을 묶은 몽둥이를 멧돼지가 다니는 길목에 파묻어 세워 둔다. 그런 다음 덫꾼은 올가미 구멍 속으로 멧돼지의 목이 들어가기를 기다리기만 하면 된다.

넓은 산비탈에 작은 철사 구멍 속으로 멧돼지의 머리통이 들어가기를 바라는 것은 몹시 엉뚱한 짓 같지만 산짐승의 버릇을 인간이 교묘하게 이용하는 것이 덫 놓기의 잔꾀이다. 왜냐하면 산짐승은 항상 다니는 길이 아니면 다니지 않음을 알고 사람들이 그 길목에 덫을 숨겨 놓기 때문이다.

올가미에 걸린 멧돼지는 목에 걸린 철사줄에서 벗어나려고 안간힘을 쓰면서 앞으로만 나아간다. 나아가면 갈수록 멧돼지의 목은 점점 더 조여들어 숨통이 막히게 되어 지칠 대로 지쳐 결국 쓰러지고 만다. 이렇게 해서 덫꾼은 덫에 걸린 멧돼지를 잡는다.

덫줄에 걸려 시달리다 죽은 멧돼지를 덫에서 풀어내면서 덫꾼들이 하나같이 하는 말이 있다. "뒤로 물러설 줄을 몰라 걸려들었다." 세 발짝만 뒤로 물러설 줄을 알았더라면 멧돼지는 덫의 올가미에서 풀려날 수 있었다는 뜻이다. 물러설 줄을 몰라 덫에 걸려 목숨을 잃은 멧돼지를 덫꾼들은 흉보지만 가는 길을 막고 해치는 짓을 자연은 하지 않는다. 멧돼지를 잡겠다는 인간의 욕심이 빚어낸 꾀에 걸려들어 멧돼지는 목숨을 앗겼을 뿐이다. 그러므로 멧돼지가 앞으로만 가려고 하다 죽은 것이 휘어져 부러지는 것[曲]이 아니라 덫을 놓아 멧돼지의 목숨을 앗는 것이 휘어지면 온전하다는 자연의 법칙을 어긴 짓인 줄도 모른 덫꾼들이 자연에 따라 살아가는 멧돼지를 흉보았던 셈이다.

사람들은 인생을 하나의 경쟁으로 보면서 무수한 덫을 놓고 함정을 파면서 제 몫을 확보하려고 한다. 욕망을 극대화하려는 지식은 상대적이어서 한쪽이 이로우면 다른 쪽은 해롭게 되는 경우가 허다하다. 그래서 인간은 이해 상관利害相關을 따져 무리를 짓는다. 이익이냐 손해냐를 따져 계산기를 두드리고 제 몫의 크기를 저울질한다. 그러나 성인은 그러한 계산이나 저울질을 하지 않으므로 이익을 낼 것도 없고 손해를 볼 것도 없다.

남보다 앞서려고 꾀를 부리면 뒤에서 붙들고 늘어지는 다른 꾀가 생겨난다. 사촌이 논을 사도 배가 아프다고 한다. 그러나 성인은 앞에 나서서 나를 따르라고 외치거나 드러내지 않는다. 마치 거울이 제 것을 비추지 않으므로 밖의 것을 잘 비추어 주는 것과 같은 밝음을 마음에 지닌다. 그러한 마음은 넓고 크다. 할 일을 숨어서 할 뿐이므로 꾸미거나 숨길 것이 없다. 그러므로 성인의 마음은 밝다. 이것을 명明이라고 새겨도 된다. 제 자랑을 하기 위하여 내놓고 자기를 돋보이게 하지 않으며, 제 주장만 앞세우지 않고 남의 말에 귀를 기울이며, 공치사는커녕 대가를 바라지도 않으며, 싸움은 말리고 흥정은 붙이라는 속담을 실천에 옮기는 사람이 있다면 그가 곧 성인의 후예가 아닌가!

휘어진 것이면 온전하게 한다. 굽은 것이면 곧게 한다. 움푹 패인 것이면 채우게 한다. 못 쓰게 되면 새것이 되게 한다. 적으면 얻게 하고, 많으면 잃게 한다. 이러하므로 성인은 하나를 품어 천하의 법이 되게 한다.

〔曲則全 枉則直 窪則盈 弊則新 少則得 多則惑 是以 聖人抱一爲天下式〕
곡즉전 왕즉직 와즉영 폐즉신 소즉득 다즉혹 시이 성인포일위천하식

성인은 자기를 과시하지 않으므로 총명하고, 제 주장만 옳다고 고집
하지 않으므로 옳게 드러나며, 자기 자랑을 일삼지 않아 공을 이루
고, 자기를 뽐내지 않아 많은 사람의 존경을 받으며, 다툴 마음이란
아예 없으므로 천하에 어느 누구와도 다툴 수가 없다. 옛날에는 이러
한 것들을 휘어진 것이면 온전하다고 일컬었다. 어찌 이 말을 거짓이
라 할 것인가! 더할 바 없이 온전하면 도로 돌아가는 것이다.

〔不自見故明 不自是故彰 不自伐故有功 不自矜故長 夫惟不爭 故天下莫
能與之爭 古之所謂曲則全者 豈虛言哉 誠全而歸之〕 부자현고명 부자시고창 부
자벌고유공 부자긍고장 부유부쟁 고천하막능여지쟁 고지소위곡즉전자 기허언재 성전이귀지

도움말
제22장은 앞 장의 공덕지용孔德之容을 더 헤아려 보게 하고 나아가 자연법칙이
어떠한지를 짚어 보게 하는 장이다. 그리고 성인聖人의 포일抱一은 자연을 따르는
것이며 어떻게 순리循理에 응해서 통하는가를 이해하게 하는 장이다.
곡즉전曲則全의 곡曲은 꺾이는 것[折]이라고 박서계朴西溪가 밝히고 있다. 왕즉직
枉則直의 왕枉은 굽혀지는 것[屈]이며 와즉영窪則盈의 와窪는 패여서 비게 된 것[虛]
이며 폐즉신弊則新의 폐弊는 낡고 헌 것[故]이라고 서계西溪는 풀이하고 있다.
성인포일聖人抱一의 포일抱一은 도道를 안고 있음이며 이는 도에 순응함을 뜻한다
고 보아도 된다.
천하식天下式의 식式은 법칙法則을 말한다.
부자현不自見의 현見은 드러남이다.
명明은 넓고 밝음[廣]을 말하고 창彰은 선을 넓히는 것으로 이해해도 된다.

유공有功의 공功은 보기 좋은 것[美]으로 보아도 된다.

불긍不矜은 사심私心이 없이 텅 빈 마음[虛心]으로 보아도 된다.

부쟁不爭은 스스로를 드러내지 않는 것[不自見]과 스스로 옳다고 주장하지 않는 것[不自是], 자화자찬하지 않는 것[不自伐], 그리그 스스로를 뽐내지 않는 것[不自矜]을 두루 지니고 있으므로 가능한 것이라고 풀이해도 된다.

성전이귀지誠全而歸之의 귀지歸之는 물아物我가 더불어 온전하게 되는 것으로 보아도 된다. 물아가 시비是非 분별分別의 상대相對나 대립對立이 아니라 너[物]와 내[我]가 다 같다는 것을 깨우친다면 공덕지용의 경지와 같다. 이는 곧 도道로 되돌아가는 것[反者]이나 같다.

제23장 얻어도 즐겁고 잃어도 즐겁다

꾸미고 숨기는 것은 끝이 있다

우주가 움직인다면 우주 속에 있는 것은 무엇이든 움직인다. 우주 만물에 멈추어 가만히 있거나 그냥 그대로 변함없이 있는 것은 하나도 없다. 이렇게 변하게 하는 것은 무엇일까? 노자는 자연의 도라고 하며 이를 믿고 따르며 살라고 한다. 이것이 노자의 무위자연無爲自然이다.

새나 짐승은 한 벌의 옷으로 만족하고 초목은 철따라 피고 지는 것으로 만족한다. 불만不滿과 부족不足을 모른다. 그래서 사슴은 산야山野에 푸른 풀이 있으면 있는 대로 마른 풀이 있으면 있는 그대로 그냥 먹고산다. 만일 사람이 불만을 덜어 내고 부족을 지워 버린다면 원怨도 줄어들고 한恨도 잠재울 수가 있다.

그러나 사람은 속을 태우며 애를 끓이며 만족할 줄 모르고 무엇이든 부족하다며 불만스러워한다. 바라는 대로 되지 않는다고 원망하며 뜻대로 이루어지지 않는다고 한탄한다. 바위를 발로 차면 제 발만 아프다는 것을 알면서도 실망하고 절망하며 파멸의 덫을 만들고 제가 빠질 함정을 판다.

이 얼마나 영악하면서도 어리석은 인간인가! 노자는 부질없는 몸부림을 치지 말라고 한다.

자연은 꾸며서 말하지 않는다〔希言自然〕. 돌개바람은 한나절을 끌지 못하며〔飄風不終朝〕, 소낙비는 하루를 버티지 못한다〔驟雨不終日〕. 무엇이 이렇게 하는가? 천지가 그렇게 한다〔孰爲此者 天地〕. 천지도 그렇거늘 하물며 인간이야 말할 것도 없지 않은가〔天地尙不能久 而況於人乎〕?

고려 때 원곡이란 아이가 있었다. 그 아이는 늙은 할아버지를 무척 좋아했다. 어느 날 아버지가 수레를 끌고 할아버지 방 앞으로 오라고 했다. 어린 원곡은 영문도 모른 채 분부대로 했다.

원곡의 아버지는 늙은 할아버지를 수레에 실었다. 그리고는 깊은 산속으로 끌고 가 늙은이를 토굴 속에 남겨 둔 채, 며칠 먹을 물과 음식을 넣어 둔 다음 빈 수레를 토굴 앞에 팽개치고 휑하니 내려갔다. 그러나 원곡은 발길을 돌릴 수가 없었다.

토굴 속에 갇힌 할아버지는 손자가 떠나지 않고 있다는 것을 알았다. 할아버지는 손자에게 아버지를 따라 내려가라고 했다. 어린것의 힘으로는 토굴을 막고 있는 너럭바위를 치울 수도 없었다. 그래서 손자는 왜 할아버지가 여기 있어야 하느냐고 물었다. 살 만큼 살다 늙으면 이렇게 되는 것이라고 할아버지는 타일렀다. 하는 수 없어 손자는 팽개쳐진 수레를 끌고 집으로 내려왔다.

버렸던 수레를 끌고 내려온 아들에게 아버지는 왜 그 수레를 집으로 갖고 왔느냐고 물었다. 그러자 아들은 아버지에게 다음처럼 되받았다. "아버지가 늙으면 아들이 늙은 아버지를 수레에 실어 산속에 버리는 것을 알았습니다. 저도 아버지가 할아버지처럼 늙으면 이 수레에 실어 갖다 버리려고 다시 집으로 가져왔습니다."

자신의 얼굴을 빤히 쳐다보면서 쏘아붙이는 자식의 말을 듣고 그 아버지는 다시 산속으로 올라가 토굴에 가두었던 늙은 제 아버지를 등에 업고 내려왔다. 왜냐하면 자기도 늙으면 언젠가 버려지게 된다는 것이 두려웠기 때문이다.

인간은 변덕스럽다. 인간은 달면 삼키고 쓰면 뱉는다. 인간은 겉 다르고 속 다른 짓도 범한다. 인간은 거짓말을 참말처럼 할 줄 안다. 이 얼마나 영악한 동물인가! 왜 인간은 이렇게 변덕스럽고 영악한가? 자기를 자기가 위하려는 꾀를 부리는 까닭이다. 잔꾀는 여러 변명을 꼬리처럼 달고 다니게 마련이다. 인간사에 말이 많은 것은 이러한 잔꾀들이 서로 얽혀져 일어나는 꼴이다.

그러나 자연은 말이 없다. 그냥 하는 그대로 할 뿐 변덕을 부리지 않는 까닭이다. 자연의 도道는 생사生死의 풀무질을 할 뿐이다. 밀어내는 풀무질은 생성生成이고 끌어들이는 풀무질은 소멸消滅일 뿐이다. 그 생성과 소멸에 대하여 자연의 도는 변명하지 않는다. 이를 노자는 다음처럼 말해 주고 있다.

그러므로 도에 따라 일에 임하는 사람[故從事於道者]은 도가 되어 도와 함께하며[道者 同於道], 얻은 것에 따라 일에 임하는 사람은 얻은 자[德者]가 되어 얻은 것과 함께하고[同於德], 잃은 것에 따라 일에 임하는 사람은 잃은 자[失者]가 되어 잃은 것과 함께한다[同於失].

도의 득실得失은 모두 덕이다. 도의 나타남인 덕에는 선악이 없다. 선악이 없으므로 시비도 없고 시비가 없으므로 분별도 없다. 얻은 것[得]이 있으면 그것으로 만족하고 잃은 것[失]이 있으면 그 잃은 것으로 만족한다. 얻었다고 기뻐하고 잃었다고 안타까워할 것은 없다. 왜냐하면 적으면 얻을 것이고 많으면 잃는 것이 도에 따라 일에 임하는 것이기 때문이다. 도에 따라 일에 임하는 것을 허무虛無라고 한다. 이렇게 되면 세상을 혼란스럽게 하는 물욕物欲의 투쟁은 없어질 것이 아닌가! 그러나 변덕스러운 인간은 득실得失을 저울대에 올려놓고 눈금을 따지며 시비를 걸고 저마다 자기 주장을 한다. 자기 몫이 항상 적다고 외치며 허무하다고 원통해한다. 인간은 허무虛無를 멀리하고 실속을 차린다. 그래서 세상은 항상 아수라장이다.

믿음은 얻고 잃는 것이다

밀물과 썰물이 따로 있는 것은 아니다. 채웠다가 비우고 비웠다가 채우는 것뿐이다. 우주가 움직인다는 것은 이처럼 한 번 채우면 한 번 비우는 것으로 그 모습을 나타낸다. 사람의 일이라고 해서 다를 것은 없다. 행복한 일이 있으면 불행한 일이 있는 법이다. 그래서 쥐구멍에도 볕 들 날이 있다고 한다. 좋은 일에는 마가 낀다고 하지 않는가!

항상 얻기만 바라고 잃기를 바라지 않는 것 자체가 곧 사람의 욕심이다. 이러한 욕심이 무위자연無爲自然에 어긋나고 있을 뿐이다. 무위자연의 모습은 얻는 것〔得〕도 그냥 그대로 얻는 것이며 잃는 것〔失〕도 그냥 그대로 잃는 것으로 드러난다. 떡잎이 나는 것은 득得이요, 낙엽이 되는 것은 실失이다. 그러므로 나무라는 생명이 누리는 나뭇잎은 얻는 것이 곧 잃는 것이며 잃는 것이 곧 얻는 것이다. 이러한 득실得失이 만물이 존재하는 모습이며 그 모습은 생장 소멸生長消滅로 풀이된다. 이러한 풀이를 노자의 도·덕·실道德失이 헤아리게 한다. 도·덕·실의 상호 관계를 노자는 도에 따라 일에 임한다〔從事於道〕라고 하지 않았던가!

덕은 도로부터 얻는 것이며 실은 도로부터 얻은 것을 다시 도로 되돌려주는 것이다. 그래서 득이 생生이라면 실은 사死일 뿐이다. 하나를 알고 있다는 것〔抱一〕은 결국 득실得失의 길을 왕래한다는 반자反者나 같은 셈이다. 한 번 오면 한 번 가게 마련이고, 한 번 가면 한 번 오게 마련이다. 이러한 득실을 손익損益으로 따지고 점치지 마라. 이것이 욕망으로부터 벗어나는 궁극의 자유이며 인위人爲의 멍에와 굴레를 벗는 길이다. 이를 노자는 동도同道라고 밝혔다.

도와 함께하는 것〔同道〕, 덕과 함께하는 것〔同德〕, 실과 함께하는 것〔同失〕, 이것이 종사從事이며 이러한 종사는 소장消長에 따라 사는 것이다. 나무의 떡잎이 소장消長의 장長이라면 낙엽은 그 소消인 셈이다. 존재의 득실은 생사生死이고 소장消長일 뿐이다. 이러한 경지를 누릴 수 있는 자라면 인생을 성취했다고 우쭐대지 않으며 인생을 도둑맞았다고 울부짖지도 않는다. 나아가 재물을 두고 빼앗고 빼앗기는 노름 따위를 벌여 목숨을 헐값으로 내동댕이치거나 험하게 내치지도 않는다.

그러나 인간은 재물의 득실을 손익損益의 계산기에 맞추어 속셈을 하면서 욕심을 부린다. 이것이 인간을 괴롭히는 근본 고통임을 노자는 헤아리게 한다.

동도同道, 동덕同德, 동실同失이란 무엇인가? 어지러운 세상을 다스리는 자연의 순리順理이다. 억지를 부리지 마라. 엇나고 덧나며 상처를 입고 인생을 아파할 것은 없다. 그래서 노자는 다음처럼 말하고 있다.

도와 함께하는 사람〔同於道者〕은 도로 하여금 그를 얻게 하고〔道亦得之〕, 덕과 함께하는 사람〔同於德者〕은 덕으로 하여금 그를 얻게 하며〔德亦得之〕, 실을 함께하는 사람〔同於失者〕은 실로 하여금 그를 얻게 한다〔失亦得之〕.

옛날 서역西域에 가호賈胡라는 사람이 살았다. 가호는 세상에서 제일 값비싼 보물을 수중에 넣었다. 그에게 보물이 없었을 때는 세상에 도둑이 있다는 것을 몰랐다. 그러나 보석을 갖게 되자 세상 모든 사람들이 도둑처럼 보이기 시작했다.

보석을 도둑맞지 않으려면 어디에 잘 숨겨두고 감추어야 한다는 생각 때문에 밤잠을 설치기 시작한 가호는 입맛을 잃었다. 아내도 믿을 수 없고 자식들도 믿을 수 없었다. 믿을 사람이라곤 자기밖에 없다는 생각에 미치자 드디어 가호는 보석을 감출 가장 믿을 만한 장소를 찾을 수 있었다. 바로 자기 자신이었다.

가슴속에 품고 다녀도 도둑을 만나면 빼앗길 것이고 손에 들고 다녀도 역시 날치기를 당할 수가 있다. 그런데 자기 뱃속에다 보석을 넣어 두면 천하에서 가장 안전한 곳에다 감추어 두는 것이었다. 그래서 가호는 자기의 배를 갈라 보석을 감추고 터진 배를 꿰맸다.

뱃속에 들어간 보석이 탈을 내기 시작했다. 먹은 것을 잘 소화해 주던 오장육부가 보석의 독에 걸려 썩게 되었고 가호의 몸속을 돌고 있던 피를 고름이 되게 하여 가호의 온몸은 불덩이처럼 끓게 되었다. 약이란 약을 다 써도 소용이 없었다. 가호는 제 뱃속을 보석함쯤으로 생각했던 탓으로 아까운 목숨을 놓치면서도 제 뱃속에 보석이 들어 있다는 말을 한 마디도 하지 못한 채 죽고 말았다.

한 번 얻은 보석을 영영 잃지 않겠다고 다짐한 것이 다른 보석을 잃게 하고 말았다. 보석이 귀한 것인가, 아니면 목숨이 귀한 것인가? 서역 땅에 살았다던 가호賈胡가 이렇게 자문해 보았더라면 제 뱃속을 어처구니없는 보석함으로 만들고 제 목숨을 빼앗기지는 않았을 것이다. 이 얼마나 어리석은 탐욕인가! 가호의 뱃속 같은 세상을 눈앞에 두고 우리는 살아가고 있는 중이다. 돈 때문에 살인을 하고 재산 때문에 육친끼리 서로 치고 받는 세상은 분명 가호의 뱃속이나 다를 바가 없다.

가호는 도와 함께 살지 못했으니 도가 그를 잃은 셈이고 덕과 함께 살지 못했으니 덕이 또한 그를 잃었으며 실失과 함께 살지 못했으니 실 또한 그를 잃었다. 얻는 것이 잃음이요, 잃는 것이 얻음이란 것을 안다면 믿음은 절로 이루어지는 것이 아닌가! 생명의 득실은 이러한 믿음으로 이어지는 것이 아닌가! 생사의 풀무질을 하는 도와 함께하는 것이 곧 믿음이란 것을 인간은 모른다. 유有는 무無와 함께하고, 허虛는 실實과 함께하며, 득得은 실失과 함께 산다는 것이 무위자연無爲自然의 신앙이 아닌가! 이해利害의 숨바꼭질, 손익損益의 속셈질은 인생사업人生事業의 유혹이 아닌가!

자연은 꾸며서 말하지 않는다. 돌개바람은 한나절을 끌지 못하며, 소
낙비는 하루를 버티지 못한다. 무엇이 이렇게 하는가? 천지가 그렇
게 한다. 천지도 그렇거늘 하물며 인간이야 말할 것도 없는 것이 아
닌가?

〔希言自然 飄風不終朝 驟雨不終日 孰爲此者 天地 天地尚不能久 而況於
人乎〕 희언자연 표풍부종조 취우부종일 숙위차자 천지 천지상불능구 이황어인호

그러므로 도에 따라 일에 임하는 사람은 도가 되어 도와 함께하며,
얻은 것에 따라 일에 임하는 사람은 얻은 자가 되어 얻은 것과 함께
하고, 잃은 것에 따라 일에 임하는 사람은 잃은 자가 되어 잃은 것과
함께한다.

〔故從事於道者 道者 同於道 德者 同於德 失者 同於失〕 고종사어도자 도자 동
어도 덕자 동어덕 실자 동어실

도와 함께하는 사람은 도로 하여금 그를 얻게 하고, 덕과 함께하는
사람은 덕으로 하여금 그를 얻게 하며, 실을 함께하는 사람은 실로
하여금 그를 얻게 한다.

〔同於道者 道亦得之 同於德者 德亦得之 同於失者 失亦得之〕 동어도자 도역
득지 동어덕자 덕역득지 동어실자 실역득지

믿음이 부족하면 불신이 있게 마련이다.

〔信不足焉 有不信焉〕 신부족언 유불신언

도움말

제23장은 자연은 말이 없다〔希言自然〕의 속뜻을 깊이 헤아리게 하는 장이다. 만족을 함께하는 것〔同足〕과 믿음을 함께하는 것〔同信〕은 말을 하지 않아도 된다. 도의 득실得失은 손익損益의 계산에 의한 것이 아니라 한 번 차면 한 번 비워지는 것임을 깨우치게 한다.

표풍飄風은 폭풍, 태풍 또는 돌개바람 따위를 말한다.

취우驟雨는 소나기를 뜻한다.

동어실同於失은 얻은 것이 자연스럽다면 잃는 것 또한 자연스럽게 맡겨 둔다는 뜻으로 통한다.

제24장 욕심이 사나울수록 조급해진다

소인배는 자기를 스스로 묶는다

새총을 보면 새구이를 생각하고 달걀을 보면 새벽을 알려 줄 장닭을 바란다. 이처럼 성급하고 조바심을 내는 사람일수록 사나운 욕심이 앞서서 앞뒤를 못 가리고 겁 없이 설친다. 빈 수레처럼 소란스럽고 얕은 물처럼 요란스러운 인간은 말과 행동을 어긋나게 저질러 버린다. 무엇이든 제 몫을 챙기려고 남의 것을 넘보고 사촌이 논을 사도 배 아파하는 인간은 옆사람들을 항상 불편하게 한다. 사달을 부리고 꾀를 내는 것[有機有智]을 일삼는다. 이것이 소인小人의 성질이다.

찬물도 쉬면서 마시고 아는 길도 물어서 가며 돌다리도 두드려 본 다음 건너간다. 좋은 일이 있어도 좋다고 떠들지 않으며 궂은 일이 있어도 싫다고 주먹을 치지 않는다.

영근 이삭이 고개를 숙이고 깊은 물이 소리 없이 흐른다는 것을 아는 사람은 제 앞가림을 할 줄 안다. 무슨 일에나 덤벙대지 않고 서두르지 않는다. 자기가 불편하더라도 옆사람을 편하게 하려고 마음을 쓰는 사람은 어디서든 따돌림을 당하지 않는다. 자기를 없애고 욕심을 내지 않는 것[無私無欲]을 좌우명으로 삼는다. 이것이 대인大人의 성품이다.

욕심사납고 자기만을 앞세우려고 덤비는 사람은 다음과 같은 노자의 말을 들을 줄 모른다.

발뒤꿈치를 들고 발가락 끝으로 서 있는 사람은 오래 서 있을 수 없고[企者不立], 발걸음을 크게 벌려 성큼성큼 걷는 사람은 오래 갈 수가 없으며[跨者不行], 자기를 과시하려고 하는 사람은 현명할 수 없고[自見者不明], 자기 주장만 앞세우는 사람은 남으로부터 찬성을 얻어 낼 수 없으며[自是者不彰], 자화자찬을 일삼는 사람은 성공을 이룩할 수 없고[自伐者無功], 오만하고 방자한 사람은 유능하고 뛰어난 자가 아니다[自矜者不長].

먼 길을 떠나는 아들에게 어머니가 부탁하는 말과 아버지가 당부하는 말은 서로 다르지만 그 속뜻은 다 같다. 어머니는 아들에게 끼니를 걸러 굶지 말라고 부탁하면서 먼 길에서 요기하라고 갱엿과 볶은 콩을 싸 주었다. 그러나 아버지는 굶는 한이 있더라도 허튼 밥은 얻어먹지 말라고 아들에게 당부하면서 몇 켤레의 짚신을 삼을 수 있는 짚과 썩은 삼 다발을 아들의 괴나리봇짐에 얹어 주었다.

한나절을 걷고 나자 허기를 느낀 아들은 먼저 볶은 콩을 끄집어내 몇 알을 입 안에 넣고 우물우물 씹었다. 그리고 갱엿을 조금 떼어 내 입 안에 넣고 녹여 먹었다. 그러자 시장기가 가시고 속이 든든해 다시 먼 길을 재촉할 수가 있었다. 그러나 짚신은 하룻길을 버티지 못하고 신창이 나갔다. 그래서 아들은 길가에 앉아서 짚신을 삼았다.

길을 가던 한 노인이 그를 보고 말을 걸었다.

"젊은이는 지금 무엇을 하는 중이오?"

신발을 삼는 중이라고 젊은이가 공손히 아뢰었다.

"어디에 가는 중이오?"

"한양에 갑니다."

"한양은 여기서 천 리가 넘는데 어떻게 걸어서 갈 엄두를 내었단 말이오?"

"한 달포 걸어서 갈 작정입니다."

"남들은 한 보름 걸리면 한양을 간다는데 왜 달포나 걸려 간단 말이오?"

"보름에 줄달음쳐 한양에 당도한 사람은 발병이 나서 보름을 앓고 한 달을 걸어 당도한 사람은 발병이 나도 가는 도중에 다 나아 한양에 가서도 쉬지 않고 일을 할 수 있다고 했습니다."

"젊은이 장하오."

노인은 이렇게 칭찬한 다음 소금을 한 줌 덜어 내 젊은이에게 건네주면서 다음처럼 당부했다.

"먼 길을 걷다 보면 날씨가 더워 땀을 흘리게 되는데 찬물을 그냥 마시지 말고 소금을 좀 타서 드시오."

"고맙습니다."

그리고 젊은이는 신발을 계속 삼으면서 콧노래를 불렀고 노인은 어디론가 사라졌다.

새 짚신을 신고 젊은이는 서쪽으로 기울기 시작한 해를 바라보았다. 깊은 산중인데 어디쯤 가면 잘 곳이 있을까? 인가가 있으면 집에서 자고 인가가 없으면 어디서든 하룻밤 눈을 붙이면 그만 아니냐며 가던 길을 계속 갔다. 먹을 것이 있고 신을 것이 있으므로 서두를 것은 없다고 마음을 다잡으면서 그 젊은이는 뚜벅뚜벅 먼 길을 걸었다.

이제 먼 길을 걸어 가는 사람은 없다. 한 시간에 백 킬로미터를 달리는 자동차를 타고 가도 지루하다 하고 한 시간에 팔백 킬로미터를 날아가는 비행기를 타고 가도 지겹다고 현대인은 투덜댄다. 이처럼 문명은 사람들을 조급증 환자로 만들었고 사소한 일에도 신경을 곤두세우고 싸울 듯이 조바심을 내는 현대인은 무슨 일에도 듬직하기를 싫어한다.

성큼성큼 일을 해치우고 부랴부랴 서둘러 금쪽 같은 시간을 아껴 쓰라고 성화를 내며 현대인은 돌개바람처럼 회오리를 친다. 현대인은 왜 이렇게 바쁜 존재가 되었을까? 하는 일이 너무 많아 정신이 없어졌다고 강변하지만 따지고 보면 온갖 욕심 탓으로 그렇게 되고 말았다.

지긋하고 느긋하며 듬직한 사람을 만나기가 어렵다. 저마다 성급하고 조급해 몸둘 바를 모르고 서성대며 분주할 뿐이다. 제 자랑을 부끄럼 없이 하고 자기를 주저없이 선전하면서 저마다 제 잘난 맛으로 세상을 산다고 거침없이 주장한다.

그래서 현대인은 남보다 먼저 보려고 발끝으로 서서 눈싸움을 벌이고 남보다 먼저 가려고 발을 동동거리며 자기를 돋보이게 하려고 공을 부풀린다.

자존심을 앞세우고 자기 방어에 철저하면서 누구든 도전해 오면 목숨을 걸고 결투를 하겠다는 각오로 자신의 승리를 위해 타인을 굴복시킨다는 적개심으로 가득 차 있는 현대인은 전쟁의 동물로 변해 가고 있다. 이러한 광란의 증세를 노자는 다음처럼 질타한다.

날마다 먹다 남긴 음식 찌꺼기에 불과하고 얼굴에 매달린 혹부리에 불과한 짓이고〔日餘食贅行〕, 쓸데없는 군더더기에 불과할 뿐이다〔物

或惡之〕. 그러므로 자연의 도에 따르는 사람은 그러한 짓에 물들지 않는다〔故有道者不處〕.

왜 노자는 이렇게 심한 말을 남겼을까? 소인과 대인을 대조해 보고 싶었을 것이다. 그렇다고 노자가 소인과 대인이 따로 있다고 여긴 것은 아니다. 자연의 도에 따르면 인간은 누구나 겸허하고 수수하게 된다는 것이다. 자기를 낮출 줄을 알면 지긋하고 느긋하게 인생을 맞이할 수 있다는 것이다. 결국 노자가 이를 말해 주고 싶었던 것으로 보면 그만이다. 자기를 없애라〔無私〕. 이 말을 누가 들어줄 것인가? 욕심을 없애라〔無欲〕. 이 말을 또한 누가 귀담아 들어줄 것인가? 현대인에게 노자의 당부는 항상 겉돌고만 있는 중이다. 이것이 현대인이 앓고 있는 중병이다.

원문의역

발뒤꿈치를 들고 발가락 끝으로 서 있는 사람은 오래 서 있을 수 없고, 발걸음을 크게 벌려 성큼성큼 걷는 사람은 오래 갈 수가 없으며, 자기를 과시하려고 하는 사람은 현명할 수 없고, 자기 주장만 앞세우는 사람은 남으로부터 찬성을 얻어낼 수 없으며, 자화자찬을 일삼는 사람은 성공을 이룩할 수 없고, 오만하고 방자한 사람은 유능하고 뛰어난 자가 아니다.

〔企者不立 跨者不行 自見者不明 自是者不彰 自伐者無功 自矜者不長〕기자불립 과자불행 자현자불명 자시자불창 자벌자무공 자긍자부장

자연의 도에 따라 보자면 위와 같은 짓들은 날마다 먹다 남긴 음식 찌꺼기에 불과하고 얼굴에 매달린 혹부리에 불과한 것이며, 만물도 이를 싫어할 뿐이다. 그러므로 자연의 도에 따르는 사람은 그러한 짓에 물들지 않는다.

〔其在道也 日餘食贅行 物或惡之 故有道者不處〕기재도야 일여식췌행 물혹오지 고유도자불처

도움말

제24장은 자기가 없는 것[無私]이 자연과 더불어 있다는 것을 헤아려 보게 하는 장이다. 소인과 성인이 어떻게 달리 인생을 맞이하는가를 짚어 보게 한다.

기자불립企者不立의 기企는 뒤꿈치를 들고 발가락 끝으로 서 있는 모습을 말한다.

과자불행跨者不行의 과跨는 두 다리를 떡 벌리고 서 있는 모습을 말한다.

물혹오지物或惡之의 오지惡之는 싫어하는 것을 말하며 욕심사나운 것을 뜻한다고 보아도 된다.

유도자有道者는 성인聖人을 뜻한다.

제25장 우주 만물의 어머니를 보라

무엇이 낳아 주고 거두어 가는가

팔과 다리를 조금도 움직이지 못해 바퀴의자에 앉은 채로 청중 앞에 나선 스티븐 호킹 박사는 기계음機械音으로 내 말을 알아들을 수 있느냐고 물었다. 입은 있지만 말을 할 수 없는 호킹 박사는 컴퓨터를 이용해 두뇌로 이야기를 했고 그 이야기를 들은 컴퓨터가 말을 해 주었다.

호킹 박사의 육신은 죽은 것이나 다를 바가 없었다. 다만 마음만 살아서 한없는 우주를 만나고 있었다. 아마도 그는 시간을 무엇이 만들었으며 공간을 무엇이 만들었는지를 누구보다도 가까이 알고 있다는 인상을 풍겼고 우주 만물이 어떻게 만들어졌는지를 헤아리고 있는 마음 그 자체였다.

호킹 박사가 말하는 블랙홀black hole은 있는 것을 없는 것으로 만들고 무無를 다시 유有로 만드는 암컷의 자궁 같다는 생각을 하게 하였다. 우주의 창조와 파괴를 동시에 밝히려는 호킹 박사의 마음은 노자의 마음처럼 한없는 우주를 훑어보면서 노닐고 있다는 생각을 하게 한다.

노자는 호킹 박사의 블랙홀 같은 것을 곡신谷神 같고 현빈玄牝 같다고 말했는지도 모른다.

노자는 호킹 박사가 밝히려고 하는 그 블랙홀을 무엇이 관장하느냐고 물었다. 이러한 물음은 과학적인 것이 아니라 형이상학적形而上學的인 것이 아닌가! 검은 구멍 속 블랙홀으로 들어간 것은 모두 없어져 버리고 그 구멍을 통해 나온 것은 모두 눈으로 볼 수 없는 작은 입자로 떠돌다가 그 입자들이 모여 또 다른 존재를 형성함을 상상하게 하는 호킹 박사의 말을 듣다 보면 노자가 비유한 풀무통이 연상된다. 노자의 풀무통은 호킹 박사의 블랙홀을 헤아리게 한다. 블랙홀은 풀무통이며 도가 그 풀무통의 자루를 잡고 풀무질을 한다. 그러한 풀무질을 유생어무有生於無라고 밝히기도 했다. 그렇게 풀무질을 하는 도를 노자는 다음처럼 설명하고 있다.

혼성하는 것이 하나 있었다〔有物混成〕. 그 하나는 천지보다 먼저 있었다〔先天地生〕. 그 하나는 너무 고요해 들을 수 없고 너무 아득해 그 모습이 보이지 않는구나〔寂兮廖兮〕! 그 하나는 다른 것에 의지하지 않고 홀로 독립해 있으므로 바뀌지 않고〔獨立而不改〕, 두루두루 작용해도 위태롭지 않다〔周行而不殆〕.

무엇이 있다는 것은 어디선가 비롯되었음을 말한다. 만물의 어머니는 무엇일까? 만물의 고향은 어디일까? 그리고 만물의 둥지는 어디일까?

이러한 질문을 던지면 새삼스럽지 않은 것이란 하나도 없다. 노자는 그 무엇을 알 수가 없다고 고백한다. 그러나 그 하나를 억지로 표시하자면 막힘이 없는 길〔道〕과 같다고 노자는 실토한다. 그리고 그 길에다 억지로라도 이름을 붙인다면 크다〔大〕고 말할 수밖에 없다고 술회한다. 그러나 노자가 밝힌 혼성混成이란 말은 우리로 하여금 여러 가지를 생각하게 한다.

혼성을 어떻게 생각할 수 있을까? 혼성한다는 것은 이것과 저것 등을 혼합하여 무엇을 있게 한다는 작용을 뜻한다. 작용은 힘energy에 의해서 이루어진다. 그래서 노자가 밝힌 도道를 힘[氣]이라고 말하기도 한다. 노자는 도가 하나를 낳는다[道生一]고 했다. 도생일의 일一이 바로 그 기氣인 셈이다. 그 기를 도의 풀무질이라고 여겨도 될 것이다.

하나가 둘을 낳고[一生二], 둘이 셋을 낳고[二生三], 셋이 만물을 낳는다[三生萬物]. 하나가 둘을 낳았다고 할 때 이미 그 둘은 혼성된 것이 아닌가! 둘의 조화造化라고 여길 수 있다. 이러한 조화의 힘을 충기沖氣라고 풀이하고 있다. 셋이 만물을 낳는다[三生萬物]. 충기라고 풀이하는 이 셋을 어떻게 헤아려 볼 수 있을까? 성교性交라고 해도 될 것이며 교미交尾라고 해도 될 것이며 자웅雌雄의 사랑을 나누는 정분情分으로 보아도 무방할 것이다.

암수가 정자와 난자를 나누는 것이야말로 혼성이 아닌가! 노자가 도를 현빈玄牝이라고 비유한 것은 우주를 수태하고 만물을 낳는 자궁을 지닌 암컷으로 도를 비유한 것이 아닌가! 도가 혼성하는 음양陰陽. 그것들은 우주의 정자[陽]요, 우주의 난자[陰]가 아닌가!

만물을 생성하고 소멸시키는 도의 혼성을 우주 삼라만상을 빚어내는 성교라고 여길 수 있다면 만물은 모두 같다는 포일抱一의 사상을 헤아려 볼 수 있을 것이다. 우주의 모든 것은 한 배[道]에서 태어났기 때문이다. 혼성하는 하나가 있었다는 이 한마디는 얼마나 황홀한 명상冥想이며 시원始原에 대한 사유思惟인가!

꽃이 왜 꿀샘에 꿀을 모아 두는가? 벌을 불러들이려고 그렇게 한다. 꽃은 왜 향기를 품는가? 냄새를 맡고 꿀을 빠는 나비를 불러오기 위하여 그렇게 한다. 왜 꽃은 나비와 벌을 불러야 하는가? 암술의 꽃가루와 수술의 꽃가루를 만나게 하려고 그렇게 한다. 그렇게 하여 꽃은 씨앗을 배어 저마다 생명을 이어 간다.

봄철이 되면 산새들이 소리를 내고 산짐승들도 소리를 지른다. 짝을 찾아 수컷들은 소리를 내고 암컷들은 발정發情을 하고 서로들 교미를 기다린다. 이처럼 어미가 새끼를 낳고 길러 주고 먹여 주어 온갖 짐승은 저마다 생명을 이어 간다.

인간도 다를 것이 없다. 남녀가 만나 정분을 나누어야 아이를 낳고 생명을 이어 간다. 목숨을 따져 보면 사람의 목숨이나 지렁이의 목숨이나 다를 것이 없다. 지렁이도 한 번 태어나면 반드시 한 번 죽는 것이고 사람도 예외가 아니다. 이 얼마나 생명은 평등한가!

흙에서 와서 흙으로 돌아간다고 하지 않는가! 어디 흙뿐일 것인가? 물과 바람과 불이 사람의 몸 안에서 머물다 떠나면 생은 사인 것이다. 피고 지는 꽃에서 생사의 혼성을 마주하고 태어나는 아기와 늙어가는 노인에게서도 생사의 혼성을 본다. 목숨의 생사生死야말로 우리가 분명히 목격하는 혼성의 행진이 아닌가!

혼성混成은 만물을 존재하게 하는 생성과 파괴의 풀무질로 여겨도 무방할 것이다. 이를 여래如來는 무상無常이라 했고 노자는 반자反者라고 했던 셈이다. 떨어지는 꽃은 열매를 남기고 열매 속의 씨앗은 다시 피어날 꽃을 약속한다. 이처럼 우주도 도의 풀무질에 따라 있다가도 없어지고 없다가도 다시 있게 되어 혼성의 행진은 삼라만상의 모습으로 보여 준다. 이 얼마나 큰가!

크다는 것은 사라져 가는 것〔大曰逝〕이요, 사라져 가는 것은 아득히 멀다는 것〔逝曰遠〕이요, 아득히 멀다는 것은 되돌아오는 것〔遠曰反〕이다.

이렇게 노자는 혼성의 행진을 풀이해 주고 있다. 자연의 도가 붙들고 있는 풀무통은 원통인 셈이다. 도의 풀무질을 운명運命이라 해도 될 것이고 복근復根이기도 할 것이며 복명復命이라 불러도 된다. 왔으면 가야 하는 것이고 갔으면 와야 하는 것이 혼성混成의 운명이고 복명인 까닭이기 때문이다.

사라져 간다는 것〔逝〕은 멀어져 간다는 것〔遠〕이지만 한사코 먼곳으로만 떠나가는 것이 아니라 되돌아온다는 것〔反〕은 무슨 뜻인가? 유무有無의 되물림이요, 생사生死의 고리라고 여기면 된다. 우주 만물이 원둘레를 빙빙 돈다. 그 원둘레를 노자는 텅 빈 것〔虛〕이라 했고 그 중심을 도추道樞라고 했다. 우주가 돈다. 그 우주 속에 있는 해도 돌고 땅도 돌고 달도 돈다. 어느 것 하나 돌지 않는 것은 없다.

우주 만물은 막무가내로 도는 것이 아니라 길을 따라 돈다. 그러므로 그 길은 무질서의 혼란이 아니라 질서의 혼일混一이다. 그 길을 따라서 걷는 길손이 존재들이고 그 길을 터 주는 주인을 노자는 자연自然의 도道라고 했다. 그 도가 우주 만물을 혼성하는 것을 음양陰陽의 조화造化로 여긴다면 좀 알 것 같은 경지가 아닌가! 아니면 암수의 성교나 교미를 그 혼성의 모방이라고 여긴다면 노자의 깊은 말을 헤아려 들을 수 있을 것도 같다.

사람은 땅을 본받는다

사람의 몸은 작지만 사람의 마음속은 한없이 넓고 깊을 수 있다. 물론 우물 안의 개구리 같은 마음도 있고 한없는 천궁을 넘어 은하계의 별까지 담아 둘 수 있는 크나큰 마음도 있을 수 있다.

마음을 작게 하는 것을 욕심이라고 한다. 이러한 욕심의 덫에 걸려 더욱 작아지는 것을 사욕私欲이라고 한다. 무심無心하라는 것은 무엇인가? 자기를 크게 하라는 말이다. 무욕無欲이란 무엇인가? 그 또한 자기를 크게 하라는 말이다. 내가 없다는 것〔無己〕도 나를 크게 하는 것이요, 나를 버린다는 것〔舍己〕 또한 나를 크게 한다는 말이다.

이렇게 큰 것을 노자는 공덕지용孔德之容이라고 했으며 하나를 안는 것이라고 했다.

만물이 다 같다고 여기는 것보다 더 큰 마음씨는 없을 것이다. 그러나 나만 잘살면 되고 남이야 못살아도 알 바가 아니라는 욕심보다 더 작은 것은 없다. 땅이 없다면 어떻게 살 것이며 물이 없다면 어떻게 살 것이고 바람이 없다면 어떻게 숨을 쉴 것인가?

그러나 인간은 큰 길을 버리고 한사코 작은 길로 접어들어 유별난 존재인 것처럼 착각의 삶을 고집하려고 한다. 그러한 고집을 노자는 안타까워한다. 그러한 안타까움을 앞 장에서 날마다 먹다 남긴 밥 찌꺼기에 불과하고 쓸데없이 붙어 있는 혹부리 같은 행동〔日餘食贅行〕이라고 했다. 아마도 이 말은 인위人爲를 질타한 것이고 인간의 문화가 짓는 횡포에 대한 우려를 노자는 그렇게 비유했을 것이다.

자연이 무엇이냐는 물음에 장자莊子는 소와 말의 네 다리〔牛馬四足〕라 했고 문화가 무엇이냐의 물음에 대해서는 소의 코를 뚫는 것〔穿牛

鼻]이라고 했다. 큰인간은 인생을 편안하게 하고 작은인간은 인생을 고달프게 한다. 노자는 인간을 크게 하려고 무위자연無爲自然을 떠나지 말라고 한 것이 아닌가!

무위자연을 어떻게 체험할 수 있을까? 노자의 다음과 같은 말을 귀담아 들어 두어야 할 것이다.

도가 크고 하늘도 크고 땅도 크고 사람 또한 크다〔道大 天大 地大 人亦大〕. 우주 안에는 네 가지 큰 것이 있는데 인간도 그중의 하나로 산다〔域中有四大 而人居其一焉〕. 사람은 땅을 본받고〔人法地〕, 땅은 하늘을 본받고〔地法天〕, 하늘은 도를 본받고〔天法道〕, 도는 자연을 본받는다〔道法自然〕.

공자는 나를 닦아 남을 다스린다〔修己治人〕고 했지만 노자는 사람을 다스려 하늘을 섬기게 한다〔治人事天〕고 했다. 공자보다 노자의 마음통이 훨씬 큰 셈이다. 사천事天이란 곧 사람이 땅을 본받는 것〔人法地〕을 말하는 셈이다.

인법지는 결국 자연을 본받게 되는 것이며 그것이 무위가 아닌가! 어떻게 하면 인간이 땅을 본받을 수 있을까? 욕심을 줄여라. 나아가 욕심을 버려라. 그리고 마음속을 텅 빈 방처럼 하라. 빈방에 햇빛이 그득하지 않은가! 이것이야말로 생존의 지극한 만족이며 행복일 것이다. 그렇게 생존을 누리는 사람은 걸릴 것이 없다. 걸릴 것이 없으니 얼마나 큰가!

밭에다 고추를 심어 고추를 거두었으면 적어도 한 해 동안은 그 밭에 고추를 심지 말 것이요, 밭에다 인삼을 심어 육 년근六年根을 수확했으면 적어도 육 년 동안은 빈 밭으로 두어라. 고추가 땅의 진기眞氣를 탕

진해 한 해 동안만이라도 땅이 쉬어야 하고 인삼은 그 진기를 모조리 다 빨아들였으므로 오랫동안 땅을 쉬게 해야 하며 퇴비를 넣어 허약한 땅을 실하게 해 주어야 한다는 것을 옛날 농부들은 알았다.

땅에서 곡식을 얻었으면 그만큼 거름을 넣어 땅으로 돌려주어야 한다는 것을 알고 있는 농부는 땅을 무턱대고 갈취하지 않는다. 사람만을 위하여 토질이 있는 것은 아니다. 옛날 농부는 이를 아는 까닭에 땅을 훔치지 않았다. 초목이 땅에 의지하는 것처럼 농부는 땅에 의지해 살았다.

그러나 이제 인간은 땅을 이루 말할 수 없을 정도로 학대하고 남용하다 못해 땅을 썩게 하고 병들게 한다. 이른바 산성 토질이라는 말은 결국 땅을 무슨 물건처럼 쓰다 버리는 꼴에 불과하다. 이러한 짓은 인간의 욕심대로 땅을 축내는 도둑질과 같다.

땅이 없으면 어떠한 목숨이든 살 수가 없으며 물과 바람이 없으면 또한 목숨은 살 수가 없다. 땅은 모든 것을 안아서 태어나게 하고 길러 주고 먹여 준다. 이처럼 땅은 만물의 둥지이며 삶의 터전이고 생사의 고향과 같다. 초목과 짐승은 이러한 진리를 따라 살고 죽는다. 오로지 인간들만 땅 뺏기를 하며 전쟁을 하고 살생을 한다. 이것은 땅을 거역하는 일이다.

옛날 농부는 땅의 은혜에 감사하고 고마워하면서 살았다. 이러한 심정은 곧 땅을 본받는 마음씨이다. 땅을 사랑하는 마음은 땅을 소유하는 욕심이 아니라 보금자리에 대해 감사하는 마음이다. 이러한 마음이 있다면 누가 땅을 평수로 따져 재산이나 재물의 대상으로 생각할 것인가? 그러나 땅을 부의 축적 수단으로 고집하면서 땅투기를 일삼는 무리들이 생기면서 옛날의 농부가 지녔던 마음은 이제 헌신짝처럼 버려졌다. 그리고 인간은 물욕에 사로잡혀 게걸스러운 동물이 되어 서로 아우성을 치며 다툼을 일삼는다.

땅을 본받아라. 이 말은 땅이 만물을 안고 있는 것처럼 무위의 인생을 누리라는 말로 통한다. 땅은 크다〔地大〕. 인간이 크면 그만큼 인간의 욕심은 작아진다. 욕심이 작아지면 자연스러워진다. 자연이 되는 것이 곧 무위가 아닌가! 현대인은 무엇을 해야 그렇게 바라는 행복을 누릴 수 있을까? 욕망을 줄이고 욕심을 줄이는 길을 걸어야 가능할 것이다. 이렇게 인법지人法地를 새겨듣는다면 도에 따라 일에 임하라〔從事於道〕고 했던 노자의 말을 알아듣게 될 것이다.

원문
의역

혼성하는 것이 하나 있었다. 그 하나는 천지보다 먼저 있었다. 그 하나는 너무 고요해 들을 수 없고 너무 아득해 그 모습이 보이지 않는구나! 그 하나는 다른 것에 의지하지 않고 홀로 독립해 있으므로 바뀌지 않고, 두루두루 작용해도 위태롭지 않다. 그 하나를 만물의 어머니라고 할 만하다.
〔有物混成 先天地生 寂兮廖兮 獨立而不改 周行而不殆 可以爲天下母〕 유물혼성 선천지생 적혜료혜 독립이불개 주행이불태 가이위천하모

나는 그 이름을 알 수 없다. 글자로 말한다면 도이고, 억지로 그 이름을 지어 말하자면 크다는 것이다.

〔吾不知其名 字之曰道 强爲之名曰大〕오부지기명 자지왈도 강위지명왈대

그 크다는 것은 끝이 보이지 않게 사라져 가는 것이고, 사라져 가는 것은 아득히 멀어져 떠나는 것이며 아득히 멀리 떠남은 다시 어딘가에서 만나 되돌아오는 것이다.

〔大曰逝 逝曰遠 遠曰反〕대왈서 서왈원 원왈반

도가 크고 하늘도 크고 땅도 크고 사람 또한 크다. 우주 안에 네 가지 큰 것이 있는데 인간도 그중의 하나로 산다. 사람은 땅을 본받고, 땅은 하늘을 본받고, 하늘은 도를 본받고, 도는 자연을 본받는다.

〔道大 天大 地大 人亦大 域中有四大 而人居其一焉 人法地 地法天 天法道 道法自然〕도대 천대 지대 인역대 역중유사대 이인거기일언 인법지 지법천 천법도 도법자연

도움말

제25장은 존재의 근원을 생각해 보게 하는 장이다. 그리고 만물을 존재하게 하는 도가 크다고 밝히고 있다.

유물혼성有物混成의 혼성混成은 몹시 형이상학적形而上學的인 사유의 세계이다. 도의 작용으로 이해하면 어떨까 싶다. 나누거나 쪼갤 수 없고 양적으로 잴 수 없고 질적으로 가늠할 수 없는 힘〔氣〕의 모습이라고 새겨 두어도 무방할 것이다.

적혜료혜寂兮廖兮의 적寂은 고요해 움직이지 않는 모습을 말하고 요廖는 아득해 멀어 보이는 모습이다. 즉 아무리 알려고 해도 알 길이 없음을 실토한 구절이다.

대왈서大曰逝의 서逝는 사라져 간다는 뜻으로 통한다.

서왈원逝曰遠의 원遠은 아득히 멀어져 간다는 뜻으로 통한다.

원왈반遠曰反의 반反은 되돌아오는 것을 뜻한다.

역중域中은 우주나 세계의 뜻이다.

인법지人法地의 법法은 본받는 것을 뜻한다.

제26장 스스로 무겁고 고요하면 탈이 없다

가볍고 조급하면 무모할 뿐이다

텅 빈 하늘보다 더 무거운 것은 없다. 해가 떠 있고 땅이 떠 있고 달이 떠 있으며 수없는 별들이 떠 있는 텅 빈 곳보다 더 무거운 것은 없다. 그 텅 빈 것을 무어라 할까? 우주의 집이라고 해도 된다. 우주 만물이 머물다 가는 집을 노자는 하나로 묶어 유有라 했고 그 집터를 노자는 무無라고 했다. 움직이는 것이면 무엇이든 가볍고 멈추어 있는 것만이 무겁다. 멈추어 있는 것을 노자는 도道라 했다.

있는 것은 무엇이든 도의 품에서 나오고 다시 도의 품안으로 돌아간다. 이를 존재의 운명運命으로 보아도 된다. 운명이란 움직이는 것이요, 변하는 것이 아닌가!

새들은 나와서 먹이를 찾아 이리저리 날아다니지만 결국 돌아가는 곳은 둥지이다. 둥지는 움직이지 않고 옮겨 다니지 않는다. 한자리에 가만히 있다. 그러나 생사生死의 운명을 떠날 수 없는 것은 무엇이든 움직인다. 우주를 한 마리의 새라고 친다면 그 새가 돌아갈 둥지는 어디일까? 자연의 도라고 여겨도 된다. 움직이는 것은 움직이지 않는 것에 의지해야 한다. 구만 리 장천을 나는 붕鵬이란 새도 하늘의 바람에 의지해야 하므로 완전한 자유일 수가 없다고 장자莊子가 말했던 것은 노자의 무거움과 가벼움을 생각하게 한다. 움직이는 새〔宇宙〕는 가볍고 움직이지 않는 둥지〔道〕는 무겁다.

깊은 물은 무겁고 얕은 물은 가볍다. 깊은 물은 소리 없이 흐르고 얕은 물은 시끄럽다. 설익은 이삭은 고개를 숙일 줄 모르고 영근 이삭은 고개를 숙인다. 설익은 이삭은 가볍고 영근 이삭은 무겁다. 이처럼 가벼운 것은 시끄럽고 무거운 것은 고요하다. 우주는 엄청난 소리를 내며 텅 빈 천궁을 날아 돌고 그 우주를 안고 있는 둥지는 아무런 소리를 내지 않는다. 그러므로 모든 소리는 고요함의 품안에 있을 뿐이다.

먹이를 물어 와 새끼의 목 안에 넣어 주는 어미새는 울지 않는다. 다만 먹이를 받아 먹는 새끼들만 짹짹거린다. 이처럼 무거우면 고요하고 가벼우면 시끄럽다. 경망스러운 인간은 먹이를 달라고 짹짹거리는 새끼새에 불과하다. 생각이 무거운 사람은 입이 무겁고 생각이 가벼운 사람은 입이 가볍다. 세 번 생각한 다음 어렵게 한 번 말한다고 하지 않는가! 그러나 마음속이 얕아 가벼운 사람은 이를 몰라 촐랑거리다 일을 내고 탈이 되어 험한 꼴을 당한다. 이 얼마나 어리석은가! 고무풍선 같은 인간은 자기를 받쳐 주고 있는 근본을 모른다.

고무풍선은 잡고 있을 때만 떠 있을 뿐이다. 놓인 고무풍선은 바람에 휩쓸려 떠가다 터지고 만다. 고무풍선 같은 인간은 자신을 어떻게 잡아매 둘 수 있을까? 노자의 다음과 같은 말을 들으면 그 비밀을 헤아릴 수 있을 것이다.

무거운 것은 가벼운 것의 뿌리가 되고〔重爲輕根〕, 고요한 것이 조급함을 다스린다〔靜爲躁君〕. 이로써 성인은 종일토록 행해 무거운 짐을 실은 수레 같기를 마다하지 않는다〔是以聖人終日行 不離輜重〕. 욕망을 부추기는 것이 있다 하더라도 높은 곳에 있는 제비집에서 사는 것처럼 초연하다〔雖有榮觀 燕處超然〕.

욕망은 사람을 가볍게 하고 초연함은 사람을 무겁게 한다. 욕망을 다스리는 뿌리는 어디에 있을까? 초연超然함에 있다고 노자가 말해 주고 있다. 세상에는 갖가지 욕망의 덫이 있게 마련이다. 꾸며서 멋있게 하고 돋보이게 하려는 것도 욕망이며 재물을 탐하고 쾌락에 빠지는 것도 욕망이다. 이러한 욕망은 찬란하게 보이는 것〔榮觀〕이지만 그 끝은 항상 빛 좋은 개살구로 드러난다. 그러나 속이 깊어 무겁고 고요한 사람은 빛 좋은 개살구에 입을 대지 않는다. 이것이 초연함이다.

권부에는 권력에 걸신이 든 자도 있게 마련이고 권력이나 권세에 초연한 자도 있게 마련이다. 이 대통령 시절 탐관오리들을 부끄럽게 만들었던 한 장관이 있었다. 그 장관의 별명은 아령 장관이었다. 어디를 가든 가방 속에 아령을 넣고 다니면서 아침저녁으로 아령을 했던 까닭이다. 그는 몸만 건강하게 단련한 것이 아니라 마음도 건강하게 다스렸던 모양이다.

그는 외무부 장관이었던 관계로 외국에 자주 갔다. 원래 외무부 장관이 외국 출장을 가면 국비國費를 쓰게 된다. 아령 장관은 국비가 곧 국민의 세금이란 것을 알고 있었다. 관리들이 국민이 낸 세금을 아껴서 쓸 줄 안다면 그 나라는 튼튼하고 건강하게 될 수밖에 없다. 아령 장관은 이를 실천해 몸소 보여 준 것이다. 외국 출장에서 돌아오면 그는 아껴서 쓰고 남은 출장비를 국고에 되돌려주곤 했었다. 국비로 출장을 가는 사람들은 수없이 많았지만 남은 출장비를 아령 장관처럼 국고에 반납했다는 말을 들은 적은 없다고 백성들은 칭찬하면서 그를 흠모했었다.

그러나 아령 장관은 돈을 남겨서 국고에 반납했다고 자랑한 적이 없었다. 주변 사람들의 입을 통해서 세상에 알려졌을 뿐이다. 윗사람에게 잘 보이기 위하여 그렇게 했던 것이 아니라 백성을 위해서 그렇게 했을 뿐임을 그는 알고 있었던 것이다. 연꽃은 썩고 더러운 흙탕물에서 핀다. 부정부패의 탐관오리들이 득실거렸던 권부에서 아령 장관은 연꽃 같았다. 아령 장관은 이 대통령의 권부에서 참으로 초연했다. 권세의 욕망이나 재물의 욕망 따위로 자기를 가볍게 내버리지 않았으니 아령 장관은 백성의 마음속에 뿌리를 내리고 잊혀지지 않았다.

아령 장관이 비록 성인은 아니었다 하더라도 욕망에 현혹되어 치부에 정신을 팔면서 권력을 착복의 밑천으로 삼았던 무리들에 비하면 청빈했고 빼어난 분이었다. 그래서 아령 장관은 백성을 잃지 않았다. 이는 권세의 욕망에 초연해 얻은 선물이었던 셈이다.

초연하다는 것은 욕망을 넘어 그냥 그대로 있음이다. 초연하게 있는 것을 자연이라고 한다. 욕심이 사나우면 조바심을 내고 몸둘 바를 모르게 된다. 경거망동輕擧妄動은 사나운 욕심의 부채질과 같다. 욕심의 부채질은 인위人爲의 후유증에 속한다. 행동이 가볍고 마음의 씀씀이가 망령스러울 때 인간은 볼품없게 되고 추하게 마련이다.

욕심이 없는 마음은 수작을 부리지 않는다. 수작을 부리지 않으므로 행동이 간명하고 숨김이 없다. 탐욕으로 마음이 움직일 때 스스로 마음속을 다스리는 것을 동정動靜이라고 한다. 이러한 동정을 무겁다〔重〕고 하는 것이다. 무겁다는 것은 곧 고요함〔靜〕으로 통한다. 그러므로 무겁다는 것이나 고요함이나 다를 바가 없다.

생각이 깊을수록 입은 무겁게 되고 생각이 얕을수록 입이 가볍다는 것은 욕망을 다스리고 못 다스리는 것의 차이인 셈이다. 듬직한 사람은 난사람보다 생각이 깊고 행동이 무겁다고 하는 것 또한 노자의 말을 빌리면 중위경근重爲輕根이고 정위조군靜爲躁君이다.

原文
의역

무거운 것은 가벼운 것의 뿌리가 되고, 고요한 것은 조급함을 다스린다. 이로써 성인은 종일토록 행해 무거운 짐을 실은 수레 같기를 마다하지 않는다. 욕망을 부추기는 것이 있다 하더라도 높은 곳에 있는 제비집에서 사는 것처럼 초연하다.

〔重爲輕根 靜爲躁君 是以聖人終日行 不離輜重 雖有榮觀 燕處超然〕 중위 경근 정위조군 시이성인종일행 불리치중 수유영관 연처초연

하물며 백성을 다스리는 임금이 나라를 가볍게 다룰 것인가? 가벼우면 뿌리를 잃고 조급하면 다스림을 잃는다.

〔奈何萬乘之主 而以身輕天下 輕則失根 躁則失君〕 나하만승지주 이이신경천하 경즉실근 조즉실군

도움말

제26장은 자기自己를 어떻게 갈무리할 것인가를 헤아리게 하는 장이다. 노자가 밝히는 수기修己가 어떤 것인지를 생각하게 한다. 자기를 무겁게 하고〔重〕 나아가 자기를 고요하게 하는 것〔靜〕으로 자기를 유지할 것이며 가볍고 조급해 자기를

잃어버리는 것〔自失〕을 범하지 말라는 것을 밝혀 주고 있다. 특히 치자治者의 마음가짐과 몸가짐을 새겨 보게 한다.

중위경근重爲輕根의 중重은 마음이 맑고 깊어 그윽해 무겁고 행동이 듬직한 것으로 통하고 경輕은 마음이 얕아 조급하고 행동이 앞서 성급함을 뜻한다고 새겨도 된다.

정위조군靜爲躁君의 정靜은 욕망을 떠나 탐하는 마음이 아니므로 고요한 것이며 조躁는 조급해 앞뒤 분간을 못하는 것을 뜻한다고 새겨도 된다.

영관榮觀은 꾸며서 돋보이게 하는 것〔紛華〕, 재물을 탐하는 것〔物欲〕, 욕정欲情에 치우치는 것〔聲色〕 등의 욕망을 자극하는 것을 뜻한다고 보면 된다.

연처燕處는 제비집을 생각하면 된다. 제비집은 높은 곳에 있다. 더러운 것들이 쌓이고 얽혀 있는 시류時流에서 물러나 사는 곳을 뜻한다.

초연超然은 욕망에 사로잡힌 의지에서 벗어나 순리順理에 따라 있는 것, 즉 자연의 도에 따라 사는 것을 뜻한다.

만승지주萬乘之主는 한 나라를 다스리는 통치자로 새기면 된다.

천하天下는 나라와 백성을 포함한다.

제27장 자연의 도道는 선善이다

선은 사람이 결정하지 못한다

길이 아니면 가지 마라. 샛길이나 지름길을 염탐하지 말고 큰 길을 가라. 그러나 사람은 샛길을 찾고 지름길을 좋아한다. 길이 멀다고 샛길이나 지름길을 찾는 것은 잔꾀를 부리는 짓에 불과하다. 가야 할 길이면 변덕을 부리지 말고 뚜벅뚜벅 걷는 것이 먼 길을 쉼 없이 가는 방법이다. 가다가 멈추면 아니 간만 못하다. 인생이 피할 수 없는 길임을 안다면 인생의 샛길을 탐하지 않을 것이다.

인생은 항상 반듯하고 편한 길은 아니다. 그 길은 험하기도 하고 꼬불꼬불 굽어지기도 하며 가파른 비탈길이 되기도 한다. 인생의 반듯한 길은 행복이고 험하고 가파른 길은 불행이라고 투덜대며 가는 사람은 인생을 제 입속의 사탕쯤으로 여기는 철부지에 불과할 뿐이다. 이러한 철부지들은 짧게 살지언정 굵게 산다고 호언한다. 왜 인간은 이렇게 호언하기를 좋아하는가? 자기의 인생은 타인의 인생보다 좋아야 한다는 야심에서 그렇게 허세를 부린다.

억울하면 출세하라. 이런 비아냥이 유행어가 되어 사람들의 입에 자주 오르내린다. 호랑이는 가죽을 남기고 사람은 이름을 남긴다. 이렇게 사람들은 제 몫을 극대화하려고 발버둥친다. 출세하면 명성과 지위와 부귀가 저절로 온다고 믿는 인간은 힘을 앞세우게 되었다. 그리고 인간은 어쩔 수 없이 전쟁의 동물로 전락하고 말았다.

전쟁은 가지 말아야 할 길이다. 그 길에는 싸움밖에 없고 살생밖에 없는 까닭이다. 그러나 인간은 한사코 전쟁의 길을 걸어왔다. 이것은 분명 악惡의 길이다. 나라는 나라끼리 싸우고, 집단은 집단끼리 싸우고, 개인은 개인끼리 싸우고, 개인마저도 자아의 내면에서 갖가지 욕망으로 심란心亂의 싸움을 한다. 이처럼 인간은 전쟁터의 병사처럼 분장을 하고 인생을 마치 전선戰線의 최전방最前方인 것처럼 믿고 싸울 각오를 단단히 한다. 그래서 인간은 벗을 잃었고 자기 이외의 모든 이는 경쟁의 상대이며 패배시켜야 되는 대상으로 보게 되었다.

이제 인간은 살벌하고 잔인하며 무정하다. 이 얼마나 악惡의 길을 걷고 있는 것인가! 아마도 노자는 잔인한 전쟁의 시대〔春秋時代〕를 직면하고 인간이 자연의 도를 떠나면 안 된다는 것을 뼈저리게 깨우쳤던 모양이다. 왜냐하면 자연의 도는 선善 그 자체이기 때문이다. 선을 멀리하고 악을 향해 치닫는 인간이 부딪칠 생존의 참상을 노자는 외면할 수 없었다. 그래서 노자는 자연의 도를 다음처럼 밝혀 주고 있다.

자연의 도가 행하는 것에는 흔적이 남지 않는다〔善行無轍跡〕. 자연의 도가 말하는 것에는 잘못된 흠집이 없다〔善言無瑕謫〕. 자연의 도가 셈하는 것에는 계산기 따위를 필요로 하지 않는다〔善數不用籌策〕. 자연의 도가 닫는 것에는 자물쇠가 없지만 잘 닫혀 열 수가 없다〔善閉無關鍵而不可開〕. 자연의 도가 묶어 놓은 것에는 노끈이 없어도 잘 묶어 놓아 풀 수가 없다〔善結無繩約而不可解〕.

두 노인이 한 재벌의 호화스런 묘역을 구경하고 있었다.

"과연 명당이군. 배산背山이 병풍 같고 남면이 훤히 트인데다 좌청룡 우백호가 분명하고 앞은 안산이 넓은 들을 껴안고 물길을 맞이할 뿐 물이 흘러 빠지는 것을 막아 주니 부귀영화를 붙들어 줄 명당이군. 저 굉장한 석물石物과 봉분의 석곽石槨도 마치 왕릉 같구먼."

이렇게 재벌의 유택幽宅을 보고 한 노인이 감탄했다.

"명당은 아닐세. 명당처럼 꾸며 놓았을 뿐이지. 좌청룡도 없고 우백호도 없다네. 자세히 보게. 돈을 들여 만든 흙더미고 그 흙더미 위에 정원수가 심어져 있을 뿐이지. 어느 산천에 저렇게 비싼 정원수가 저절로 나서 있단 말인가? 조산造山을 해 좌청룡 우백호를 만들었고 식수植樹를 해서 그럴 듯하게 꾸며 놓은 것일세."

다른 노인이 이의를 달았다.

"명당이 아닌데 명당처럼 꾸몄단 말인가? 말을 듣고 보니 좌청룡 우백호가 가짜 같구먼. 하지만 주변 경관이 명당이 아닌가? 배산이 제 자리를 잡고 앞은 확 트여 기름진 들이 펼쳐져 있고 강물은 감돌아 흘러들고 말이야."

"흘러들어 오는 물이 아니라 빠져나가는 물일세. 그리고 저 앞산은 안산이 아니야. 명당의 안산은 조아린 듯이 앉아 있지, 저 산처럼 내려다보며 호령하듯이 있는 안산이 어디 있단 말인가? 돈이 많은 사람이 미리 자기 유택을 만들어 놓은 것뿐일세."

"아니 저 봉분이 가묘假墓란 말인가?"

"봉분을 잘 보게. 석곽만 높고 봉분의 성토成土는 초생달을 엎어 둔 것처럼 해 놓은 것을 보게. 분명 저것은 가묘일세. 살아서 호사하고 죽어서도 다시 호사하고 싶은 욕심이 저렇게 했을 뿐이네. 산자락을 깎아

평토를 하고 잔디를 심어 호화 주택을 저승에까지 가지고 갈 욕심이야. 죽으면 다 흙이 되는 것인데 저렇게 티를 내는 것은 단지 돈자랑하는 것뿐일세."

가짜 명당을 진짜로 알고 감탄했던 노인이 무안해했다. 그러나 다른 노인은 늙게 되면 누구나 묘자리를 탐내는 법이라며 말머리를 돌렸다. 그리고 인간들이 아무리 흔적을 남기려고 발버둥치지만 한 줌 흙으로 돌아가는 것이라고 다른 노인이 토를 달았다.

그리고 그 다른 노인은 이렇게 말을 이었다.

"자네의 손자는 튼튼히 잘 크고 있지만 내 손자는 태어나 이틀 만에 죽지 않았나. 자네는 이미 오래 살아 관 속에 들어갈 것이고 손자는 아직 어려서 관 밖에 있다고 말할 수 있단 말인가? 하지만 태어나자마자 죽어 버린 갓난아이가 가장 오래 산 것이고 칠백 년을 살다가 죽은 팽조가 요절했다는 말이 있지 않은가? 죽을 날이 가깝다고 관을 미리 마련할 것도 없고 죽은 후 들어갈 관을 마련하지 못했다고 걱정할 것도 없다네. 살아 있다는 것도 하나의 일이고 죽어 가는 것 또한 하나의 일이지. 그러한 일을 두고 미리 준비한다고 흔적을 남길 것도 없는 일이야. 저 재벌의 가묘 따위도 부질없는 허튼짓에 불과해. 다들 티를 내고 호들갑을 떨지만 천지의 손바닥 안에서 광대 노릇을 하는 것이라네."

선행善行은 자연의 도가 하는 짓이다. 그것을 무위無爲라고 불러도 된다. 무위는 무욕無欲이며 무심無心으로 통한다. 그 행적은 비추어 주되 비추어진 것의 흔적을 남기지 않는 거울과 같다. 우주 만물은 도道가 들고 있는 거울에 비추어진 것이라고 생각한다면 공적이나 업적을 남기고자 발버둥치는 인간은 그 거울을 쪼개 버리고 만다. 인위人爲의 공해公害 따위는 도道의 거울을 깨 버리는 짓이 아닌가! 돌을 깨서 송덕비頌德碑를 세우는 것은 인간들이 짓는 흔적일 뿐이다.

그러나 사람은 선악善惡을 가려서 선하다고 여겨지면 족적을 남기려고 하고 악하다고 여기면 흔적을 숨기려고 꾀를 쓴다. 악의 흔적을 감추려고 하는 것 또한 흔적일 뿐이다. 자연의 도가 행하는 것이면 무엇이나 선이므로 공치사의 흔적을 남길 이유가 없다. 우주 삼라만상을 보라. 모든 것이 존재의 모습이지만 있는 그대로일 뿐이다. 이것이 선행善行이다.

태산은 높고 동산은 낮다고 하는 것은 사람의 분별일 뿐이다. 분별과 시비가 흔적을 남긴다. 이러한 흔적은 억지일 뿐이고 억지는 인간의 작위作爲에서 빚어진다. 억지로 하는 짓은 지나치든 모자라든 상처가 된다. 이해 상관에 따라 흔적을 남기는 까닭이다. 상처는 아픔을 주고 흉터를 남긴다. 이러한 흉터는 인간들이 짓는 선악의 분별이다. 자연의 도에는 선악의 분별이 없고 마땅한 곳이면 있고 마땅한 때가 되면 사라진다. 그래서 자연의 도道가 하는 일〔善〕에는 공치사의 흔적이 없다.

선언善言은 도道의 표현이다. 생성하고 소멸하는 것은 모두 도의 표현이다. 인간이든 지렁이든 쇠똥이든 개똥이든 모두 선언善言이다. 있는 그대로 말하므로 탈이 날 것도 없고 흠잡힐 것도 없다. 낮말은 새가 듣고 밤말은 쥐가 듣는다거나 벽에도 귀가 있다는 등의 속담은 변덕스럽고 간사한 인간의 말을 두고 경고한 것뿐이다. 자연의 도는 말조심 따위를 하지 않는다. 자연은 인간을 위해서 유별나게 하지 않는다. 우주 만물은 사람의 것이 아님을 노자는 천지불인天地不仁이라고 했다. 인간이 호오好惡를 따지고 이해利害를 점쳐 만물에 시비를 걸고 말할 뿐이다.

선언무하적善言無瑕謫은 자연의 표현에는 흠도 없고 탈도 없음을 말한다. 다만 사람이 옥의 티라고 말하면서 옥은 귀한 것이고 티는 없애야 한다고 할 뿐 자연에는 옥이든 티이든 그냥 있을 뿐이다. 선언善言은 맞고 틀림도 없을 뿐더러 옳고 그름을 따져 드러내거나 숨기는 짓을 하지 않는다. 나아가 자연의 도가 하는 말에는 손익損益을 따져 앞뒤를 맞추는 경우도 없다. 선언善言은 무위無爲의 말이다.

선계善計는 삼라만상森羅萬象을 연상하면 된다. 해변가에 모래알이 몇 개인가를 셈하지 않으며 벼 이삭에 볍씨가 몇 개나 달려 있는지를 셈하지 않는다. 하나의 소나무에 솔잎이 몇 개나 붙어 있어야 하고 인간은 몇 명이 있어야 하고 호랑이는 몇 마리가 있어야 한다는 등의 정해진 숫자에 따라 삼라만상이 생성 소멸되는 것은 아니다. 만물은 있으므로 있는 것이지 통계나 귀천에 따라 있는 것이 아니다. 이렇게 생각하면 선계善計가 뜻하는 바를 짚어 갈 수가 있을 것이 아닌가! 선계善計는 무위無爲의 모임일 뿐이다. 그러한 모임을 만물이라고 한다.

그러나 인간은 만물을 이용하려고만 한다. 인간에게 유익한 것이면 많을수록 좋고 해로운 것이면 없을수록 좋다고 확신한다. 그래서 인간은 가지에는 토마토가 열리고 뿌리에는 감자가 달리는 식물을 개발하였다고 우쭐해한다. 모래알에서 반도체의 소재를 발견하고 땅속에서 금을 캐내고 석유를 뽑아 올리기 위하여 땅을 파고 뚫는다. 인간은 이처럼 자연을 자원의 창고쯤으로 여기고 물욕은 물질을 손익의 수치로 따진다. 그러나 자연의 도가 하는 계산은 그런 것이 아니다. 만물이 함께 어울려 있는 것 자체가 바로 선계善計일 뿐이다.

선계를 다른 말로 풀이한다면 포일抱—에 해당할 것이다. 만물은 자연의 품안에 안겨 있다. 이것이 선계의 참뜻일 것이다.

선폐善閉는 무위無爲의 가름이다. 사람은 사람이고 다람쥐는 다람쥐이다. 닭은 닭이고 꿩은 꿩이다. 소나무는 소나무이고 민들레는 민들레이다. 이렇게 하는 것이 곧 선폐善閉인 것이다. 그러나 사람의 가름은 차별의 분류일 뿐이다.

차별의 분류 때문에 인간은 다툼질을 하고 전쟁을 한다. 뺏고 빼앗기는 것 때문에 자물쇠가 생겼고 도둑이 생겼다. 훔친 것을 빼앗기지 않으려고 금고를 만들고 자물쇠를 걸어 둔다. 이것을 인폐人閉라고 말해도 된다.

그러나 자연의 도는 훔치지도 않고 빼앗지도 않는다. 그래서 자연이란 그물은 성글지만 어느 것 하나 빠져나가지 못한다고 한다. 우주 만물이 허虛를 떠나 있을 수 없다. 태양이든 지구든 달이든 은하계든 허虛에 갇혀 있는 셈이 아닌가! 온갖 것들은 제 궤도를 벗어날 수가 없다. 이 또한 선폐이다. 노자는 그 허를 풀무통이라고 비유했던가!

선결善結은 무위無爲의 묶음이다. 우주는 하나의 묶음이고 태양계는 우주 안에 있는 또 하나의 묶음인 셈이다. 태양은 여러 행성을 묶고 있다. 우리가 살고 있는 지구도 그 행성 중의 하나일 뿐이다. 태양이 밧줄을 던져 지구를 묶어 놓은 것도 아니고 지구가 달을 밧줄로 묶어 놓은 것도 아니다. 그러나 태양과 지구의 묶음을 풀 수가 없고 지구와 달의 묶음을 풀 수가 없다. 이것이 선결善結이다.

그러나 인간은 무엇을 억지로 묶기도 하고 억지로 풀기도 한다. 혹을 붙이기도 하고 떼기도 하는 것이 인간들이 짓는 묶음이다. 정치를 보라. 정적政敵은 묶이고 실세實勢는 풀린다. '헤쳐 모여' 라는 유행어가 왜 생기는 것인가? 인간들의 묶음이란 무리를 짓고 당파를 만들고 서로 다투고 겨루기 위하여 묶기도 하고 풀기도 한다. 이렇게 매듭을 짓거나 풀면서 인간들은 인생에 여러 가지 상처를 내고 아픔을 겪게 되는 것이다. 이를 인결人結이라고 해도 무방하지 않을까? 선결은 패를 지어 묶지 않는다. 다만 어울리게 묶어 놓을 뿐이다. 그러므로 풀 수가 없다.

선행善行, 선언善言, 선계善計, 선폐善閉, 그리고 선결善結은 도의 풀무질을 노자가 풀이한 것이라고 보아도 된다. 도의 풀무질에 따라 인생을 누리는 사람을 성인聖人이라고 하며 노자는 그러한 성인을 선인善人이라 했다.

선인은 누구인가? 항상 자연의 도로 사람을 구하므로 사람을 버리지 않으며〔常善救人 故無棄人〕, 항상 만물을 구하므로 만물을 버리지 않는다〔常善救物 故無棄物〕는 것을 몸소 행하는 사람이다.

말하자면 선인은 무위를 누리는 자이다. 인간의 무위는 자기를 떠난 것이며 이를 사기舍己라고 한다. 자기를 떠났으면 또한 욕심을 떠난 것이고 욕심을 떠났으니 마음속은 텅 빈 풀무통처럼 된다. 이를 무기無己라고 한다.

나를 버리고 남을 구하면 남이 곧 나를 구해 준다. 이것이 도道의 선善이다. 인간을 버리고 만물을 구해 주면 만물이 인간을 구해 준다. 이 또한 도道의 선善이다.

오늘날의 환경오염은 만물을 버리고 인간만을 구한다는 욕심에서 나온 것이다. 이것은 분명 인간의 불선不善이다. 오늘날 인간의 물질화는 남을 버리고 나만을 구한다는 욕망 때문에 빚어지는 절망적인 아픔이다. 이러한 아픔도 인간의 불선不善이다.

불선은 인간을 위해서 만물이 있다는 착각에서 빚어진다는 것을 노자는 이미 수천 년 전에 알았던 모양이다. 한사코 인간은 자연의 도道에 어긋나는 짓을 범한다. 그러나 이러한 잘못을 아직 인간은 모르고 있다. 그래서 인간은 불행한 존재가 되어 아파한다.

따지고 보면 인간의 허다한 불행은 물질이란 낚싯밥에서 비롯된다. 인간이 던지고 있는 낚시가 곧 인간의 욕망이다. 인간은 모두 저마다 대어大魚나 월척越尺을 낚겠다고 아우성이다. 욕망의 낚시와 그것에 걸린 낚싯밥을 무엇이 만들었는가? 바로 인간이 만든 것이 아닌가!

낚시를 어디에 던져 놓고 있는가? 결국 인간은 제 가슴팍에다 던져 놓고 있다. 낚싯밥으로 무엇을 낚는가? 물질로 부귀영화를 낚는다고 인간은 우기지만 실은 불행을 낚아채고 있을 뿐이다.

그 물질物質을 탐하는 낚싯밥을 무엇이 무는가? 바로 인간만이 물어 삼키려고 한다. 그러므로 인간의 불행은 산 때문이 아니고 물 때문이 아니다. 바로 인간 자신 때문이다. 왜 인간은 이렇게 제 발목을 제 스스로 잡히고 말았을까? 만물을 재물財物로 착각한 까닭이라고 보아도 될 것이 아닌가! 이를 노자는 도道의 선善을 통해 살피고 헤아려 보게 한다. 그러한 선善은 지극한 자유와 무궁한 행복이라고 풀이해도 된다.

원문의역

자연의 도가 행하는 것에는 흔적이 남지 않는다. 자연의 도가 말하는 것에는 잘못된 흠집이 없다. 자연의 도가 셈하는 것에는 계산기 따위를 필요로 하지 않는다. 자연의 도가 닫는 것에는 자물쇠가 없지만 잘 닫혀 열 수가 없다. 자연의 도가 묶어 놓은 것에는 노끈이 없어도 잘 묶어 놓아 풀 수가 없다.

〔善行無轍跡 善言無瑕謫 善數不用籌策 善閉無關鍵而不可開 善結無繩約
而不可解〕 선행무철적 선언무하적 선수불용주책 선폐무관건이불가개 선결무승약이불가해

이로써 성인은 변함이 없는 선으로 사람을 구한다. 그러므로 성인은 사람을 버리지 않는다. 그리고 성인은 변함없는 선으로 만물을 구한다. 그러므로 성인은 만물을 버리지 않는다. 이것을 대대로 이어 오는 크나큰 지혜라고 한다.

〔是以 聖人 常善救人 故無棄人 常善救物 故無棄物 是謂襲明〕 시이 성인 상
선구인 고무기인 상선구물 고무기물 시위습명

그러므로 도의 길을 걷는 자는 도의 길을 벗어난 자의 스승이 되고, 도의 길을 벗어난 자는 선인의 제자가 된다. 그러나 스승이라고 해서 귀하게 여기지 않으며, 제자라고 해서 애지중지하지 않는다.

〔故善人者 不善人之師 不善人者 善人之資 不貴其師 不愛其資〕 고선인자 불
선인지사 불선인자 선인지자 불귀기사 불애기자

이렇게 되면 비록 자연의 도를 알지라도 제대로 알 수가 없다. 이를 지극히 신비로운 것이라고 한다.

〔雖智大迷 是謂要妙〕 수지대미 시위요묘

제27장은 인간이 왜 자기 욕망에 빠지지 말아야 하는지를 살펴보게 하는 장章이다. 그리고 선악善惡의 시비是非와 분별分別을 떠난 지극한 선善이 무엇인지를 생각하게 하는 장이다. 여기서 선善은 자연의 도가 하는 일이라고 생각해도 된다. 본래 자연의 도가 하는 일은 무용無用의 유용有用이다. 이를 대용大用이라고 하기도 한다. 대용은 한편에 유리하면 다른 편에 불리하게 되는 대립과 갈등을 넘어선 쓰임이다. 제27장의 선행善行, 선언善言, 선계善計, 선폐善閉, 선결善結은 도의 대용을 풀이한 것이라고 보아도 된다.

철적轍跡은 수레바퀴의 자국을 뜻한다. 즉 흔적을 뜻한다.

하적瑕謫의 하瑕는 옥의 티를 뜻하고 적謫은 말의 티를 말하므로 잘못된 것을 뜻하게 된다.

주책籌策은 셈할 때 사용되던 산가지를 말한다.

관건關鍵은 열쇠로 여는 자물쇠를 뜻한다.

승약繩約의 승繩은 노끈 따위를 말하고 약約은 묶음을 뜻한다.

선인善人은 도의 대용大用을 몸소 실천하는 자로서 곧 성인聖人을 뜻한다고 보면 된다.

불선인不善人은 범인을 말한다고 보아도 된다.

선인지자善人之資의 자資는 성인을 본받게 될 사람을 말하므로 성인의 제자라고 보아도 된다.

습명襲明은 이어받게 되는 지혜(明)라고 여기면 된다. 선인善人이 불선인不善人에게 몸소 보여 주는 깨우침을 뜻한다고 보아도 된다.

대미大迷는 아무리 알려고 해도 다 알 수는 없다는 것을 뜻한다고 보아도 된다. 그러한 경지를 요묘要妙라고 한다.